国 际 贸 易 经 典 译 丛

进出口贸易实务

乔纳森·鲁维德（Jonathan Reuvid）
吉姆·夏洛克（Jim Sherlock）／著

王 琼 杨 修 等／译

International Trade:An Essential Guide to
the Principles and Practice of Export

中国人民大学出版社
·北京·

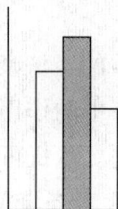

前　言

2010 年，国际商会（ICC）迎来了它 90 岁的诞辰。各个成员国关于国际贸易和投资会使得全球各地的人们、企业以及国家受益的共识和信念是多年来支持国际商会履行自己的义务与职责的动力和基础。

国际商会的创始人相信，不断扩张的贸易与投资活动对于增强国与国之间的依赖性、创建一个更加稳定团结的国际环境是至关重要的，一个有助于便利贸易与投资活动的多边、以规则为基础的体制则有助于提高全球数以亿计的人们的生活水平——和平会带来繁荣与财富。在他们看来，当时可用来规范贸易、投资、金融以及国际经济关系的有效的国际组织少之又少，这方面的国际规则体系则几乎可以说是完全不存在。国际商会的成员国投入了大量的时间和精力，开创了各种工具、规则和服务，大大便利了全球范围内每年数十亿美元的贸易活动。

尽管现在的商业环境和 20 世纪 20 年代初期相比有着天壤之别，但是国际贸易活动面临的很多挑战却不过是形式上有所变化而已。飞速的技术进步、全球失衡以及各国对在一个更广阔的地域范围内施行本国法律法规的渴望导致我们在过去几年里遭遇的金融危机、经济衰退和保护主义的重新抬头等难题变得更加复杂，解决这些难题也更加困难。

全球化本身也会带来政策方面的挑战。经济下行以及金融危机要求各国政府有必要做出协调一致的反应。从这个角度说，国际商会在积极表达国际商业利益方面扮演着重要的角色，而且我们所表达的利益是不偏不倚的，建立在我们设立在世界各地的 90 多个国家的分会的立场之上。

2009 年，人类面临着自第二次世界大战以来最为严重的经济衰退，随之而来的是国际贸易和投资活动也面临巨大挑战，商业在经济中的作用被置于闪光灯下。社会上确实出现了一股可以理解的担忧，那就是这次危机可能会触发新一轮的以邻为壑的保护主义——就像 20 世纪 30 年代的大萧条期间所发生的，而这可能会中断自 50 年代末以来世界经济的持续增长势头。

幸运的是，各国政府基本克制住了实施保护主义的冲动，尽管多哈回合谈判还没有结果，进出口商们在利用低成本的贸易融资方面仍将面临各种各样的困难。另一方面，即便有这些值得庆幸的地方，但是很遗憾未来我们不得不继续身处一个相当不稳定的金融市场，面对不断加剧的全球失衡以及疲软的需求——特别是发达经济体需求的疲软。在这样的大背景下，类似于国际商会这样的国际组织——它们通过提供商业建议、创建有助于便利贸易和投资的工具和服务、保护国际商务活动给全球经济做出的积极贡献等来捍卫国际贸易和投资的自由开展——的存在是极为重要的。

保障国际贸易的顺利开展这一任务永远都无法彻底完成。即便如此，国际商会及其成员国在捍卫国际贸易作为经济复苏的发动机之一方面仍然发挥着重要的作用。此外，我们还积极表达我们对一系列问题的看法，从反洗钱立法、国际贸易的合法化、保护自由竞争法，到与国际贸易合同和贸易术语有关的一系列标准的制定。我们努力的成果，比如《国际贸易术语解释通则(Incoterms) 2010》都谨遵不偏不倚的原则，建立在国际商会在世界各地的 90 多个国家设立的分会的共同立场之上。

最后，我很荣幸有机会向各位师生以及所有从事国际贸易相关工作的人员——不管是进出口商、承运人、贸易融资方面的专业人士还是咨询专家——推荐这本《进出口贸易实务》。本书希望向各位呈现进出口贸易实务的最新进展，从国际货物买卖合同的基本条款到与如何掌控你的客户和如何投保等有关的详细要求。对此有一个清晰的、整体性的了解可以帮助相关人员厘清那些看上去很复杂的法律和实操要求。我相信，本书的读者将会发现这是一本必不可少的"宝典"，本书的出版一定会为促进国际贸易的发展做出不小的贡献。

英国国际商会会长　　Tania Baumann

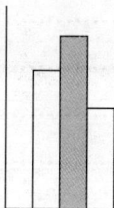

目 录

进出口贸易实务

目录

目录

进出口贸易实务

第 1 篇

世界经济

第一篇

世界名校

第 1 章

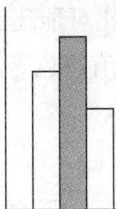

国际贸易及相关组织的合理性

■ 1.1 为什么要进行贸易

国与国之间的贸易可以分为两种基本类型：第一，进口国要么完全无法生产相关产品或提供相关服务，要么是无法提供足以满足本国需求的产品和服务；第二，进口国虽然有能力生产相关产品或提供相关服务，但是仍然选择从他国进口。

第一种类型的贸易活动产生的原因很简单。只要进口国有能力担负得起，它就可以通过进口来获取自己原本无法获得的产品和服务。这方面的例子包括英国为了满足本国民众需求而进口香蕉，以及中国进口对本国制造业至关重要的钢铁和原铜。

我们更关注第二类贸易活动，因为它在当前国际贸易活动中占据绝大多数比重。一方面，英国进口包括汽车、煤炭、原油、电视机、服装等在内的各种产品，另一方面，英国本国也生产这些产品。乍看之下，在有能力自给自足的条件下还从世界各国进口似乎是对资源的一种浪费。

但是，通常来说出于以下三种原因中的一个或者几个，一国完全可能会进口自己有能力生产或者提供的产品和服务：

3

（1）进口产品比本国自己生产的产品要便宜。

（2）通过进口可以实现产品种类的多样化。

（3）除了价格更低廉之外，进口产品与本国产品相比可能还有其他优势，比如品质或设计更加精良、是身份和地位的象征、技术更有特色等。

1.2 比较优势

比较优势理论是 19 世纪著名经济学家大卫·李嘉图率先提出的。该理论认为，如果一国专注生产自己具有比较优势的产品，然后和在另一种产品的生产上具有比较优势的国家互通有无，那么两国都将获得经济收益。一个典型的例子是煤炭。人们可以在澳大利亚的露天煤矿或者是在劳动力成本很低的中国开采煤炭，然后运往一万英里以外的英国——这里的煤都藏在深深的地下，开采成本很高。因此，在煤炭开采方面，澳大利亚和中国都具有比较优势。

比较优势理论的应用范围可以扩展到整个宏观经济领域。在满足比较优势条件的前提下，不仅仅是贸易会发生；从理论上说，如果各国都专注于自己擅长的事情，那么整个世界的财富水平都将因此而提高。

显然，出于表述上的方便，该理论忽略了很多因素，其中最重要的一点便是世界对于某国专业化生产的产出的需求可能是有限的。另外，一个自然而然的疑问是，为什么在现实世界中没有出现更大范围的专业化？这个问题的答案很复杂，按照重要程度，我们可以将主要的原因归为以下几点：

（1）战略防御和经济原因（一国应该自己生产在战争期间需求较大的产品）。

（2）交通运输成本，影响了比较成本优势的适用性。

（3）为保护本国产业而人为设置的壁垒，比如关税和配额等。

1.3 国际贸易的发展

在第 3 章中，我们将详细讨论从 1870 年到 2010 年的 140 年间的国际贸易模式。总的来说，从 1870 年到第一次世界大战期间的 1913 年，商品贸易按照年均 3.4％的速度增长。1914—1950 年，两次世界大战以及 20 世纪 30 年代时前所未有的大萧条使得国际贸易的年均增速下降到了不足 1％的水平。

紧接着，随着 1945 年第二次世界大战结束后建立的一些国际组织引入了金融稳定措施并积极干预贸易活动，在接下来的 23 年里国际贸易按照平均每年 7.9％的速度飞快增长——一直持续到 1973 年。在 1974—1998 年的 25 年里，商品贸易的年均增速回落到5.1%。最近，在经历世界经济增速减缓的一段不稳定时期后，国际商品贸易在2001年跌到零增长——但是2000年的这一数字是13%。除了两次世界大战之间的时期以及2001年前的一段时间之外，国际贸易的增速整体来说超过了世界经济的增速。

在2001年创下低谷后，商品出口增速在2004年重新回升到10%的水平。到了2008年，受金融危机以及西方国家特别是美国和欧洲经济衰退的影响，贸易增速再次下跌到2%。经济衰退对国际贸易的趋势以及未来的贸易模式的影响，我们将在第30章进行介绍和讨论。

1.4　保护主义

为了说明在两次世界大战之间的20世纪二三十年代发生了什么，理解各国政府在经济衰退期间的应对之策是设置各种旨在减少进口的贸易壁垒从而保护本国就业显得很有必要。保护主义最普遍的形式便是引入或者提高针对进口商品的关税。20世纪二三十年代期间关税的大肆使用反过来又引发了其他国家的失业——这是一个互相影响的过程。到了30年代后半期，持续低迷的世界经济因为战前各国加大了战备物资和军事设备方面的支出而有所好转，这在欧洲体现得格外明显。

1945年之后，国际社会一致认为应该创建一些机构来降低贸易保护主义以及未来可能的世界经济活动放缓带来的冲击。最先出现的这类机构是根据《布雷顿森林协定》成立的国际货币基金组织（IMF）和国际复兴开发银行（IBRD）——即后来我们熟知的世界银行（WB）。作为国际宏观经济管理方面的开拓性工作，这些国际组织很大程度上是英国著名经济学家约翰·梅纳德·凯恩斯的智慧的产物，凯恩斯也是最先认识到政府支出减少和保护主义抬头是导致战前经济大衰退的主要原因的经济学家之一。

1.5　保护主义的形式

保护主义的工具可以分为关税壁垒和非关税壁垒两种。

□ 1.5.1　关税

关税是对进入一国的商品和服务征收的税赋。关税可以是固定数额的，也可以是按照进口价值的一定比例征收。征收关税的主要目的不外乎以下两个：一是增加政府收入，二是加大其他国家的企业在被保护市场上做生意的难度。

在 19 世纪占据主导的自由贸易思潮因为 20 世纪初期关税的重新引入而中止，当时的关税税率甚至高达 33%～50%。自 1945 年以来，得益于关贸总协定（GATT）下八轮多边贸易谈判取得的成就，关税水平显著降低。关贸总协定是根据《布雷顿森林协定》成立的第三个国际组织，也是世界贸易组织（WTO）的前身。

□ **1. 5. 2　非关税壁垒**

尽管自关贸总协定建立以来一直到 1995 年世界贸易组织成立期间，各国在降低关税壁垒方面取得了显著的成绩，但是非关税形式的保护措施作为已经被认定为非法的关税措施的替代手段，其使用在 20 世纪 80 年代大大增加。

下面给出了发达国家和发展中国家曾经采用的一系列非关税措施的清单：

（1）配额：对可以进入一国的进口产品的总量或者总价值设定一个数量限制。80 年代时法国对从日本进口的家用录像设备设定配额、中国对进口汽车设定配额、欧盟对从中国和其他东南亚国家进口的鞋和纺织品设定配额等都是这方面的例子。

（2）自愿出口限制：出口方主动提出向进口国出口不超过特定数量的产品（通常是为了避免后者实施更为严格的制裁措施）。在汽车以及电子产品出口方面这类做法颇为普遍，但是也可以用于钢铁和化学制品的出口，正如上面提到的欧盟配额一样。

（3）国内补贴：向本国制造企业提供财政补贴或者是优惠税收待遇，从而使得它们相对于与本国有贸易往来的其他国家的外部供应商或当地生产企业处于优势地位。这方面典型的案例是农业和农产品贸易，不管是欧盟还是美国一直都在向本国或者是本地区的农民提供补贴，或者是向农产品出口商提供税收减免。

（4）进口存款：要求进口商向政府提供一笔固定期限的存款（通常是进口总值的一定比例）。这会给进口商带来现金流压力，从而限制进口。

（5）安全与健康标准、技术要求：这是一种更加隐蔽的非关税壁垒，它要求进口商满足严格的标准或者是履行一系列繁复冗杂的手续。英国的农场主们恐怕很长一段时间内都无法忘记法国在 90 年代时针对从英国进口牛羊肉而公布的一系列禁令。

（6）汇率操纵：希望刺激本国出口或者是抑制本国进口的国家可能会故意让本币贬值。中国因为让人民币汇率钉住美元而备受汇率操纵的指责。欧洲货币联盟的成员国们则丧失了让本国货币单边升值或者贬值的机会。

1.6 区域贸易

虽然说关贸总协定以及后来的世界贸易组织倡导的多边贸易体系在打击贸易保护主义方面取得了巨大的成功——至少直到多哈回合谈判都是这样，但是却没能消灭区域协定、区域贸易协定以及大量双边协定的存在。几乎所有主要国家都至少签署了一个区域贸易协定。2008年，72.8%的欧盟贸易发生在成员国内部，北美地区的贸易中则有49.8%是在北美自由贸易区的三个成员国之间进行的。区域贸易协定究竟是迈向多边一体化的垫脚石还是有碍多边贸易体系发展的歧视性做法，目前还没有定论。多哈回合谈判自2003年以来的各次首脑峰会都没能取得实质性进展似乎表明后一种观点目前暂时占据上风。

区域贸易协定主要有以下四种类型：

（1）自由贸易区：成员国同意相互之间降低或者是取消包括关税和配额在内的关税壁垒，但是对于非成员国，则各国有权自行决定关税和配额水平。

（2）关税同盟：成员国相互之间降低或者是取消贸易壁垒，同时对非成员国制定统一的关税税率和配额。

（3）共同市场：除了具备关税同盟应有的特点之外，共同市场的成员国还同意降低阻碍生产要素——比如劳动力和资本——流动、产品销售的各种限制和壁垒。

（4）经济联盟：共同市场继续向前推进，如果相关国家同意制定共同的经济政策，比如税收和利率政策，甚至是采用共同的货币，那么就可以称之为经济联盟。

20世纪50年代中期组建的欧洲经济联盟（EEC）只有六个成员国，该联盟也是最早的区域贸易协定的践行者。到了2010年，欧盟仍然是最发达的经济集团之一，其27个成员国在2009年全球贸易总额中所占的比重达到了38%。但是，相比较而言历史要短一些的经济集团，特别是东南亚国家联盟和北美自由贸易区也签署了一系列的区域贸易协定，并且在全球贸易中开始占据越来越大的份额。

表1—1按照成立时间的先后，列出了目前主要的区域贸易集团以及它们的成员国。2010年1月1日，随着中国和东南亚国家联盟的10个成员国组建世界第三大贸易区——贸易规模仅次于欧洲经济区（欧盟（EU）加欧洲自由贸易联盟（EFTA）成员）和北美自由贸易区，一个新的强大的自由贸易区成立了。

表 1—1　　　　　　　　　　　　　世界主要自由贸易区

名　称	成立时间	成员国
欧盟	1957	奥地利、比利时、丹麦、芬兰、法国、德国、希腊、爱尔兰、意大利、卢森堡、荷兰、葡萄牙、西班牙、瑞典、英国（非欧元区成员）；自2004年5月1日起捷克、塞浦路斯、爱沙尼亚、匈牙利、拉脱维亚、立陶宛、马耳他、波兰、斯洛文尼亚、斯洛伐克加入；自2007年1月1日起保加利亚、罗马尼亚加入
欧洲自由贸易联盟	1960	冰岛、列支敦士登、挪威、瑞士
中美洲共同市场	1961	伯利兹、哥斯达黎加、萨尔瓦多、危地马拉、洪都拉斯、尼加拉瓜、巴拿马
东南亚国家联盟	1967	印度尼西亚、马来西亚、菲律宾、新加坡、泰国、文莱、越南、老挝、缅甸和柬埔寨
安第斯共同体	1969	玻利维亚、哥伦比亚、厄瓜多尔、秘鲁、委内瑞拉
西非经济共同体	1975	佛得角、冈比亚、加纳、几内亚、利比里亚、尼日利亚、赛拉利昂
南非发展共同体	1980	安哥拉、博茨瓦纳、津巴布韦、莱索托、马拉维、莫桑比克、纳米比亚、斯威士兰、坦桑尼亚、赞比亚、南非、毛里求斯、刚果（金）、塞舌尔
南亚区域合作联盟	1985	阿富汗、孟加拉国、不丹、马尔代夫、尼泊尔、巴基斯坦、斯里兰卡
北美自由贸易区	1989	加拿大、美国以及1993年加入的墨西哥
南方共同市场	1991	阿根廷、巴西、巴拉圭、乌拉圭、委内瑞拉（等待巴拉圭批准）

区域协定是影响国际贸易活动的一个重要因素。通过降低成员国之间的贸易壁垒，使得成员国可以按照比没有区域贸易协定的情况下更低的价格获得所需的产品和服务，区域贸易协定给成员国带来了收益。但是，它们也可能导致贸易从生产率较高的非成员国转移到效率较低的成员国。自我保护型自由贸易区的激增降低了人们从国际贸易中获得的潜在收益的例子比比皆是。

1.7 英国在国际贸易中的地位的变化

对于英国的大多数出口商来说，欧盟都是最重要的一个市场，占到了英国贸易总额的三分之二。这一数字同样可以用来说明 20 世纪 70 年代的英国和今天的英国之间的区别。

70 年代时，英国的大部分贸易活动是和欧洲之外的国家展开的，其中主要是英联邦国家，比如澳大利亚、新西兰、加拿大、加勒比地区以及东非和西非。在接下来的 20 年里，受英国加入欧洲经济共同体影响，形势来了个大逆转，英国的贸易主要和欧洲国家展开，英联邦国家逐渐退化为相对次要的贸易伙伴。

这一转变不管是对英国的制造业来说还是对英联邦国家来说，都有着非同寻常的意义：

（1）失去了此前原本属于它们的英国市场后，英联邦国家不得不签署自己的贸易协定。

（2）英国原本从英联邦国家进口的农产品现在转为从欧洲其他国家进口。

（3）英国失去了此前拥有的大部分低技术含量、低成本的产品市场。

（4）英国转而开始出口高技术含量、价格也比较昂贵的产品。

（5）英国的出口商不得不学着在和自己说不同语言的国家做生意，而且随着欧元区的成立，它们要学着适应使用欧元而不是英镑。

实际上，英国在工业制成品贸易方面一直面临着这样或者那样的困难。即便是在 19 世纪末 20 世纪初大英帝国最强大的时期，英国也高度依赖从殖民地以及英联邦国家进口原材料，进口量远远超过出口量。但是，同一时期，英国在服务贸易方面积累了大量的盈余，从而大大抵消了商品贸易方面存在的赤字。从 1816 年到 1995 年间，英国的商品贸易只有 6 年是盈余状态，服务贸易和投资则只有 3 年是赤字状态。

在过去的 60 年里，英国商品贸易一直是高额赤字状态，直到北海油气田的发现才略有好转。与此同时，伦敦也丧失了全球金融市场主导者的地位，它所创造的"无形"收益也已经不足以抵消英国在商品贸易方面的赤字。欧元以及位于法兰克福的欧洲央行的诞生使得欧洲的金融中心开始转移，但是到目前为止，伦敦在证券和货币市场上仍然居于主导地位。但不容忽视的一点是，大部分过去归英国所有的投资银行和经纪公司现在已经是其他国家的了。

当然，商业服务远不止银行业、保险业以及其他金融服务这么简单。除此之外，还包括以下内容：

（1）旅游贸易：外国游客在英国的支出减去英国人在海外的旅游支出。

（2）海运以及空运服务。

（3）通信服务（电信、邮政以及快递）。

（4）计算机与信息服务。

（5）专利费和许可费。

（6）人际交往、文化以及娱乐活动。

（7）其他商业服务。

在谈到"无形"贸易对国际收支的影响时，政府转移支付、在海外赚取的利息和利润以及移民汇款都要考虑在内。我们在第 2 章中会逐一对此进行分析。自 20 世纪 90 年代以来产品贸易赤字和服务贸易盈余的交互作用则将在第 3 章予以说明。

1.8 与国际贸易有关的国际组织

在本章前面的内容中，我们从抵制贸易保护主义的角度探讨了第二次世界大战结束后不久创立的三大国际组织的重要性。这三大组织共同的目标都是找到可行的途径来促进贸易和世界经济的发展，从而增加全球财富总量，同时帮助各国更好地应对经济波动。

1.8.1 国际货币基金组织

国际货币基金组织的主要任务是规范各国对汇率波动做出调整的方式。之所以会设立该组织，就是希望为出现贸易赤字的国家提供贷款从而帮助该国偿还外债。国际货币基金组织的每个成员国都要缴纳一定的本币和黄金，用作帮助赤字国的资本。为此，国际货币基金组织还创立了一个汇率框架和一种被称为特别提款权（SDR）的世界货币。

在过去的 60 多年里，毋庸置疑，国际货币基金组织促进了国际贸易的扩张。另外，在为那些有大量外债的国家提供救助从而使其免遭破产的厄运方面，它也发挥了极为重要的作用。实际上，如果没有国际货币基金组织的干预，很难想象巴西和阿根廷能够挺过后千禧年的金融危机而存活下来。此外，2010 年 5 月，国际货币基金组织和欧元区政府一道，向希腊提供了 1 100 亿美元（折合 950 亿英镑）的贷款。

□ 1.8.2　世界银行

正如它最初的名字——国际复兴开发银行——所示，成立世界银行是为了帮助战后的重建。自1945年起，世界银行一直担负着以优惠利率向主要是位于发展中国家的一些项目提供贷款，从而帮助并且加快这些国家的经济发展的任务。一些比较典型的项目包括灌溉和水利工程、道路和电力供给等基础设施建设。

从20世纪80年代开始，世界银行又新添了一项任务，即与国际货币基金组织一道完成债务减免工作。从1960年到1980年，很多国家，特别是南美洲和非洲的一些国家积累了巨额外债，每年单单是偿付利息就已经是一个很沉重的负担。规模庞大的外债还使得各国债务违约的风险大大增加，而且一旦其他国家效仿债务违约国的做法，很容易引发多米诺骨牌效应。世界银行与国际货币基金组织一道，和债务国进行了一系列艰苦的谈判，帮助后者进行债务重组，减少需要偿付的利息。（在某些情况下，富裕的G20成员国作为债权人，减免了债务国的大量债务。）

□ 1.8.3　关贸总协定

作为1995年1月1日正式成立的世界贸易组织的前身，成立关贸总协定的初衷是为了避免类似于20世纪30年代的竞争性关税大战。1947年，各方在瑞士的日内瓦签署了《关税和贸易总协定》（简称关贸总协定），并且于1948年正式开始生效。

经过一系列漫长的谈判——即我们熟知的一个又一个"回合"，从1945年起关贸总协定促成了很多强制性的协定，要求其成员国降低关税。每一个回合的谈判都会带来整体关税水平的下降，从而为国际贸易的稳步增长创造了条件。根据规定，任何关于设置新的关税的提议都必须提交给关贸总协定，成员之间的任何纠纷从理论上来说也由关贸总协定来介入予以解决。

关贸总协定关于禁止有违降低关税水平这一目标的行为和保持贸易渠道开放通畅的一系列规定主要是基于以下两个原则：最惠国待遇原则和非歧视原则。但是，仍然允许例外情况存在。与关贸总协定的规定相冲突的管制措施是被允许的，如果这些措施是在关贸总协定缔结之后才开始生效的，或者是相关方面是第一次加入谈判的新成员。新的歧视性限制措施在特定条件下也是被允许的，其中最重要的一个例外便是保护一国国际收支。

自1993年12月乌拉圭回合谈判结束以来，尽管成员数量不断增加——目前已经有 153 个成员，其中中国也在 2001 年正式加入进来——同时也采用了更加有效的争端解决机制，但是整体来说世界贸易组织的进步越来越缓慢。目前，除了俄罗斯之外，全球主要大型经济体均已经成为世界贸易组织成员。

世界贸易组织面临的一些更新的问题——这些问题在开始于 2001 年的多哈发展回合中充分暴露出来——已经使得自 2008 年以来在一系列广泛的重大问题上的谈判陷于停滞，这些问题包括但是不限于农业补贴、工业领域的关税和非关税壁垒以及服务贸易问题。对此我们将在第 30 章进行更加详细的讨论。

第 2 章 国际收支：测度与管理

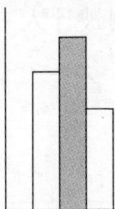

2.1 度量国际贸易

在第 1 章中，我们区分了商品的国际贸易和服务的国际贸易。这二者之间的交互作用是一国贸易和国际收支账户的关键，关于贸易和国际收支账户的主要组成部分，可参见表 2—1。

表 2—1	国际收支账户
产品账户	记录工业制成品和原材料的贸易余额
服务账户	记录服务贸易余额
经常账户	记录所有可以视作贸易的交易活动的余额，以及净投资收入等，具体包括：产品账户、服务账户、投资收入、政府转移支付
英国的资产与负债	20 世纪 90 年代中期引入的一个新账户，记录英国因为在其他国家拥有资产而赚取的净收入或者是因为拥有负债而给付的净支出
国际收支	记录因为英国与其他国家进行贸易往来而发生的所有交易

过去，英国惯常的做法是将贸易区分为"看得见"的贸易和"看不见"的贸易，也就是我们所说的有形产品的贸易和无形产品的贸易。但是如表 2—1 所

示，现在关于贸易数据的正式表述往往是分为"产品贸易"和"服务贸易"两类。

过去计入"看不见"的贸易账户的某些项目现在则被计入一个新的条目下——英国的资产和负债。

2.2 国际收支比率

经济学家以及其他相关人士在比较一国相对于其他国家的贸易表现时，通常会用到以下三个与国际贸易有关的硬性指标：

（1）按照市场价值度量的贸易总值占一国 GDP 的比率：例如，中国经济的开放程度已经达到令人惊讶的程度，2009 年其贸易总额占 GDP 的比重高达45％，而日本的这一数字却只有 20％。

（2）经常账户余额占 GDP 的比重：2009 年，英国和美国的贸易赤字占各自 GDP 的比重分别为 1.6％和 3％，欧盟的这一比率为 0.7％；相比之下，中国和日本则拥有占各自 GDP 5.8％和 2.8％的贸易盈余。

（3）贸易条件：这个略显复杂的指标等于一国出口价格与进口价格之比，它衡量了一国竞争力的强弱。

2.3 贸易账户失衡

因为产品贸易和服务贸易而产生的贸易盈余或者贸易赤字被称为"贸易余额"。英国所有贸易和投资活动的净额被称为"国际收支余额"。它表示的是任一年英国和世界其他国家所有交易活动导致的最终收入或者债务。

人们还习惯性地将某个特定时期或者是一国当年的净盈余或者净赤字称为"经常账户余额"。

一国贸易账户希望实现的目标是在无须调整汇率从而伤及本国贸易的期限内实现"收支平衡"，或者说带来足够偿还一国对外债务的盈余。如果一国的国际收支连续表现为赤字状态，那么就说该国出现了"失衡"。从理论上说，"失衡"一词也包括一国国际收支连续盈余的情况，但是鉴于这是各国都更希望实现的目标，所以很少将连续盈余的状态纳入"失衡"的范畴中。

2.4   失衡的管理

国际收支盈余的国家被称为"债权国"。该国既可以将盈余用于增加本国的国际储备，也可以将盈余资金借给其他国家，帮助后者发展经济。

相反，如果一国的国际收支为赤字，则称其为"债务国"，因为该国的支出超过了其收入。为了给自己的赤字融资，它要么动用此前积累的国际储备，要么向其他国家借债。

显然，一国持有的黄金或者是外汇等储备并不是无限的，终有一天会被消耗殆尽，到那时该国就不得不从其他国家贷款并在未来偿付本息。我们在前面的内容中已经提过，国际货币基金组织的作用之一正是充当贷款人。为了获得国际货币基金组织提供的贷款，一国往往要满足一系列的条件，包括对其宏观经济的调整。20 世纪 70 年代时，为了弥补不断积累的赤字，英国也从国际货币基金组织借入了大笔贷款。按照和国际货币基金组织达成的协议，英国政府对本国的经济政策作了调整，因此很快就还清了贷款。但是，2010 年向希腊提供救助时附加的一系列条件却在其国内引发了政治骚乱。

如果一国的国际收支连年出现赤字，那么它必须采取适当的措施来修正这一情况；具体采取哪些措施则取决于赤字的成因。如果赤字是因为进口过多导致的，那么该国必须采取限制进口、刺激出口的举措。如果赤字的出现是因为资本大规模外流，那么该国则需要对海外投资活动加以限制。

正如我们在第 30 章将要讨论的，2010 年不管是英国还是美国的国际收支都是赤字，其他很多西方国家的情况也与之类似。对于某些国家来说，采取必要的修正措施已经是势在必行的了。

为了校正失衡，一国可以采取的措施主要包括以下几点。

□ 2.4.1   管制进口

从理论上说，限制进口的措施主要有两种，也就是我们在第 1 章曾经提到的两种贸易保护手段——关税和配额。

进口配额限制了特定的一段时期内进入一国的产品的总数量或者总价值。开征进口关税的目的则是通过提高最终用户需要支付的价格，降低对相关产品的需求。

作为关贸总协定以及后来的世界贸易组织的成员，英国和美国可以实施的进口管制措施或者说可以征收的关税受到了严格的限制，即便是为了校正贸易

第 2 章

国际收支：测度与管理

15

失衡也不例外。另外，作为欧盟的成员国之一，只有在极其特殊的情况下，英国才可以背离欧盟统一的对外关税。

□ 2.4.2 刺激出口

一国政府可以向本国所有的出口商或者是特定行业的出口商提供补贴或者是税收减免，从而帮助它们降低成本，相对于外国竞争对手处于有利地位。这类做法不仅有违世界贸易组织的相关规定，而且如果贸易伙伴是欧洲国家的话，也是有违欧盟相关法律法规的。

□ 2.4.3 货币政策

因为采用限制进口和刺激出口的措施要受到限制，因此当国际收支出现赤字时，英国往往会采取货币手段。

考虑到出现经常账户赤字的根本原因往往是国内对进口产品存在超额需求，并且吸收了本国生产的原本可用于出口的产品，因此一国政府可以采取以下措施中的一个或者是综合采用其中几项措施：

（1）提高利率——这意味着不鼓励人们负债消费，从而削减了国内的购买力。另外，较高的利率水平还可以吸引短期外来资本的流入。

（2）公开市场操作——通过在公开市场上卖出证券，政府减少了流通中的货币数量，从而降低了人们的购买力。

（3）特别存款——要求银行将所吸收的存款的一部分存入中央银行冻结起来，这种做法减少了银行的流动性，从而降低了它们的放贷能力，进而削减了人们的购买力。

□ 2.4.4 财政政策

政府还可以通过提高税率、控制分期付款操作等手段，直接降低本国人民的购买力。

□ 2.4.5 本币贬值

令本币贬值的目的是让本国产品对国外消费者来说变得更加便宜，同时进口产品对本国消费者来说变得更加昂贵。当一国实行的是固定汇率制度时，令本币贬值这种做法便是可行的，但是这往往是一国政府最后的选择。

在浮动汇率制度下，如果一国货币币值被高估，那么一定会逐渐贬值，这和政府有意让本币贬值的效果是一样的。发展中国家货币的币值往往会钉住一个更稳定、坚挺的货币——比如美元——或者是相对于后者在一个比较小的区间内波动，从而与本国国内经济形势的变化没有关系。

2.5 汇率管理

汇率的历史相当复杂。在国际贸易出现的早期，出口商仅接受自身具有内在价值的物品比如金、银、珠宝等作为支付手段。

这种做法一直延续到了 19 世纪初，直到一些货币，比如英镑、荷兰盾、法国法郎等开始作为支付手段进入贸易过程。这些货币的广泛使用反映了当时这些国家实力的增强。

大英帝国的财富使得英国政府有实力将每一英镑纸币按照需要兑换成一定数量的黄金。人们对英镑极其信任，世界很多国家和地区的贸易都开始使用英镑结算，政府也开始将英镑作为储备货币。

这些地区后来有了一个共同的称呼即"英镑区"，这是英国政府支持的纸币使用地域扩大到英国之外的结果。但是到了 20 世纪五六十年代，当这些国家和地区纷纷要求将手中持有的英镑转化为黄金或者是美元时，也给后来的政府造成了不小的麻烦和困扰。

1873 年左右，知道某种用于贸易的货币的价值的需要催生了金本位制度的建立，即将一国单位货币的价值同一定数量的黄金挂钩的做法。金本位制也是历史上第一个固定汇率制度，为国际贸易的大规模扩张提供了必要的信心。从 1918 年起，各国逐渐开始放弃金本位制度，到了 20 世纪 30 年代该制度彻底土崩瓦解。缺乏正式的汇率机制也是导致两次世界大战期间国际贸易大大萎缩的原因之一。

第二次世界大战之后，国际货币基金组织建立了一种新形式的固定汇率制度，根据该制度，各国货币价值仍然和黄金挂钩但是更加细化。各国按照一盎司黄金折合多少单位本国货币来为本币确定价值（当时一盎司黄金价值 35 美元）。只有在极其特殊的情况下各国才可以大幅度调整本币和黄金的兑换比率，但是如果出现了被称为"基本失衡"的情况，它们可以对汇率进行微调（上下 10%）。

采用这一制度的国家很少（1947—1971 年间只有 6 个国家），而且到了 20 世纪 60 年代，该制度变得非常不稳定。到了 1971 年，麻烦不断的美国政府宣布取消美元和黄金之间的自由兑换。没过多久，法国和英国政府也宣布放弃金本位制度。

从那时起，允许本国货币相对于其他货币在一个可以接受的范围内自由浮动便成为了主流的汇率管理机制。七八十年代，还被称为欧共体的欧盟采取的是固定或者半固定的汇率制度，并且最终演变成一个德国马克区。但是，欧盟的建立以及随之成立的欧洲中央银行、1999 年 1 月 1 日开始正式投入使用的欧元使得欧元区成为了单一货币区，目前欧元区包括除丹麦、瑞典以及英国之外（2004 年欧盟扩张之前）的所有欧盟成员国。

英国选择继续使用英镑，政府允许其币值自由浮动但是会密切监控其波动范围。欧元区的成员国则失去了让本国货币升值或者贬值的自主权。

第 3 章

国际贸易模式

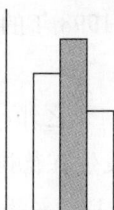

21 世纪的第一个十年，国际贸易的发展趋势和模式都被打断了：2001 年是被紧随 1998 年亚洲金融危机而来的相对缓和的周期性衰退打断，更严重的也更晚近一些，即 2008 年下半年和 2009 年则是被沉重打击了北美和欧洲的发达经济体的全球性大衰退打断。最近的这次衰退——2010 年很多国家已经不同程度地走了出来——是 2008 年国际银行业危机的直接后果，这次危机几乎导致了国际金融体系的崩溃。

为了给读者提供一个更加完整的视角，本章内容分为两部分：对 1870—2001 年国际贸易发展过程的回顾；对 2002—2009 年间国际贸易发展情况的详细分析。另外，世界贸易组织最新统计数据及其对 2010 年贸易形势的预测则放在第 30 章来介绍。

3.1 20 世纪的国际贸易

对过去 60 年来关贸总协定以及后来的世界贸易组织的成员以极大的热情积极营造自由贸易环境的最好回报，可能当属国际贸易规模在整个 20 世纪实现了前所未有的扩大。

表 3—1 列出了 1870—1998 年 11 个国家产品出口总值的增长速度以及世界

19

整体增速。从全球来看，1913—1950年的年均复合增长速度不到1%，与此形成对比的是1913年以前3.4%的增速。接下来的23年是国际贸易扩张速度最快的时期之一，年均复合增速达到了7.9%，然后在1973—1998年的25年里逐渐回落到5.1%。

在后面两个时期，除英国的增长率从3.9%提高到4.4%之外，其他发达经济体的贸易增速都呈下降趋势。在欧洲，最显著的下降发生在德国，随着其工业的战后重建逐渐接近尾声，德国的产品出口增长率从12.4%下跌到4.4%，与此同时其从美国的进口却保持着年均6%的增长速度。但是，产品出口增速下降最快的却是日本，从1950—1973年间年均15.4%的增长率下跌接近三分之二，在1973—1998年达到与欧洲差不多的增速（5.3%）。

与此形成对比的是，亚洲以及拉丁美洲等发展中国家的出口则大幅飙升。中国出口的年均增长速度从2.7%增长到11.8%，墨西哥的这一数字则从4.3%扩大到10.9%。

表3—1　1870—1998年11个国家以及世界整体的出口增速（年均复合增长率，%）

国家	1870—1913年	1913—1950年	1950—1973年	1973—1998年
法国	2.8	1.1	8.2	4.7
德国	4.1	−2.8	12.4	4.4
荷兰	2.3	1.5	10.4	4.1
英国	2.8	0.0	3.9	4.4
西班牙	3.5	−1.6	9.2	9.0
美国	4.9	2.2	6.3	6.0
墨西哥	5.4	−0.5	4.3	10.9
巴西	1.9	1.7	4.7	6.6
中国	2.6	1.1	2.7	11.8
印度	2.4	−1.5	2.5	5.9
日本	8.5	2.0	15.4	5.3
世界	3.4	0.9	7.9	5.1

在这128年时间里，如果用1990年的价格来衡量，各个国家的产品出口在其GDP中所占的比重整体来说是不断上升的，尽管受大萧条的影响这一比率在1929年大幅下跌并且一直到1950年之后才完全恢复到萧条之前的水平。从全球范围来看，出口占GDP的比重从1929年的9.0%下降到1950年的5.5%，然后在1973年逐渐恢复到10.5%，并且在1998年逐渐攀升到17.2%的水平。

整体来看，发达国家的出口基本遵循上面提到的发展模式，其中欧洲的出口比率稍高一些，美国和日本略低一些。1998年，英国的出口与GDP之比达到了25%，德国要更高一些，为38.9%。美国和日本的这一数字则分别为10.1%和13.4%。同一年，发达经济体中出口占GDP比率最高的是荷兰，达到了61.2%。

对于发展中国家来说，虽然自1973年以来产品出口呈显著增长势头，但是出口在这些国家的GDP中所占的比重则相对没有那么重要。1998年，墨西哥的产品出口总值占GDP的比重为10.7%，而中国的这一数字则只有4.9%（与1929年的1.8%相比还是有所提高），没有任何迹象表明未来随着人均产出达到发达国家的水平，中国将对世界贸易产生如此重大的影响。

3.2 不同地区产品贸易和服务贸易的发展趋势（1990—2001年）

□ 3.2.1 产品贸易

1990—2001年间全球贸易增长了5%。其中2000年贸易增长率达到顶峰——13%，接下来的2001年则下降了4%（周期效应）。

在2000年几乎所有地区的产品出口总值都呈现增长势头——其中欧盟增长了3%，是所有地区中最低的——之后，2001年，除中东欧国家、波罗的海和独联体国家（增长5%）以及亚洲的中国（增长7%）之外，所有其他国家的出口都出现了不同程度的萎缩。

1. 欧盟

提到产品贸易，不管是出口（22 910亿美元）还是进口（23 340亿美元），2001年欧盟都是全球规模最大的经济体，其中进口还略微超过出口。这一地区的进口增长率从2000年的6%下降到2001年的只有1%，而出口则从前一年的增长4%下降到下跌1%。

2. 亚洲

2001年的亚洲是全球第二大出口市场（14 970亿美元），超过进口1 220亿美元。在1997—1998年的金融危机之后，亚洲的出口年均增速从-6%回复到2000年的18%，并在下一年跌回到9%的水平。2001年出口的下跌主要是因为日本的出口总值下降了16%。与出口类似，这一地区的进口从1998年减少18%逐渐恢复，并在2000年实现峰值——增长23%。

3. 北美地区

与亚洲相反，北美（除墨西哥外）是 2001 年全球第二大进口市场（14 080 亿美元），尽管它只是第三大出口市场（9 910 亿美元）。但是，这一地区的出口增速在 1999 年回复到 4%（1998 年下降 1%），并且在 2000 年实现了 14% 的最大增速，然后在 2001 年跌落到下降 6% 的水平。相比 1998 年 5% 的增速，北美地区的进口在 2000 年实现了 14% 的增长。

4. 中东欧

尽管 1999 年中东欧地区的出口增长并不显著——与连续十年平均每年增长 7% 相比，这一年的出口仅仅增加了 1%——但是 2000 年和 2001 年（11%）的增长则要强劲得多，出口总值达到 1 290 亿美元。在连续十年保持平均 10% 的增长速度后，1999 年中东欧地区的进口下降了 1%，但是经过接下来的两年的大幅增长，进口总值达到 1 590 亿美元。因此，这个地区从 1999 年开始保持了大约 3 000 亿美元的贸易赤字。

波罗的海和独联体国家在 1999 年实现了 310 亿美元的贸易盈余，其中出口降低了 2%，进口则减少了 24%；但是，2001 年，贸易盈余缩小到 190 亿美元。

5. 中东

2001 年中东地区的贸易盈余为 570 亿美元，其中石油输出国组织成员国的石油出口在该地区 2 370 亿美元的出口总值中占据了大部分比重。尽管 2000 年该地区的出口增长高达 42%——远远高于除同样也是石油生产大国的俄罗斯（39%）之外的所有国家和地区，但是 2001 年却下降到只有 9%。

6. 非洲

1999 年非洲的出口规模与中东欧地区基本处在同一水平上（1 280 亿美元），但是它在 2000 年和 2001 年的增长要平缓得多，最终达到 1 360 亿美元。相比之下，非洲地区的出口增长则要快得多，从（1999 年的）1 170 亿美元增加到（2001 年的）1 410 亿美元，因此该地区实现了小额贸易盈余。

7. 拉丁美洲

拉丁美洲的出口在 2000 年时增长了 20%，但是在 2001 年增速回落到 3%，达到 3 470 亿美元，给这一地区带来了 30 亿美元的贸易赤字。

3.2.2 服务贸易

2001 年全球服务贸易的模式与产品贸易有着很大的区别。2001 年之前的十年里，服务贸易的年均增速大概保持在 6% 的水平，与产品贸易发展水平类似，但是 2001 年服务贸易出口仅仅下降了不到 1%，与产品贸易 4% 的跌幅形成了鲜明对照。在所有国家和地区中，西欧和北美（除墨西哥之外）是仅有的两个商业服务出口市场，它们各自的出口总值分别为 700 亿美元和 320 亿美元。

相形之下，2001 年的亚洲是一个商业服务的净进口国，进口总值为 520 亿美元——尽管该地区现在已经是全球第三大服务贸易区。不管是中东欧地区还是波罗的海和独联体国家，它们在世界服务贸易中的作用都是微不足道的。

3.3　21世纪的国际贸易

2001—2008 年间，全球产品出口总值（除欧盟成员国内部的贸易之外）从 4.7 万亿美元增加到 12.1 万亿美元（增长了 157%），服务贸易则从 1.5 万亿美元增加到 3.8 万亿美元（增长率为 153%）。但是，金融危机以及随之而来的经济衰退打破了贸易的增长势头，2009 年，全球产品贸易跌落到 10.6 万亿美元，服务贸易下跌到 2.8 万亿美元，分别下滑 12% 和 26%。在欧盟内部，成员国之间的出口总值从大约 4 万亿美元减少到 3 万亿美元，跌幅在 25% 左右，与此形成对照的是，欧盟国家对非成员国的产品出口翻了一番还要多，从 7 430 亿美元扩大到 1.5 万亿美元，这清晰地告诉了我们饱受衰退困扰的欧盟成员国之间以及它们与世界其他地区特别是最先从衰退中恢复过来的亚洲之间的贸易关系的区别。

3.4　2008—2010年的衰退带来的影响

□ 3.4.1　产品贸易

本轮经济衰退之前以及 2009 年世界主要贸易大国和贸易地区的具体表现，我们详细列在了表 3—2 中。

表 3—2　　　　全球部分经济体的产品贸易（2009 年）

	出口		进口	
	总值 （十亿美元）	增长率 （%）	总值 （十亿美元）	增长率 （%）
世界	12 147	−23	12 385	−24
北美	1 602	−21	2 177	−25
美国	1 057	−18	1 604	−26

	出口		进口	
	总值 （十亿美元）	增长率 （%）	总值 （十亿美元）	增长率 （%）
加拿大	316	−31	330	−21
墨西哥	230	−21	242	−24
中南美洲	461	−24	444	−25
巴西	153	−23	134	−27
其他	308	−24	31	−25
欧洲	4 995	−23	5 142	−25
欧盟（27）	4 567	−23	4 714	−25
德国	1 121	−22	931	−21
法国	475	−21	551	−22
荷兰	499	−55	446	−23
英国	351	−24	480	−24
意大利	405	−25	410	−26
独联体国家	452	−36	332	−33
俄罗斯	304	−36	192	−34
非洲	379	−32	400	−16
南非	63	−22	72	−28
除南非外的其他国家	317	−33	328	−13
石油出口国	204	−40	129	−11
非石油出口国	113	−17	199	−14
中东	691	−33	499	−18
亚洲	3 566	−18	3 397	−21
中国	1 202	−16	1 006	−11
日本	581	−26	551	−28
印度	155	−20	244	−24
新兴工业化经济体（4）	853	−17	834	−24
备忘录				
发展中经济体	4 697	−22	4 432	−20
南方共同市场	217	−28	186	−28
东盟	814	−18	724	−23
欧盟 27 国之外的贸易	1 525	−21	1 672	−27
最不发达国家	125	−27	144	−11

资料来源：WTO。

进出口贸易实务

该表中记录的世界贸易总值包括欧盟成员国之间的贸易，因此 2009 年的出口总值为 12.1 万亿美元，而不是 16.1 万亿美元。尽管全球贸易总额在 2007 年和 2008 年都实现了 15％的增长，但是 2009 年 24％的跌幅使得 2005—2009 年全球贸易仅仅增长了 4％。

1. 北美

2009 年北美自由贸易区的进出口分别下降 25％和 21％直接导致 2005—2009 年这一地区的出口仅仅增长了 2％，进口则下降了 1％。同一年，美国的出口下降了 18％，进口则减少了 26％，因此其贸易失衡状况反而略有好转。与美国正好相反，加拿大的进口减少了 21％，出口则下降了 31％，因此其贸易缺口进一步扩大；2005—2009 年，加拿大的出口实际上减少了 3％。主要受美国而不是加拿大影响，它们最大的贸易伙伴墨西哥 2005—2009 年的出口增长了 2％，进口则增长了 1％（美国的相关数据分别为−4％和−2％）。

2. 中南美洲

因为巴西在该地区的出口中占三分之一的比重，在进口中占 30％，中南美洲的整体进出口水平也都出现了类似的下滑，跌幅均在 25％左右，导致 2005—2009 年间的出口净增长 6％，进口净增长 10％。

3. 欧洲

欧洲地区 91％的贸易是在欧盟成员国之间发生的。2009 年欧盟的出口和进口分别下降了 23％和 25％，使得 2005—2009 年间进出口的增长率都仅有 3％上下。2009 年欧盟主要贸易大国比如德国、法国、意大利、荷兰和英国的表现相差不多，其中意大利和英国的贸易萎缩程度稍微比其他国家要严重一些。2005—2009 年，只有英国的贸易出现了萎缩，进出口都下降了两个百分点左右。

4. 独联体国家

独联体国家——其中俄罗斯一国在该地区贸易中就占有 67％的比重——2009 年贸易的萎缩程度要比其他国家和地区严重得多，其中出口下降了 36％，进口减少了 33％。然而，从 2005 年到 2009 年，它们的出口和进口分别增长了 7％和 11％，仅次于中国、印度、非洲的非石油出口国以及最不发达国家的表现。

5. 非洲

与北美和欧洲地区形成鲜明对比的是，非洲国家虽然在全球金融危机中受到的冲击并不大，但是其贸易却非常确切地反映了这一轮衰退。2009 年非洲很多最不发达国家的出口下降了 32％，进口则下降了 16％，从而使得从 2005 年到 2009 年的五年间出口和进口仅分别增长 5％和 22％。作为该地区最大的经济体，南非的出口和进口在 2009 年分别减少了 22％和 28％。在其余国家中，10 个石油生产国同期的出口下降了 40％，其余国家的出口则仅下降了 17％。

6. 中东

2009 年，中东国家的出口和进口分别下跌了 33 和 18 个百分点，从而导致五年增长率下降到 6％和 10％。

7. 亚洲

与其他地区相比，亚洲整体来说在 2009 年的表现可圈可点，其中出口下降了 18％，进口下降了 21％。尽管该地区的贸易规模五年内仅仅扩大了 6％，其中日本的出口下降了 1％同时进口增长了 2％，但是中国和印度的表现格外抢眼，尽管 2009 年这两个国家的贸易规模分别下降了 16％和 20％，但是五年间它们的贸易量都实现了 12％的增长。

□ 3.4.2 服务贸易

如表 3—3 所示，和产品贸易相比，金融危机和经济衰退给不同地区以及主要经济体 2009 年的服务贸易带来的影响要小得多，影响程度也要更接近一些。总体来看，2009 年服务贸易出口下降了 13 个百分点。

2009 年服务出口的下跌幅度从摩洛哥的 5％和中国香港的 6％，美国、巴西、南非以及以色列的 9％，到英国、德国、西班牙、意大利、埃及、中国大陆和日本的 11％～16％，再到乌克兰的 23％和韩国的 25％不等。

表 3—3　　　　全球部分经济体的服务贸易（2009 年）

	出口		进口	
	总值 （十亿美元）	变化率 （％）	总值 （十亿美元）	变化率 （％）
世界	3 310	−13	3 315	−12
北美	542	−10	430	−10
美国	470	−9	331	−9
中南美洲	100	−8	111	−8
巴西	26	−9	44	−1
欧洲	1 675	14	1 428	13
欧盟（27）	1 513	−14	1 329	−13
英国	240	−16	160	−19
德国	215	−11	255	−10
法国	140	−14	124	−12
西班牙	122	−14	87	−17

	出口		进口	
	总值 （十亿美元）	变化率 （%）	总值 （十亿美元）	变化率 （%）
意大利	101	-15	114	-11
独联体国家	69	-18	91	-21
俄罗斯	42	-17	60	-19
乌克兰	13	-23	11	-32
非洲	78	-11	117	-11
埃及	21	-15	14	-17
摩洛哥	12	-5	6	-13
南非	11	-9	14	-16
中东	96	-12	162	-13
以色列	22	-9	17	-12
亚洲	751	-13	776	-11
中国大陆	129	-12	158	0
日本	124	-15	146	-11
中国香港	86	-6	44	-6
印度	86	—	74	—
新加坡	74	-11	74	-6
韩国	56	-25	74	-19
中国台湾	31	-10	29	-15

资料来源：WTO。

从 2005 年到 2009 年的五年间，全球服务出口增加了 7%。其中表现最突出的是巴西和中国大陆（15%）、俄罗斯（14%）以及摩洛哥（13%）。得益于它们更加保守、受到更多管制的金融体系，这些国家在 2008 年时都没有遭遇银行危机。

3.5 主要的进出口国

□ 3.5.1 产品贸易

表 3—4 列出了 2009 年全球排名前 12 位的出口国（地区）和进口国（地

27

区），以及它们各自在全球总贸易中所占的比例。

从单个国家的贸易情况来看，中国内地在2008年之前的十年时间里，出口总量逐一超过了法国、英国、日本和美国，并在2009年超过德国成为全球第一大出口国。

在过去的十年里，美国的出口排名从第二下跌到第三位，但是仍然保持着全球最大的进口国的地位。2001年美国贸易赤字累计超过4 000亿美元，其对中国内地的债务总量也不断扩大。到2009年底，中国内地已经持有超过2.4万亿美元的美元储备。

2009年因为与很多国家之间的产品贸易都出现了萎缩，因此英国的出口排在韩国之后，进口则排在日本之后。除了德国之外，英国的产品出口规模逐渐被荷兰——排在日本之后一位——以及紧随其后的法国、意大利和比利时超越。

日本出口规模在全球的排名下降了一位，从第三变成了第四，进口排名则下降到第五的位置。2001—2009年之间，加拿大的出口排名也不断下降，从第15位下降到第20位。中国香港的排名则比较稳定，出口一直排在第11位，进口则排在第19位。

2009年进出口排名前12位的国家（地区）中，韩国是最大的赢家——出口规模全球排名第9，进口则排名第12位。

表3—4　　　　　　　**产品贸易：主要出口方和进口方（2009年）**

	出口			进口	
	总值 （十亿美元）	在全球贸易 中的占比（％）		总值 （十亿美元）	在全球贸易 中的占比（％）
1. 中国内地	1 202	9.6	1. 美国	1 604	12.7
2. 德国	1 121	9.0	2. 中国内地	1 066	8.0
3. 美国	1 057	8.5	3. 德国	931	7.4
4. 日本	581	4.7	4. 法国	551	4.4
5. 荷兰	499	4.0	5. 日本	551	4.4
6. 法国	475	3.8	6. 英国	480	3.8
7. 意大利	405	3.0	7. 荷兰	445	3.5
8. 比利时	370	3.0	8. 意大利	410	3.2
9. 韩国	364	2.9[①]	9. 中国香港	353	2.8[②]
10. 英国	351	2.8	10. 比利时	351	2.8
11. 中国香港	349	2.6	11. 加拿大	330	2.6
12. 加拿大	316	2.5	12. 韩国	323	2.6

资料来源：WTO。

注：①包含3 140亿美元的再出口。②包含3 530亿美元的再出口。

进出口贸易实务

□ **3. 5. 2 服务贸易**

2005—2009 年间，各国（地区）服务贸易的排名也发生了显著的变化，具体见表 3—5。

表 3—5　　　　　　　　服务贸易：主要出口方和进口方（2009 年）

	出口			进口	
	总值 （十亿美元）	在全球贸易 中的占比（%）		总值 （十亿美元）	在全球贸易 中的占比（%）
1. 美国	470	14.2	1. 美国	331	10.6
2. 英国	240	7.2	2. 德国	255	8.2
3. 德国	215	6.5	3. 英国	160	5.1
4. 法国	140	4.2	4. 中国内地	158	5.1
5. 中国内地	129	3.9	5. 日本	146	4.7
6. 日本	124	3.8	6. 法国	124	4.0
7. 西班牙	122	3.7	7. 意大利	114	3.6
8. 意大利	101	3.0	8. 爱尔兰	104	3.3
9. 爱尔兰	96	2.9	9. 荷兰	87	2.8
10. 荷兰	92	2.8	10. 西班牙	87	2.8
11. 中国香港	86	2.6	11. 加拿大	77	2.5
12. 印度	86	2.6	12. 印度	74	2.4

资料来源：WTO。

1. 出口

在服务出口方面，美国和英国继续牢牢站稳前两名的位置，同时德国超过法国名列第三，法国则排在第四的位置。与产品贸易的迅速扩大相一致，中国内地目前在服务贸易出口方面排名第五——而 2001 年的时候它还排在第 12 位，日本、西班牙、意大利的排名则依次下降一位紧随其后。

表 3—5 的底部则是进步最快的两个国家：爱尔兰从第 21 位跃升到第 9 位，印度则从第 19 位前进到第 12 位。退步的两个国家（地区）是荷兰和中国香港，它们分别从第 8 位和第 10 位下降到第 10 位和第 11 位。

2. 进口

进口排名的变化与出口类似。美国和德国稳居前两名，英国前进一名成为第三，日本落后两名排在第五。中国内地一跃从第 10 位前进到第 4 位，印度则从第 18 位上升到第 12 位。

法国和意大利分别下降一名排在第 6 位和第 7 位，荷兰下降两名排在第九的位置，爱尔兰从第 11 名上升到第 8 名。西班牙前进两名，从第 12 名变为第 10 名，但是加拿大再次成为输家，从第 8 名变成第 11 名。

3.6 小结

从前面的陈述不难发现中国和印度在世界贸易中的地位显著提升。2009 年，中国产品出口价值占全球产品出口总值的 9.6%，服务出口则占到了全球的 3.9%；印度则进一步贡献了全球产品出口和服务出口的 2.6%。在未来的两代人到三代人的时间里，中国和印度很有可能会继续保持当前的增长势头，这似乎表明我们生活在一个"亚洲的世纪"。

第2篇

国际营销：原理与实务

第4章

国际营销原理

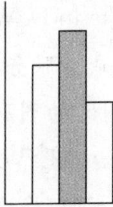

4.1　营销的定义

关于营销的概念，各界并没有争论；但是关于哪一个才是定义营销的最好方式，却一直争论不断。由此导致的结果便是，学术界给出了上百种营销的定义，而且每一个定义都认为自己是正确的。不过，这并不意味着人们关于营销的本质有不同看法，而只是表明我们对同一个概念可以有各种不同的看法。

尽管有一种老生常谈的说法是"营销就是把不可收回的产品卖给确实会再次光顾的消费者"，实际上我们可以把营销的定义分为三种基本类型。

□ 4.1.1　第一组定义

关于营销的这一组定义的共性是，它们都含有强烈的以下味道：生产者以营利为最终目标，做一些与消费者有关的事情，但是后者只是被动接受的一方，在整个过程中不发挥任何作用。

在商业活动中创造收入的一方。

——McNair，Brown

了解消费者对某种产品或者服务的需求，促进产品或服务的销售，并且在

获取一定利润的基础上将产品或服务送到消费者手中。　　——L. Brech

规划、执行并且评估与一家企业的利润目标有关的外部因素。

　　　　　　　　　　　　　　　　　——G M E Ule in D. W. Ewing

组织并引导将消费者的潜在购买力转化为对特定产品或者服务的有效需求，并且将产品或者服务送到最终消费者手中从而实现公司制定的利润目标或者是其他目标的基本管理活动。　　　　　　　　　　　——L. W. Rodger

确定消费者想要什么，安排生产和分销，并且以最大利润将这些产品或者服务销售出去的过程。　　　　　　　——达勒姆大学就业指导中心

□ 4.1.2　第二组定义

这组定义包含着生产者"为"消费者而不是"对"消费者做些什么的含义，但是它们之所以做这些事，依然是为了实现自己的目的。

和第一组定义类似，这组定义也强调营销是获取利润的一种手段，而且这组定义完全是以企业为中心的：

以正确的价格、在正确的时间和正确的地点，向正确的人提供正确的产品。

　　　　　　　　　　　　　　　　　　　　　　　　——无名氏

在营销公司里（与那些仅仅是接受了营销这个概念的公司不同），所有的活动——从融资到生产再到营销——都要围绕让给公司带来利润的消费者满意来展开。　　　　　　　　　　　　　　　　　——R. J. Keith

营销是保证各种资源和市场趋势相契合从而为公司可持续生存和发展提供保障的一个系统性的前向规划过程。　　　　　　　——R. Glasser

营销是为能够满足当前以及潜在客户需要的产品和服务制定生产计划、确定价格、设计促销方案并且送到消费者手中等所有互动性商业活动构成的一个整体。　　　　　　　　　　　　　　　　　——W. J. Stanton

可以帮助某个组织和自己的消费者保持联系、了解他们的需要，并且建立起一个沟通机制以便传达该组织的目标的活动。　　——Kotler and Levy

□ 4.1.3　第三组定义

这组定义最引人关注的一点是引入了以下观念：消费者和参与到这个过程中的生产者一样也是有自己的主观意愿的。"转移"（transfer）和"消费者的需要"（needs of consumers）这两个关键词在这组定义中很常见，尽管这组定义依然是以企业为中心的。根据这组定义，营销被看做是某种类型的交易活动：

商品和服务进行交换，并且用货币价格来衡量它们的价值的经济过程。

——Duddy and Revzan

销售表达的是卖方将产品转换成现金的需要；营销则不仅包含着用产品满足顾客的需要这一思想，而且包括与产品生产、运输以及最终消费有关的所有事项。   ——T. Levitt

与产品的转移或者是服务的获取有关的商业活动。   ——R. Webster

便利了产品或者是服务的生产者和消费者之间的交换过程的所有商业活动的组织与落实。   ——L. Wodger

旨在刺激或者是满足需求的所有活动。   ——G. A. Fisk

更进一步，还有一些关于营销的定义从交易的角度来强调和突出第三组定义的特点。根据这些定义，营销可以被看做是一个社会交换过程：

一个社会的物质产品以及文化在不同成员之间进行传递的中介。

——E. J Kelley

建立联系。   ——P. T. Cherrington

最后一个定义之所以被包括进来，是因为这或许是你能够找到的关于营销的最简短的定义。但是，最后这两个定义尽管本身看起来非常有意思，对于出口商来说却没有什么实际意义。

关于国际营销最准确的定义无疑是第三组，因为这些定义不仅意味着要满足消费者的需要，而且包含着与海外买家建立某种关系或者是成为伙伴的要求。对于大多数实际从事出口业务的人或者企业来说，这一要求有其合理的成分。

4.2 交换过程

国际营销可以被看做是一个交换过程的思想可以按照组成元素进一步细分，具体如图 4—1 所示。

图 4—1 给出了参与交换过程的双方：处在一方的企业利用自己的经验和资源向由潜在客户组成的市场提供产品和服务，这些潜在客户清楚地知道自己需要什么、不需要什么。那些提供的产品和服务与买方关于自己需求的认知匹配度最高的企业最有可能实现盈利目标，也更容易让消费者满足。

图 4—1 的另一个特点是，它所刻画的交换过程没有起点和终点。企业每时每刻都要思考需要利用自身的经验和资源向市场提供哪些产品和服务，因为顾客的需求是动态的，也就是说非常容易发生变化，在国际贸易中这种需求甚至可能有很强的波动性。

```
            ┌──────────┐                    ┌──────────┐
            │   企业   │                    │   客户   │
            └────┬─────┘                    └────┬─────┘
                 │                               │
                 ▼                               ▼
            ┌──────────┐                    ┌──────────┐
            │ 经验/资源 │                    │ 理清需求 │
            └────┬─────┘                    └────┬─────┘
                 │                               │
                 ▼                               ▼
        ┌───────────────┐              ┌───────────────┐
        │ 提供产品或服务 │◄────────────►│  评估&选择    │
        └───────┬───────┘              └───────┬───────┘
                 \                             /
                  \                           /
                   ▼                         ▼
                   ┌───────────────────────┐
                   │         交换          │
                   └───────────────────────┘
                  /                         \
                 /                           \
                ▼                             ▼
           ┌──────────┐                  ┌──────────┐
           │   利润   │                  │   满足   │
           └──────────┘                  └──────────┘
```

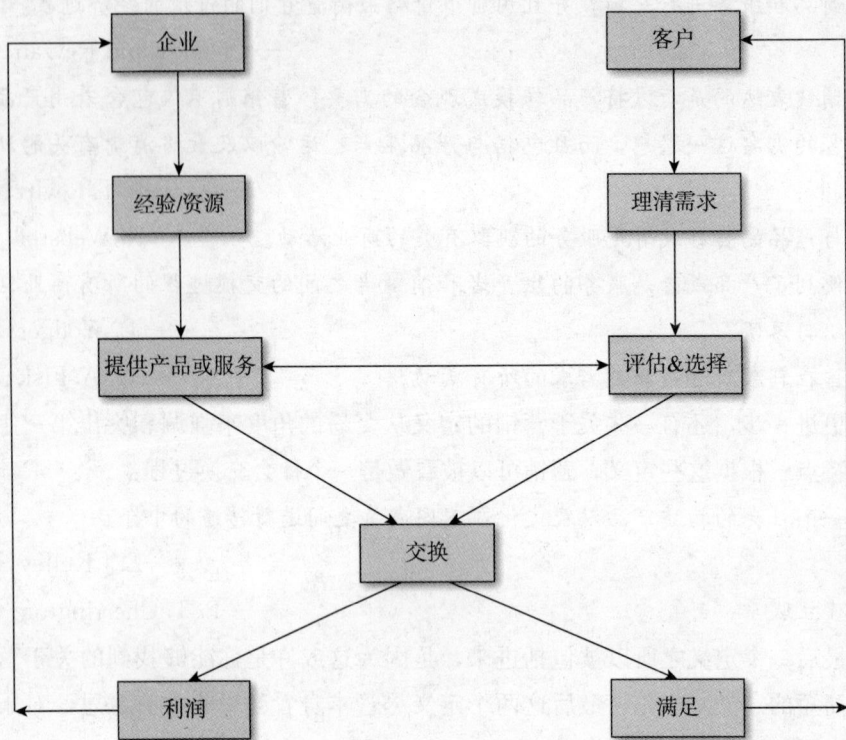

图 4—1 交换过程

4.3 营销过程

实际上，我们还可以继续深入下去。对于任何企业来说，应该不断问自己的最重要的一个问题可能就是："我是做什么生意的?"你可能会觉得这是一个毫无意义的问题，所有企业都知道自己的业务是什么。但是这个想法可能是错误的。

事实上，很多企业因为太过专注于自己的产品或者服务，以至于在它们实际拥有哪些经验和资源这个问题上显得非常短视。这方面的案例非常多，其中最典型的便是比克公司（Bic），当被咨询顾问问到它们的业务是什么时，该公司的人会理所当然地回答"钢笔业务"，或者更准确地说是低价钢笔业务。

接下来，咨询顾问做了一次营销审计——关于一家公司的营销活动的优势和不足的深入调查，并且带回了他们关于比克公司业务的看法。这些顾问认为，比克公司的经验和资源集中在"一次性塑料"领域。这并不是什么颠覆性的说法，但是确实改变了比克公司关于自己业务的看法。比克并不是一家钢笔生产企业，而是一家一次性塑料加工制造商，或者更准确一点，是含有金属填充物的压缩性塑料生产商。随之而来的便是第一个一次性剃须刀、一次性打火机、一次性牙刷、一次性古龙水分装瓶等等。显然，有时候一些简单问题的答案会让一家企业的本质发生翻天覆地的转变。

下面我们再回到关于营销的定义。虽然关于营销的定义可能多得数不胜数，但是我们依然可以从中找出一两个共性的成分。实际上，营销的定义的组成元素是"消费者导向"和"利润（或者是其他目标）"。这也就是说，一个营销公司的所有活动都是围绕着消费者的需要展开的，整个营销过程也是从找出客户需要什么开始的。这显然不同于那些产品导向的公司的理念，后者的目标是生产它们自己选择要生产的东西然后拿到市场上卖掉。

这里，有必要再次重申那句已经熟悉得不能再熟悉的话："营销是关于我们能卖掉什么的，而不是卖掉我们能生产的。"

这并不是因为我们喜欢去取悦我们的客户——虽然我们确实在这样做，而主要是基于这样一个事实：客户越是感到满意，越是能给我们带来更多的利润。

然而，有必要说明的一点是，文字定义固然可以帮助我们理解什么是营销，但是更切合实际的一个问题是"如何营销"，而不是"营销是什么"。

也就是说，假设一家公司认为自己确实需要对市场需求做出反应，要做到"消费者导向"，从而赢得激烈的竞争，那么它该做些什么呢？首先，销售和营销的区别是非常重要的。

图4—2和图4—3说明了二者的基本区别，其中最关键的一点是销售过程从生产环节开始，接下来是卖出足够多的产品从而获利；营销过程则是从市场调研开始的——进行市场调研是为了找出当前的市场需求，从一个满足的客户那里赚到钱。另一个重要的区别则是，销售是一个单向的过程，而营销则包括消费者不断的反馈以及企业根据消费者需求的变化作出调整的过程。

生产 → 销售 → 通过销售获利

图4—2 销售过程

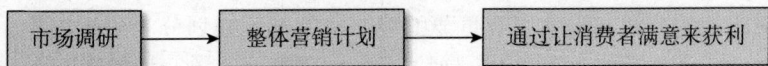

市场调研 → 整体营销计划 → 通过让消费者满意来获利

图4—3 营销过程（版本1）

图4—4可能表达得更加清楚一点，该图详细勾勒了一个完整的营销过程，从中我们可以看到产品分销是营销过程的一个重要环节。从图中可以看出，营销过程开始于在市场上持续进行的调研活动，以旨在提升公司生产能力的内部研发活动为支撑。一旦调研过程中发现了"哪里"存在需求，而且企业有能力

消费者

研发 → 销售机会 ← 市场调研

营销计划

产品　　定价　　促销　　分销

营销活动

实际分销　　现场销售　　广告&促销活动

消费者

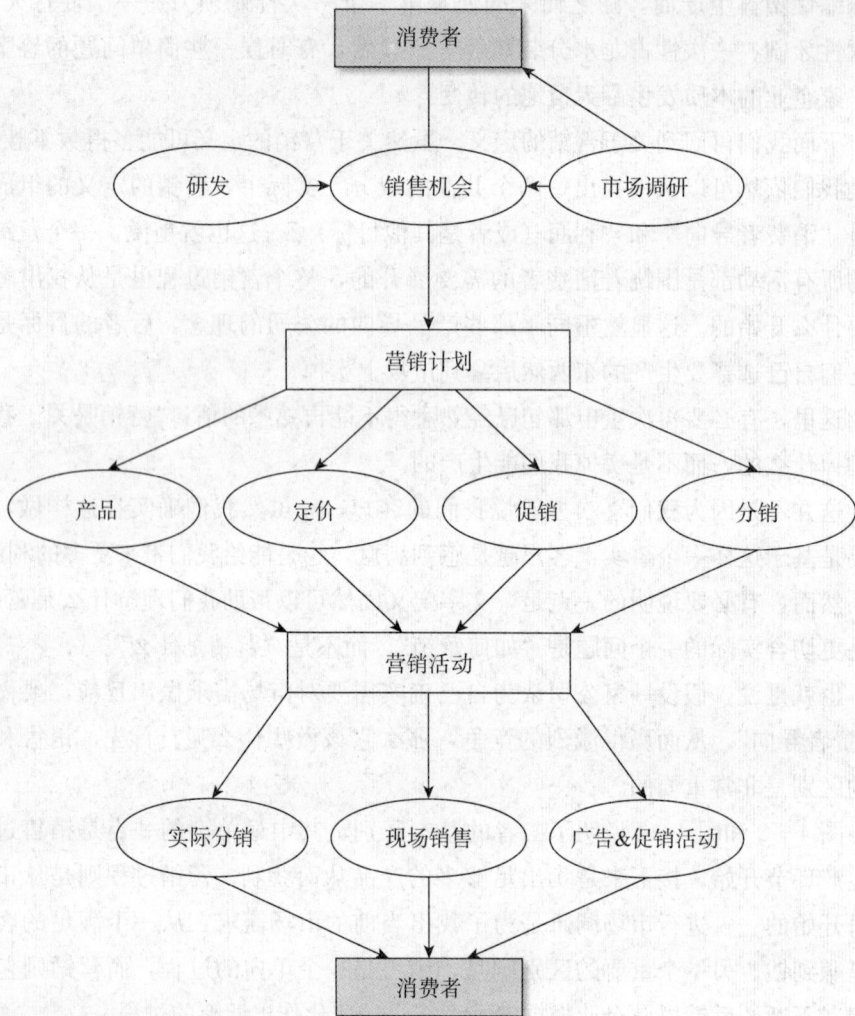

图4—4　营销过程（版本2）

生产相应的产品和服务来满足这种需求，接下来要做的决策便是"如何"才能很好地满足这一需求。

所谓的4P营销是对营销计划的制定过程的一个非常简单但是很有用的说明。一家成功的公司制定的所有重要的战略决策都可以划分为以下四类：产品，定价，促销，地点（或者说分销，但是3P1D听起来不像4P那么响亮）。这四个方面也常被称为"营销矩阵"，也就是说，在某个计划中会相互影响的一系列元素的集合。对的矩阵是成功的保证！

营销矩阵中还可以包括其他一些因素，比如大家熟知的7P概念，即在上面提到的4P的基础上加上：（1）人（people），也就是说要考虑营销对象的情况以及他们的责任和需要；（2）过程（process），也就是实施营销方案必需的管理过程；（3）实际（physical），即营销方案的实际落实情况、变化以及结果。7P的概念特别适用于服务活动的营销。哈佛商学院的内尔·波顿教授则提出了一个包含12个元素的清单：产品计划、定价、品牌、分销渠道、人员促销、广告、促销、包装、演示、服务、交货、市场调研。不过，所有这些都已经包含在上面提到的简单4P方法中了。

如果不能落实的话，任何计划都是毫无价值的，图4—4给出了一家企业需要做的最显而易见的一些活动。制定计划这个环节虽然没有在这幅图中体现出来，但是正是因为有了计划，才有了后面的销售、促销、分销等活动，这些更容易看得见的活动是计划的结果。

在本章后面的内容中，我们还会对计划的制定过程做更加深入的介绍，并且会重点探讨涉及海外市场的情况，但是在这里要说明的一点是，不管我们研究的是国内贸易还是国际贸易，计划的制定过程都是一样的。营销过程并不会因为国内和国外市场的不同而有差别，也不会因为不同出口市场而有差别；真正不同的是在不同市场上对营销过程的具体应用。

从字面意思看，市场导向这个概念意味着企业需要努力去发现不同市场的区别，并且对此作出适应性调整从而最大化自己的利润。出口商在母国市场和海外市场上可能会遭遇的差异可以列一个很长的清单，很多时候正是因为忽视了这些差异，才导致企业在海外贸易中遭遇滑铁卢。

4.4 国际化过程

所有的企业都生活在一个动态的市场环境中，也就是说市场条件是不断变化甚至是剧烈波动的。而且很多时候，市场的这种变化是非常难预测的，即便是对最灵活的企业来说，也很难适应市场的变化。

市场环境是由一系列不可控的因素构成的，而可控的市场计划则代表了企业面对瞬息万变的市场时，希望能够获取最大成功的努力。

如果把母国市场和海外市场，或者更准确一点把一个海外市场和另一个海外市场的区别逐一列出来，那么将在本书中占据相当大的一个篇幅。不过，我们可以通过一个简单的缩写，即PEST来代表这些市场之间最显著的区别：

P：政治或者说法律——指代一系列的法律法规，它们会影响到商业环境的稳定与否。

E：经济——经济的类型，即公私混合所有制、中央计划经济等；经济发展水平，即初级、中级还是高级；竞争力，即企业的数量、规模以及性质等情况。

S：社会文化——文化的范围非常广，比如宗教、价值观、世界观、道德观等。社会文化不同可能会导致产品设计、包装特别是促销等环节出现问题。商业实践：不同市场对于什么样的做法是非法的，看法有天壤之别。语言：在一种语言中毫无恶意的用语到了另一种语言中，可能就是攻击性的。气候：世界不同地方的气候显然是非常不同的。

T：技术——在某个市场上已经过时的技术在另一个市场上可能是前沿技术。不同的人可能并不会按照企业预设的方式来使用产品。维护保养水平也是千差万别的。

关于不同市场差别的另一个缩写是 PESTLE，也就是把"法律"作为一个单独的类别，并且加入了"环境"这个因素——强调环保、健康与安全、回收再利用水平等方面。

尽管有人可能会反驳说这些差异同样也适用于一国内部不同地区的市场，但是毋庸置疑，企业在海外市场上经营时面临的差异程度要远远大于在国内时的情况。

虽然没有办法穷尽，但是我们确实可以证明从事国际化经营的企业努力在无数种不同的商业环境中开展业务，它们要针对不同的市场制定不同的策略，这意味着在一个市场上行之有效的做法被应用到另一个市场上时却不一定能起到作用。

正是企业能否在自己可控的范围内做出正确的决策，适应自己开展业务的不同市场的特色这一点，决定了企业究竟是成功还是失败。出口商首先需要接受的一点便是，如果它希望实现最大的销售利润，就必须能够对不同市场加以区别对待。

出口商在自己可以控制的方面，也就是我们在前面提到的 4P 方面做出的正确决策体现了不同市场的差异。当然，所有这些决策都必须基于企业获取的准确、有针对性的市场信息来做出。

4.5 市场调研

高质量的调研是所有成功的出口营销活动的基础，而且如果调研过程得当的话，都应该是有成效的，也就是说所有的调研成本都可以通过因为准确判断市场潜力、最大限度地开发利用这一潜力以及避免犯错而带来的收益予以弥补。与市场调研有关的一些基本问题可以通过如图 4—5 所示的图表的形式来予以说明。

市场调研是为了什么？对此最简单的回答便是，调研可以告诉企业应该在哪里开展业务，形成有理有据的市场选择战略，以及如何开发利用这些市场才

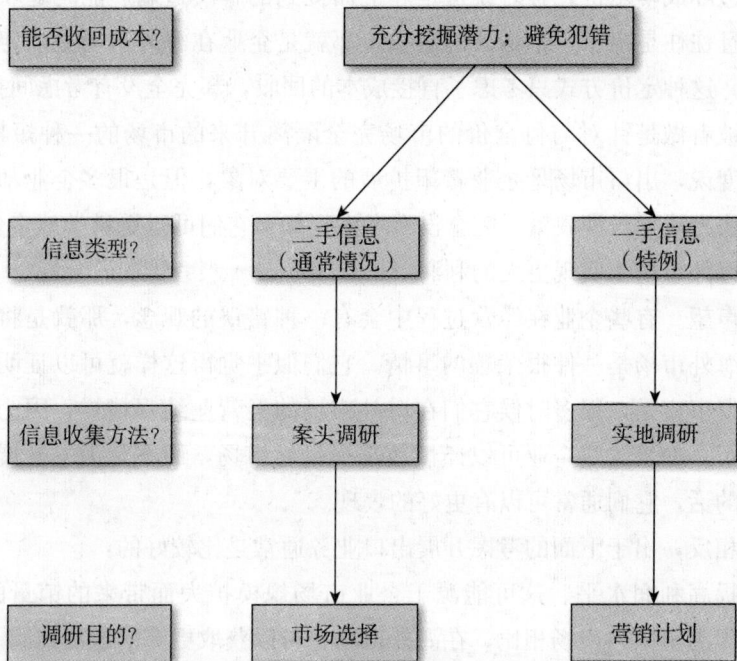

能否收回成本?		充分挖掘潜力;避免犯错
信息类型?	二手信息 （通常情况）	一手信息 （特例）
信息收集方法?	案头调研	实地调研
调研目的?	市场选择	营销计划

图 4—5　市场调研

能实现最大利润。

4.6　市场选择

很显然，对于出口商来说，形成自己的市场选择战略，主动去选择市场而不是被市场选择是至关重要的。但是在此之前我们首先要问的一个问题便是，企业是否有必要在第一时间就选择出口。在一本关于出口贸易的书中探讨这个问题看起来似乎有点荒谬，但是有时候如果企业不选择出口业务的话，它们可能真的可以有更优异的表现。原因之一是很多公司开展出口业务的出发点根本就是错误的。

开展出口业务的一些错误的出发点包括：

（1）解决过剩的产能。这种想法不仅会导致企业低估海外市场的价值，而且会导致企业不会付出持久的努力来拓展出口业务，只要母国市场上的需求能够消化过剩产能的话，出口市场就会被放弃。如果企业秉持这种看法的话，无法扩大海外市场上的销售额也就不足为奇了。此外，生产能力长期过剩的企业还应该反思一下自己的资本投资的效率，因为长期过剩往往意味着结构性问题。

（2）边际成本定价。有时候这是和上面提到的解决过剩产能问题联系在一起的，而且往往是出于一个错误的假设，那就是企业在海外市场上的定价应该更低一点。这种定价方式只考虑了直接成本的回收，却完全没有考虑间接成本，因此可以被看做是针对与付全价的市场完全隔离开来的市场的一种短期政策。从这个角度说，出口市场是企业希望扩展的主要对象，但是很多企业却把边际成本定价法当成了长期政策，完全没有考虑到如果它们可以更科学地定价的话，就可以在海外市场上实现更大的利润。

（3）声望。有些企业在经营过程中会有一种错误的观念，那就是将业务扩展到很多海外市场是一件很荣耀的事情。它们似乎觉得这样就可以证明自己是成功的。但事实是，很多时候它们在海外市场的经营业绩很糟糕，因为战线实在是太长了。如果这些企业可以谨慎地选择目标市场，而不是为了开展业务而开展业务的话，它们通常可以有更好的表现。

与此相反，出于下面的考虑开展出口业务通常是比较好的：

（1）提高利润水平。这可能源于企业市场规模扩大而带来的销量的增长，也可能是因为和国内市场相比，在海外市场上可以获取更高的超额利润。

（2）分散风险。有选择的、可控的市场扩张政策有助于降低企业对本国市场的依赖。考虑到大多数市场都会有的波动性，显然对企业来说，不把所有的鸡蛋放在同一个篮子里无疑是更好的选择，事实上很多企业也是这么做的。

（3）延长产品的生命周期。正如在本章后面的内容中要探讨的，国内市场对某种产品的需求大多会不断萎缩——这可能是因为技术过时，但是在其他市场上却不一定会这样。因为不同国家所处的发展阶段是不同的，当母国市场萎缩时，其他市场可能还处在扩张阶段。

（4）平滑季节性波动。需求有较强季节性的产品可以利用世界不同地方所处的季节是不断轮替的这一事实来赚取更多利润。简单来说，对于防晒产品生产企业来说，世界上总有一些国家是夏季。

（5）国家利益。企业将海外业务最大化符合它们所在的国家的利益。不过，企业通常不会因此就开拓海外市场，除非政府提供各种免费的服务和激励政策，借此来鼓励出口行为。

因此，企业首先要做的一个决策便是，自己是否要进军海外市场。具体的答案要建立在企业是否真的要长期开展海外业务以及一个合理、信息充分的市场选择战略的基础上。

4.7　市场选择标准

如果你想要占据主动，如果你需要决定在哪里做生意的话，市场调研就是至关重要的一个环节。高质量的调研往往可以提供足够的二手信息，帮助企业基于以下原则作出合理的管理决策：

(1) 市场潜力。新市场最大的吸引力是它们使得企业有机会提升业绩。这可以通过很多方式表现出来。最显而易见的可能就是销售额的提升，但也可能表现为销量或者是市场份额提高，具体取决于企业的诉求。例如，生产能力较强的企业可能更关心自己的销量，而不是单位产品的利润。希望控制市场的企业则更加看重自己的市场份额，即便这样做可能会降低利润率。

需要牢记的另外一点是，目前的市场规模并不必然是一成不变的，市场趋势也应该纳入企业的考虑范围。

(2) 可实现。新市场现在或者未来有潜力还不够；出口商还必须能够将这种潜力转化成现实的盈利。在国际贸易中这一点格外重要，因为贸易壁垒的存在可能会导致企业根本无法进入某个市场。

从纯粹的产品分销的角度看，世界上很少有哪个地方是企业无法将产品运送到的。问题在于运输的成本。海外市场上企业的运输成本显然是不一样的。

除了面临更高的运输成本之外，出口商还要和海外市场当地的供应商以及距离目标市场更近的其他国家的供应商竞争。从这个角度看，加拿大最大的进口来源地是美国、爱尔兰的头号进口大国是英国也就没有什么好奇怪的了。即便运输成本这个难题可以克服，出口商还会面临一系列的贸易壁垒，所有这些壁垒都会影响到进口到一国的产品和服务。

这些限制性的制度和规章往往建立在一国法律的基础上，并且由该国的海关部门负责实施。我们可以将它们划分成两大类：关税壁垒，具体是指包括关税在内的针对进出口产品的各种税收、进出口许可证以及配额；非关税壁垒，具体包括各种健康、安全与技术标准（这也可能体现为关税壁垒的一部分）、文化保护（比如当地人的爱好、宗教以及语言等）、政府采购中的歧视与合谋比如卡特尔等。

这些措施中很多已经足以将一家企业挡在某个市场之外，事实上这也正是制定这些壁垒的初衷。还需要提及的一点是，企业也许会发现本国的出口管制政策也可能构成很大的阻碍。

(3) 相似性。最后，在上面提到的各个条件都满足的情况下，对出口商来说，潜在市场最好和现在已经进入的市场有着较强的相似度。进入与当前市场

第4章

国际营销原理

43

完全不同的市场并不是什么荣耀的事情。营销方案与当前做法差别越小，就越容易取得成功。

英国65％的产品和服务出口到了西欧，另外有15％左右出口到了美国，而美国最大的出口市场是加拿大和墨西哥，接下来则是欧盟和日本这两个事实都表明，不管出口商是否有意识地用到了我们上面提到的这些市场选择标准，这些标准在实际操作中确确实实是有所体现的。

需要说明的一点是，仅仅使用地理条件一个维度来描述海外市场是一种简单化的做法。利用政治边界来界定不同的市场，比如法国或者德国，通常很难反映出这个市场的真实特征。出口商必须努力做到的一件事情便是，根据自己的潜在目标客户来划分不同的市场。划分的依据可能是作为终端用户的典型消费者的特征，也可能是消费者所在的产业部门的特征，这样一来企业就可以清晰地勾勒出市场的范围，并且将这些市场作为自己制定营销方案时需要瞄准的目标。

4.8　收拾好烂摊子

对于一家正计划从事出口业务并且希望获得成功的企业来说，上面提到的各个方面格外重要。但是，很多时候我们不得不面对的一个现实是：此前一些错误的做法已经造成了破坏。过去的一些做法给我们留下了很多不得不小心应对的海外市场。

帕累托法则或许可以给我们一些启示。该法则还有一个更为人所知的名字，即"二八定律"，具体说来便是，对于绝大多数公司来说，其80％的交易来自20％的客户。如果将这一定律用图形来表示的话，你会发现本企业的销售情况如图4—6所示。

在这里，我们首先要强调的一点是，每家公司都应该清楚自己的帕累托曲线是什么样的，也就是说，它们必须能够清楚地量化自己的业绩来自哪里。

其次，企业应根据客户的重要程度，将市场进行分类：其中A类市场是指最重要的市场。B类市场又可以分成两个子类，一个是发展势头不断萎缩的A类市场，在这类市场上不需要付出太多努力就可以取得不错的业绩；另一个则是有可能发展成A类市场的市场，这也是企业应该全力争取的市场。C类市场就是一般性的市场，没有任何优先级，通过溢价销售产品或者是借助经销商的力量销售产品，保证从小额订单中获取一定的利润。在这类市场上，企业对最低订单额可能会有限制。

在尝试开拓新的市场的过程中，借助打分表可能有助于我们给不同市场进行排序。例如，针对某一项指标按照从1到10给不同市场打分（10分最高），

二八定律

销售额

最优　　　　客户/市场　　　　最差

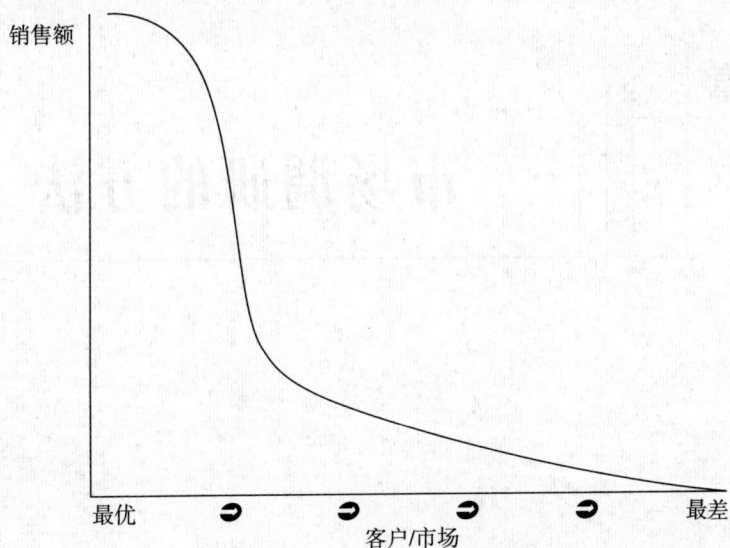

图4—6　帕累托法则：二八定律

就可以比较准确地对不同市场进行一个客观的比较。刚开始的时候，打分表中有些项目可能是空白的，有些则可能是假设的，但是随着对目标市场的了解不断增多，对该市场的定位也就越准确。表4—1给出了这类打分表的一个可以一般化的例子。

表4—1	潜在市场分类			
	A	B	C	D
市场规模				
当前/潜在需求				
公司潜力				
竞争程度				
交通便利性				
产品适用性				
进口限制				
产品保护				
法律要求				
非关税壁垒				
定价权				
汇率				
商业惯例				
当地服务				
语言				
社会文化				

第 5 章

市场调研的方法

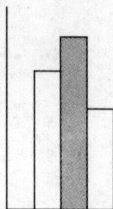

进行市场调研的两个基本出发点，即市场选择和制定营销方案与两种直接的信息搜寻方法紧密联系在一起。

市场选择过程通常借助案头调研就可以完成，这种调研方法有时候也被称为"书面调研"。企业无须亲临海外市场，就可以完成调研过程。

通过案头调研得到的自然都是二手信息，换句话说调研企业使用的是其他企业也能使用的信息。在一个成熟的市场上，这类信息的来源非常非常广泛。

5.1 信息来源

可供企业利用的两大类信息来源是：公司内部可利用的材料；独立的外部信息来源。

5.1.1 公司内部信息

这主要包括销售、生产、成本、信贷以及客户等方面的信息。其中，对销售数据的分析格外重要，因为它可以告诉我们：

· 市场份额（即本企业在销售或者进口总额中所占的比重）；

进出口贸易实务

・消费率；

・季节波动程度；

・长期趋势；

・价格与销量之间的关系。

以上信息也可以通过对市场、产品或者消费者（或者是三者的组合）的分析来获得，但不管是哪种情况，都必须是系统的、不断更新的。

此外，企业还需要对原始数据，比如每个月的销售情况进行处理，才能从中得出对它们有价值的信息。在某些情况下，企业收集到的市场信息都是定量信息，这时候统计方法就大有可为了。但是，大多数时候得到的都是非定量的二手信息。

□ 5.1.2 外部二手信息

大多数发达国家都会对本国的出口商提供各种支持，这可能体现为向企业提供融资便利，也可能体现为向企业提供有用的信息。

比如，在英国，这类服务就是通过由贸工部、外交与联邦事务部以及国际商会组成的一个名为商联（business links）的网站提供的，该网站隶属于英国投资与贸易部（UKTI：www.trade.uktradeinvest.gov.uk），负责向中小企业提供贸易咨询服务以及一系列基于网络的服务，包括（用它们自己的话说）：

・提供与目标市场有关的服务。我们的国际贸易团队在全球 40 多个国家和地区设立了办事处。在英国的每个主要地区，我们也设立了针对不同产业的专家，他们可以向你提供与你所在行业有关的信息。

・提供出口相关的服务。我们免费对新成立的、缺乏经验的出口商进行能力测评，协助它们访问目标市场，针对目标市场提供专业的指导，制定行动计划，为它们量身定制培训服务，并在开展出口业务之后提供持续的支持和帮助。

・提供针对特定市场的专业化服务。每个企业、每个市场都是独一无二的。我们的目标是通过调研和咨询向你提供帮助，将一些不成型的想法变成新的有待开拓的市场。我们提供以下两种关键的调研和联系服务：

（1）OMIS（海外市场介绍）：你可以直接和我们在海外办事处的员工对话，他们可以提供最适合你的海外市场以及针对特定行业的商业信息等建议。如果你想亲自去海外市场考察的话，他们也可以予以协助。UKTI 涉足的 99 个海外市场都可以提供 OMIS 服务。这项服务是在线提供的，因此你可以直接和我们在海外的员工交流，不必考虑他们作在的国家和时区，让你在最短的时间内获得希望了解的信息，而且不管你身在何处都可以和我们联系。

（2）EMRS（出口市场调研）：成功的出口商在进军海外市场之前总是特别

谨慎的。你可能会希望针对出口市场进行调研，以便了解关于以下话题的一些有用信息：市场规模与细分；市场管制与法律法规；消费者需求与态度；分销渠道；发展趋势；竞争对手的活动、战略以及表现。

· UKTI 为英国出口商提供补贴服务。英国商会代表 UKTI 负责出口市场调研事务。

· 打破壁垒。如果你希望在语言和文化方面得到帮助，Export Communication Review 可以提供各种选择和建议，包括文化意识述评和制定沟通计划等。

此外，针对那些经验丰富的出口商，提供以下服务：

· 全球业绩提升。免费向企业提供战略评估、制定服务，帮助它们进一步提升海外业务。此外，还可以享受来自 UKTI 以及其他公共或私人组织的各种指导和支持。

· 参与我们组织的活动。为什么不通过参与一些海外活动，比如贸易博览会或者是贸易代表团来达到考察新市场的目的呢？

尽管上面提到的都是英国政府提供的一些服务，但是其他发达国家往往也会向企业提供类似的服务和支持：

· 美国政府的做法，可以参见 http：//www. export. gov/about/index. asp。

· 法国的情况，可以登录外贸部网站 http：//www. exporter. gouv. fr/exporter。

· 关于德国贸易与投资的信息，则可以登录 http：//www. gtai. de。

通过互联网搜索"出口促进措施"，就可以找到全球大部分国家的类似组织和机构。

除了政府机构外，还有很多其他组织，也可以向出口商提供支持和帮助：

· 海关：提供进出口统计、关税税率、关税和非关税壁垒等方面的信息。

· 贸易协会：与特定产品或者市场有关的信息。

· 银行：常规的经济和金融信息，定期的市场报告。

· 商业信息提供商：比如标普、邓白氏、信贷与保险公司等。

· 市场调研顾问：提供现有报告或者是一手调研。

· 文献和信息与通信技术数据库：提供各种已经出版的或者是互联网信息。

对于发达国家的出口商来说，普遍的问题不是二手信息太少而是恰恰相反。为了准确获得相关信息，调研的目标必须尽可能明确具体。

表 5—1 列出了前一章介绍的每一条市场选择标准和所需的对应类型的二手信息之间的关系：

表 5—1	针对市场选择标准的信息
市场选择标准	信息类型
市场潜力	统计信息
可实现	常规信息
相似性	一般的背景资料

以上所有类型的信息都可以通过案头调研来找到，但是需要牢记的一点是，随着问题变得越来越明确具体，特别是和营销方案的关系越来越密切，就越来越有必要进行专门的实地调查。另外一个不容忽视的事实是，虽然二手信息很容易获取，而且要么是免费的要么收费相对较低，但是这类信息通常也会存在以下问题：

· 太泛泛，往往与特定公司的需要没有什么直接的关系；
· 过时，无法保证这些信息是最新的；
· 所有人都可以使用，大部分此类信息的使用都不是排他性的。

为了获取一手的、有针对性的、最新的信息，企业可能需要亲自到目标市场上去开展一些调研活动。这通常被称为实地调研，需要采用一些更加有针对性的信息搜集方法，具体说来包括：

· 实地考察；
· 市场测试；
· 访谈；
· 问卷。

所有这些方法都要求专业人士来完成，甚至出口商可能会需要专门从事此类调研的顾问的帮助。

5.2 抽样

在使用以上调研方法之前，调研人员首先需要针对目标人群建立一个小样本。询问所有人对某种产品或者服务的看法显然成本过高，因此调研人员需要选择一个能够代表所有目标客户但是数量要小得多的样本。

抽样是在市场调研过程中会用到的一个用来收集、分析、解释市场信息的重要工具。具体说来便是，从一个因为规模太大无法全面进行分析的总体中抽取一个相对较小的代表性群体进行研究分析。

抽样理论建立在总体（即具有相似性、可以对其特征进行估计和分类的一些个人或者事物组成的一个群体）与从总体中抽取的样本之间的关系上。

第 5 章

市场调研的方法

借助概率论的知识，通过对样本进行研究分析，可以从中得出关于总体的某些结论。抽样又可分为以下几种不同的类型：

· 随机抽样：总体中的每一个个体被抽到的机会都是相等的。这也是最简单的抽样方法。

· 系统抽样：每间隔一个固定的数字抽取一个样本（比如，每第20个过路者或者房子，电话通讯录上每40个名字抽取一个）。

· 分层抽样：这种抽样方法试图找出总体的每一层或者每一组的区别。调研人员通常会使用一些指标来做到这一点（也就是说现场的调研人员或者是访谈人员会给每一组设定一个反应）。当总体中喜欢尝试新事物的人对于新产品的认知度来说非常重要的时候，常常会用到这种抽样方法。

· 整群抽样：根据个体所在的分组或者是围绕他们随机选择的某个特定的区域、位置来抽取样本。（对于市场的检验有时候就是采用这种方法。）

在实地调研过程中，考虑到成本和时间问题，通常会用抽样来取代针对整个总体进行调查的方法。但是，对于某些市场来说，抽样方法可能并不适用，因为这样的市场容量本身可能就比较小。

应用抽样方法过程中会用到的一些技巧很大程度上决定了结果的准确度，以及在多大程度上可以肯定关于总体作出的判断是对的。与此相关的两个概念是样本容量和样本选择。

随着样本容量的增大，调研人员赖以作出判断的依据的准确度也就越高，但是在选择样本容量时还必须考虑成本的问题。另一方面，在一个毫无统计意义的样本的基础上作出决策或者判断也是一件相当危险的事情，因为这意味着把从一个很小的样本中得出的信息一般化到适用于整个总体。

5.3　实地调研

5.3.1　实地考察

不管一个人到某个海外市场去的初始目的是什么，只要他到了那里，只要他睁着眼睛、耳朵也没有被东西堵上，就不由自主地处在了一个收集各种信息的位置上。他往往可以获得与分销渠道、基础设施、消费者行为等等有关的信息，但是我们必须时刻注意的一点是，这样的观察是非常主观的，需要其他更加客观的信息的佐证。

为了最大化这类信息的数量和质量，很关键的一点是建立一个正式的、结构化的方法来收集、记录观察者认为与自己的需要相关的信息。

一个典型的考察报告应该包括：

- 拜访了哪些人、提出哪些问题、收到哪些订单等；
- 有哪些抱怨和评论；
- 自从上次实地考察以来市场的变化；
- 竞争对手的动向；
- 产品的分销、运输问题以及发展势头；
- 促销活动和促销需要；
- 经济发展情况；
- 结算问题及其变化情况；
- 新的法律法规；
- 技术发展；
- 渠道的表现；
- 未来的计划和发展趋势；
- 与公司需要有关的任何其他问题。

只要调研人员在实地调研之前意识到自己需要撰写调研报告，就不会认为调研结束之后自己应该实现某个初始目标。那些认为实地调研的唯一目的是销售产品或者服务的人尤其需要认识到，他们同时还附有收集信息的责任。

□ 5.3.2　市场测试

所谓市场测试是指检验产品或者服务在某个选定的市场上的分销、促销以及销售情况。这一做法是基于如下假设：我们可以从选定的被测市场的反应推断出所有市场的反应。这显然要求所选择的市场必须是有代表性的，并且必须将相关产品或者服务严格控制在选定区域内。此外，企业还可以进行一系列与包装、定价等有关的测试，只要这样的测试不会影响到整个市场即可。

有人认为，在面向欧盟推出某种新的产品或者服务时，在将产品或者服务全面引入相对较大的市场比如法国和德国之前，首先在一个相对比较小的市场比如比荷卢（比利时、荷兰、卢森堡三国并提时的简称）销售并且搜集相关信息，可以对企业起到很大的帮助。将比荷卢作为进入整个欧盟的跳板实际上就是一种市场测试行为。

同样，在将某个新的产品或者服务引入美国之前，首先在其中两个州进行一下市场测试，对于企业来说也是很有必要的。

既然这种实地调研方法在消费品的销售过程中用得非常多，那么就没有理由认为类似的战略不能应用到工业品上。

□ 5.3.3 访谈

电话访谈可以在很短的时间内搜集到大量的反馈意见，但是如果被访谈对象数量庞大而且距离比较远的话，这种做法可能代价不菲。另外，我们还必须认识到在某些国家和地区，拥有电话的人还不是很普遍，因此电话访谈得到的反馈意见可能先天就带有某种偏见。

个人访谈是指以下访谈方式的一种或者几种的组合：

· 按照打印出来的问题清单，逐一和被访谈对象进行交流；

· 草拟希望讨论的话题，可以有一定程度的灵活性；

· 有较大随意性的自由交流。

和打印出问题清单相比，最后一个访谈方式可能成本很高，需要花费大量的时间，但优势是可以获得更加准确、更加详细的信息。

去实地考察某个市场的任何人都可以做类似的访谈——通常是通过一种非正式的形式，访谈的组织工作则需要和前面提到的调研目标相一致。

当需要更加专业的技能，特别是语言方面的能力时，或者是有必要聘请专业的访谈人员时，企业就需要组织一次正式的访谈活动。

个人访谈有以下几个显而易见的优势：

· 反馈率比较高：访谈对象拒绝提供信息的可能性比较小。

· 样本比较容易选取：企业可以界定出那些更有可能提供最有用的信息的访谈对象的特征，然后专门针对这类人进行访谈即可。

· 访谈者掌控局面：在这种访谈方式下，访谈人员可以在必要时不断引导被访谈者，以便得到更细致的回答；当他们有不清楚的地方时，也可以不断重复提问直到彻底搞清楚为止。经验丰富的访谈人员还可以通过表述方式不同的问题来验证访谈对象之前的反馈的真实性。

· 可以使用可视的材料：访谈过程可以使用各种呈现形式的材料，包括真实的产品本身；

· 可以问一些很微妙的问题：经验表明，与书面问卷等形式相比，面对面访谈时完全有可能诱导对方说出一些更加私人的信息。

但是，我们也必须认识到，个人访谈也有自身的劣势：

· 成本较高：即便是不聘请专业的访谈人员，面对面访谈也不可避免地要涉及差旅费、场地费等。

· 访谈人员的偏见：糟糕的访谈人员可以引导或者是影响被访谈人员，更糟糕的是甚至可能会误导被访谈对象的回答。他们可能并不是故意要这样做，但是潜意识里的一些东西在作怪。

· 需要耗费大量的时间：和较高的成本相关的一个问题是，个人访谈需要花费大量的时间，不管是对访谈人员还是被访谈对象来说都是这样。如果被访谈对象人数很多的话，那么从访谈开始到最后一个人访谈结束，可能要相隔很长一段时间。

· 需要对访谈人员进行严密的监督：访谈能否实现最初设定的目标很大程度上取决于访谈人员能否一丝不苟地完成自己的工作。

□ 5.3.4 问卷

问卷是只需要花费较低成本就可以获取高质量信息的一种调研方式，但是所获取的信息的质量取决于设计的问卷的质量。

通过邮件（或者电子邮件）发放问卷有以下优势：

· 成本低：企业可以针对大量的对象发放问卷；

· 速度快：在较短时间内即可完成调研；

· 无须对员工进行培训或者监督：不过，问卷本身的设计需要专业技能；

· 匿名：这有助于保证获取的信息是可信的；

· 不存在访谈人员的偏见或者操纵：问卷提出了所有个人的偏好。

当然，问卷也有劣势：

· 反馈率比较低：一个不可回避的事实是，企业发放的问卷中有相当大一部分被当做废纸扔掉了。问卷的反馈率达到 5％～10％ 就已经是相当不错的结果了。

· "敷衍了事"：指有些被调研对象虽然完成了问卷，但是在回答问题的时候态度根本不认真。

· 问卷中提到的只能是一些相对比较简单的问题：问卷中问题的复杂程度和具体程度受到限制。

· 需要准确的邮寄清单：被访谈对象的反馈率以及反馈的质量很大程度上取决于最初的邮寄清单的质量。

· 对敏感问题的回答可能有问题：问卷以及回答是书面形式的，会被记录下来这一点可能会导致人们对敏感问题的回答比较保守。不过匿名调查的方法可以规避这一点。

一份有效的调查问卷，特别是针对海外市场的调查问卷，在设计的过程中需要投入大量专业知识和技能。对于大多数出口商，我们的建议是依靠专业的市场调研机构的帮助来完成这类问卷的设计。

□ 5.3.5 问卷设计过程中需要考虑的因素

首先要考虑的一点便是开放式问题还是封闭式问题。大部分问题应该是封闭式的，也就是说避免让回答问卷的人自己写答案。选择题有助于提高反馈率和反馈信息的质量。问卷的最后可以设计几个开放式问题，比如"你是否有其他意见"，或者是在单选题之外补充回答，比如"其他（请具体写出来）"。

其次是问题的呈现顺序。从简单的问题开始，逐渐加大问题的难度。比较合理的设计顺序如下：（1）分类问题："你是谁"，比如姓名、年龄、职业、所在企业的规模等。（2）行为问题："你做什么"，比如消费习惯、消费水平、购买的主要产品、主要市场、主要供货来源。（3）态度问题："你怎么认为"，比如选择、态度、看法以及偏好等。

最后要注意的是问题在左边，答案在右边（这是基于大部分人都是用右手写字这个假设）。如果问卷要被翻译成英语之外的语言的话，不要忘记的一点是，并不是在所有的语言习惯中都是从左到右、从上到下开始阅读的。

□ 5.3.6 问卷的设计

问卷中应尽可能避免使用行话、贸易术语、口语以及比较长的词汇。回答问卷的人的母语可能是其他语言，有些英语中的习惯用法可能无法翻译。如果问卷中不可避免要使用技术性用语的话，在选择邮寄问卷的对象时必须格外慎重。

5.3.6.1 问题的类型

1. 二分性问题：只有两个可能的回答，比如是/否、男性/女性。

2. 单项选择题：列出所有可能的回答，比如，询问对方目前的工资水平，答案可以分为以下几个：低于 1.5 万英镑；不低于 1.5 万英镑但是低于 2.5 万英镑；不低于 2.5 万英镑但是低于 5 万英镑；不低于 5 万英镑。

需要注意的是，各个等级之间不能相互重叠，比如"1.5 万英镑到 2.5 万英镑、2.5 万英镑到 5 万英镑"这样的答案就不够准确，因为 2.5 万英镑被划分到了两个组里。

另外需要注意的一点是，如果可能的话，零和很大的数字也应该被包括进来。例如，在下面这个问题中，"其他"这个答案是非常重要的，因为我们通常无法穷尽所有可能途径：

——您通过哪种途径知道了我们的产品？

他人推荐

专业报刊

展览会

邮寄宣传册

我们的私人拜访

其他（请具体说明）

3. 语意分析题：这类问题允许回答问卷的人陈述自己的观点，比如：

——你如何评价我们的服务？

卓越、很好、一般、较差、非常差

——你认为我们的定价：

非常重要、比较重要、一点都不重要

在设计问卷的过程中，可遵循的原则和标准很多。问题的答案应该被分成五类甚至是七类，而且我们应该欣然接受一个含糊不清的回答，只要这是相对而言更加准确的回答。强迫回答问卷的人给出明确的结果是毫无意义的。

问卷还可以要求调研对象按照顺序给不同的回答排序或者是打分，比如，按照对你的重要程度给以下因素排序（其中1＝最重要，5＝最不重要）：价格、质量、配送服务、产品类别、可靠性。

4. 开放式问题：这类问题必须有选择地加以使用。在问卷的最后，可以加入一些要求被调研人员写出自己的答案的问题，比如你如何看待和英国供应商打交道的经历？你还有其他意见吗？

5.3.6.2 提示和结尾

在问卷的开头部分清楚地给出"问卷填写说明"是很重要的，比如"请勾选正确的答案或者是简要作出评价；如果需要的话，您的选择可以不唯一"。

写明调研的原因、专门对参与回答问卷的人表示感谢——比如强调一下他们的意见是何等重要，这些都有助于提升问卷的反馈率。有时候企业还可以提供一些奖励办法，比如针对参与问卷调查的人设置抽奖活动等，但是企业必须要认识到这类做法有点自贬身价的味道。

问卷的最后应该对参与调查的人表示感谢，可以提及他们的电子邮箱地址或者是免费邮寄地址。企业还可以询问一下，这些人是否愿意继续参与后续的面对面访谈。

5.4 统计

正如前面提到的，不管调研采用的是什么方法、使用哪些来源的资料，所收集到的信息大部分都是非定量性质的，因此通常还需要对它们进行统计处理和分析，以便提供有价值的信息。在下面的例子中，用到的所有数据都是虚构的。

□ 5.4.1 数据的呈现

可以通过表格（参见表5—2）的形式来：

· 按顺序呈现原始数据；

· 展示数据表现出的某些特征；

· 对数字加以总结；

· 给出可用于未来的统计分析的相关公共数据（例如可供政府部门或者是贸易协会使用的数据）。

表5—2　　　　　　　　　　不同国家不同年份的汽车进口情况　　　　　　单位：百万美元

	日本	德国	美国
2006 年	43	77	105
2007 年	67	82	125
2008 年	98	80	110
2009 年	123	85	102
2010 年	188	88	95

□ 5.4.2 图表形式的数据

这一类表现方式下面可以包括很多不同的具体形式，比如：

· 图表；

· 统计图；

· 柱状图/条形图（简单柱状图、分段条图、百分比条图、多组件条图等）；

· 饼图。

1. 图表

图表是指用图形的方式来呈现数据的一种方法。具体可以分为两种基本的类型：

· 图形的大小总是一样的，数据量的大小通过图形的数量来体现。

· 图形的大小随着数据量的大小或者数值的大小而变化。

这种数据呈现方法存在的弊端是，图形的大小可能会造成一种视觉上的欺骗，从直观上对数字大小进行比较可能会非常困难，因为图形的大小根本无法清楚体现数据大小之间的区别。

2. 柱状图

在最简单的柱状图中，数据通过一系列的条形图表示出来，每个数字的大小则通过对应的条形的长短来表示。

在实际绘制的过程中，柱状图类似于我们后面会提到的曲线图这种表达方式。柱状图要优于图表，这很大程度上是因为柱状图更加准确，同时也更加容易绘制。柱状图可以细分为以下几种类型：

（1）简单柱状图：当只需要表达柱状图所代表的总量的变化时，可以使用简单柱状图。

（2）分段柱状图：当不仅需要说明总量的变化，而且需要说明组成一个条形的不同部分的变化时，可以使用分段柱状图。

（3）百分比条图：当需要说明的最重要的部分是各个组成部分的相对大小时，就要用到百分比条图。

（4）多组件条图：当需要说明相关数据实际数值的变化情况，而数据的总和则无关紧要的时候，可以使用多组件条图（见图5—1）。

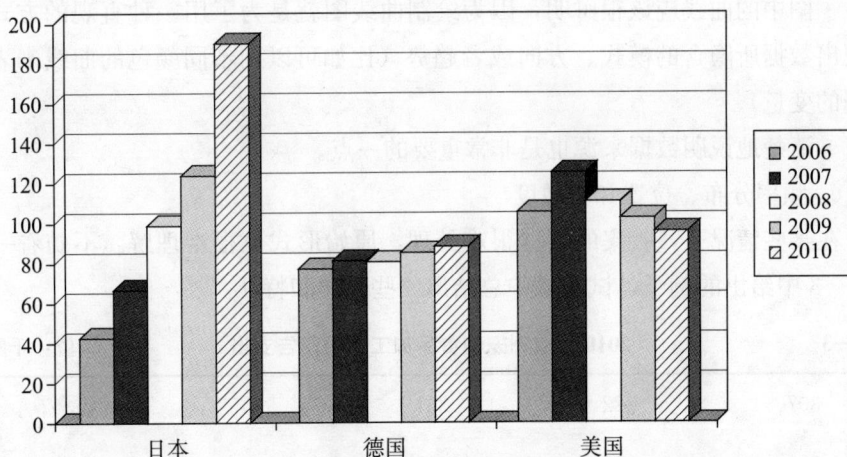

图 5—1　多组件条图

3. 饼图

顾名思义，饼图具体说来就是从圆心向外划线，将整个圆形划分成不同的组成部分，看上去就像是车轮或者是切分蛋糕和馅饼一样。图5—2给出了一个饼图的例子。

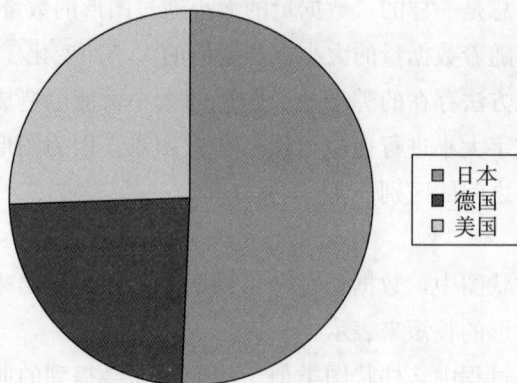

图 5—2　2009 年根据原产地划分的汽车进口情况

4. 曲线图

简单来说，曲线图就是指在坐标图上用一个连续的直线或者曲线来表示数据的一种方式。需要注意的一点是，曲线图中的线通常会被统一称为曲线，即便它是直形的。在绘制曲线图的时候，需要注意以下几点：

· 绘制的曲线图一定要能够提供准确、有价值的信息。

· 所谓的独立变量是指不受其他变量（比如消费、市场规模等）影响的变量，这类变量通常表示在水平轴上。

· 坐标轴应该表示变量的性质（比如销售额、距离、销量等）以及刻画这些性质的单位（比如美元、米、千米、英里等）。

· 图中的曲线应该很鲜明，因为绘制曲线图就是为了用一种直观的方式来表现出数据所隐含的模式、方向或者趋势（比如可以用不同颜色的曲线来表示不同的变量）。

· 清楚地说明数据来源也是非常重要的一点。

5. 频率分布、位置和分散度

在某些情况下，收集的数据很难处理，原始形式也很难理解。不妨看一下表 5—3 中给出的例子，试着从中总结出一些规律和特征。

表 5—3　　　　　　　　2010 年欧洲宠物食品加工商的广告支出　　　　　　　单位：千欧元

307	322	361	345	357
319	311	387	335	372
309	312	382	370	351
348	339	364	373	369

340	367	388	378	412
322	401	351	365	355
323	339	354	306	396
316	392	343	390	317
300	301	319	354	303
353	378	326	341	352
333	349	303	386	357

不难发现，大部分数据都在 300 多这个范围，只有一两个在 400 多，但是除此之外你能发现任何规律吗？在很多情况下，找出数据的集中程度是很重要的，因为这是一个特别重要的特征。

6. 数列

表 5—3 中的数据是按照收集到的时候的样子简单随机排列的，因此它们被称为"原始数据"。一种常用的处理方式是首先按照数据的大小重新进行排列，从而让这些数据更有意义。按照顺序重新排列后的数据被称为数列（见表 5—4）。

表 5—4　　　　　　　　　　表 5—3 的原始数据的一个数列

300	319	341	355	378
301	319	343	357	378
303	322	345	357	382
303	322	348	361	386
306	323	349	364	387
307	326	351	365	388
309	333	351	367	390
311	335	352	369	392
312	339	353	370	396
316	339	354	372	401
317	340	354	373	412

我们还可以进一步简化这个表格。因为有些数字是重复出现的（比如303），因此我们可以把所有的数字不重复地列成一列，然后在另一列表示出这些数字出现的次数。

在统计学中，一个数字出现的次数被称为频数。表 5—5 给出了一个未分组频数分布，也就是说不重复地列出原始数据以及每个数字的频数。需要注意的是，所有数据的频数之和用 Sf 来表示，而且必须等于原始数据中包含的数据的个数。

表5—5　　　　　　　　　根据表5—4 中的数列构建的未分组频数分布

金额	频数	金额	频数	金额	频数	金额	频数	金额	频数
300	1	319	2	341	1	355	1	378	2
301	1	322	2	343	1	357	2	382	1
303	2	323	1	345	1	361	1	386	1
306	1	326	1	348	1	364	1	387	1
307	1	333	1	349	1	365	1	388	1
309	1	335	1	351	2	367	1	390	1
311	1	339	2	352	1	369	1	392	1
312	1	340	1	353	1	370	1	396	1
316	1	—	—	354	2	372	1	401	1
317	1	—	—	—	—	373	1	412	1

注：总频数（Sf）=55。

我们还可以进一步对表5—5 进行简化以便看起来更加清晰简洁，即重新处理这些数据使之更加直接地显示出各个数据的重要性。通过把这些数字分成不同的组，我们可以大大减少数字的个数。

因此，表5—5 中的数据可以重新整理为分组的频数分布，如表5—6 所示。

表5—6　　　　　　　　　　　　分组的频数分布

组别	频数	组别	频数
300～320	13	320～340	8
340～360	15	360～380	10
380～400	7	400～420	2

注：总频数（Sf）=55。

从表5—6 中可以看出，分组之后，我们可以从这些数据中发现某些规律。这些宠物食品加工商的广告支出集中在 30 万～32 万欧元以及 34 万～36 万欧元这两个区间内。这种分类方法的一个缺点是，虽然可以发现数据的一些特征，但是却遗漏了很多信息。

7. 均值、中位数、众数

在统计学中，有三种主要类型的平均数，即：

·算数平均值（通常简称为均值）；

· 中位数；

· 众数。

其中均值是最典型的平均数：把所有数据加总求和然后除以数据的个数。

中位数是指在分布中居于中间位置的数值，也就是说把所有数字按照从小到大排列（数列），处在中间位置的数字。

众数是指出现的频数最高的那个数值。因为这个数字出现得最频繁，因此它也是最具有代表性的。

在选择哪一个指标来表示一组数据的平均数的时候，我们需要考虑以下几个方面：

· 如果我们希望知道一组数据平均分布的结果是什么，那么均值是最恰当的表示。例如，人均收入（一国的总收入除以该国的总人口）。

· 但是，需要注意的是，因为均值的计算涉及一组数据中的每一个数值，因此均值可能会因为一些极端数值的存在而扭曲。

· 如果我们希望知道高于某个数和低于某个数的数字个数相等的情况下，这个数字应该是什么，那么我们就应该计算中位数（比如，人口的平均年龄）。

· 如果我们希望找出一组数据中最典型的数字的值，那么众数就是最恰当的。

第 6 章

营销计划

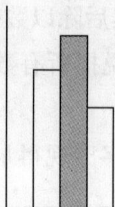

有时候营销计划也被称为营销矩阵，因为它由针对不同方面但是又相互交织在一起的一些决策混合而成。出口商必须做出能够最大限度地挖掘海外市场潜力的决策。正如我们在前面的内容中提到的，我们可以把与这个决策相关的方面划分成四个大类，即产品、定价、分销和促销。

6.1 产品

所有出口商都要接受的一个现实是，大部分取得成功的产品都根据不同的海外市场做了一些适应性调整，在所有市场上按照完全相同的样子进行销售的产品少之又少。另外，在不同市场上，对产品进行调整的原因以及进行哪些方面的调整也是各不相同的。这方面的一个佐证便是以下事实：很多时候，那些被认为在全球所有市场上销售的都是完全一样的产品的企业，比如可口可乐，其产品往往并不完全相同。

对产品进行调整的原因多种多样，包括但是不限于以下几点：

· 官方监管、交易准则以及成为有较强实力的供应商的渴望。各国在健康、安全与技术标准、电压、刻度、接头、控制器、操作指南等方面有很大的差别。一家生产电动咖啡过滤器的企业发现，自己的产品根本无法出口到加拿大市场，

进出口贸易实务

除非使用一种除了加拿大之外任何地方都不能生产的电线！

在没有电源的情况下，如何把洗衣机卖到非洲或者是印度呢？答案就是再发明——针对这些市场专门生产手动洗衣机。

· 大小、重量或者数量方面的要求。法国女人通常来说脚要比英国女人大，但是日本女人则要小一些。很多芬兰人的卧室也比通常的卧室小。在美国经常会看到的那种大包装产品在其他发达国家也越来越常见了。

· 颜色。在中东的有些国家和地区，牙医通常会为病人安装棕色或者是黑色的假牙，因为嚼槟榔很容易弄脏牙齿。桉树在澳大利亚随处可见，因此澳大利亚人眼中的绿色是以桉树叶的颜色来表示的，而英国人则是以草绿色为标准的绿色。祖母绿——穆斯林人的颜色——在巴基斯坦深受人们喜爱，而僧人长袍那种橘黄色则格外不受人喜欢。马来西亚人认为白色是和死亡联系在一起的，非洲有些地方的人则会把紫色和伏都教联系在一起（美国的有些地方也是这样的）。

· 审美观。在捷克共和国，圆形或者椭圆形的桌子不受欢迎，那里的人们几乎都会选择方形的桌子。加拿大人、新西兰人、澳大利亚人则和英国人一样，喜欢买带有卧室、餐厅和起居室的套房，而且很热衷于搭配厨房的橱柜。其他一些地方比如荷兰的人们则喜欢收集各种奇形怪状的东西。

· 口味。可口可乐在各个国家的配方都是不一样的，雀巢在全球提供40多种不同口味的咖啡。同样，英国人有自己喜欢的独特的啤酒口味。

· 原材料。在印度，信奉印度教的人拒绝购买英式骨瓷制品，因为他们发现制造这些瓷器的黏土中掺有牛骨，而牛在他们看来是极为神圣的动物。猪肉以及猪肉制品在穆斯林国家也会碰到同样的问题。

· 使用方法。在荷兰，很多人骑自行车上下班或者是去商店购物。因此，荷兰人希望有一辆牢固、能够用上很多年的自行车。但是在美国，自行车大多是买来给小孩当玩具用的，或者是为了娱乐、健身等目的。西非有些国家的男士会用脱毛膏来刮胡子。

· 气候。在热带国家，汽车都需要安装空调。到了雨季，还需要格外有效、可靠的雨刷。相反，在天气寒冷的国家，发动机必须能在冰天雪地里发动起来，制热设备也必须功效很强大。

以上给出的只是我们从国际贸易案例中挑选出的企业对产品进行调整的一小部分例子以及原因。也有些产品没有经过任何调整就在全球范围内销售，比如苏格兰威士忌以及一些法国香水，但是即便是这些产品，它们在不同市场上的受欢迎程度也是不一样的。另外还有些产品，通常是高科技产品，在全球各个地方的适用方式都是没有区别的，它们可能也不会进行调整，但是针对这些产品的营销计划大多也在某些方面存在区别。

实际上，为了保证不出错，企业应该制定产品/市场战略，就像应该针对不同的细分市场设计不同的产品包装一样。这个过程被称为产品定位，与我们前面讲到市场选择时提及的市场细分过程联系在一起。

出口商还必须认识到，买家并不是单纯为了购买实际产品，而是在购买和产品联系在一起的所有东西。这被称为全产品概念，包括可信度、声誉、形象，以及那些相对来说有形的部分，比如产品的包装本身、信贷条件、质量保证条款以及售前和售后服务等。

□ 6.1.1 营销调研的作用

进行营销调研的目的不仅仅是为了保证产品适合当地市场的需求，同时也是为了避免犯下严重的错误——就像那家给斯堪的纳维亚国家生产了大量女士时装的英国企业那样。考虑到这一地区天气比较寒冷，这家英国公司很自然地生产了很多冬季的衣服。但不幸的是，英国人眼中冬天和夏天的衣服与斯堪的纳维亚国家人们的看法截然不同，在后者看来，把衣服区分为室内服装和室外服装要重要得多。这些国家的人们真正需要的是轻便的室内服装，对于户外服装来说，衣服的功用远远比款式重要。

企业犯下严重错误的例子数不胜数。如果没有泡菜碗的话，专门制作的意大利风味、使用骨瓷餐具的晚餐根本也卖不出去。为远东地区人们生产的白色假牙无法满足潜在消费者喜欢嚼槟榔这一喜好，那里的人们可不希望自己的牙齿看上去跟钢琴键盘似的。

包装有时候可能比产品本身还要重要，正如那些在西非地区销售奶粉的企业意识到的。该公司把传统的金属包装换成了一种成本更低的包装，但是消费者发现这样一来奶粉就变得不易携带，更糟糕的是用纸盒包装之后很难冲调。显然，该公司完全误解了自己产品的作用。就像一家脱毛膏出口企业后来才发现的，自己在西非市场上的顾客大部分是男性而不是女性，前者用脱毛膏作为剃须膏的替代品。

即便产品本身没有问题，产品的名字也可能导致毫无销路。据说，若干年前，雪佛兰公司的 Nova 汽车在拉丁美洲市场上遭遇惨败；在西班牙语里，nova 的意思是"不能走"。因此，企业可能有必要使用不同的名字来命名同一款产品。

基本的市场调研有时候已经足以帮助企业避免犯下诸如此类的低级但是会令它们损失惨重的错误。

最后，出口商需要认识到的一点是，即便它们能很好地满足当前的市场需要，也不代表未来的情况不会发生改变。所有的产品都有一个生命周期，从产品被引入市场开始，经历一段时间的成长期后达到成熟并实现最大回报，但是这个过程之后不可避免地就会出现一个衰退的阶段。

所有的产品最终都会走向衰退，问题就是如何确定与各个阶段相对应的时间范畴（参见图 6—1）。

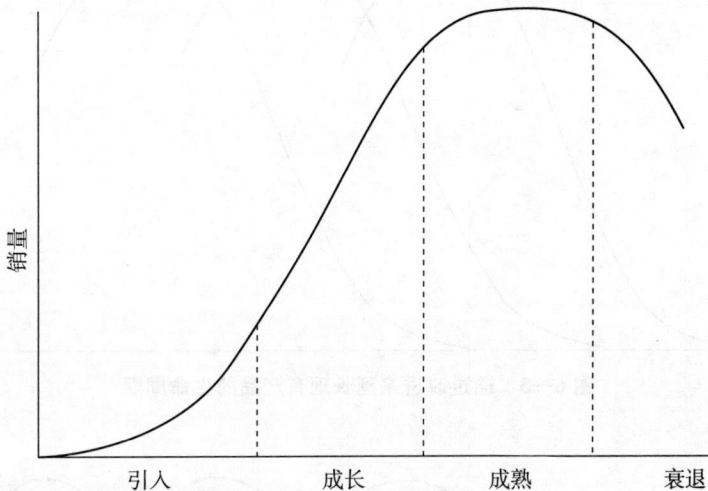

图 6—1　产品/销售周期

不同产品的生命周期曲线也是不同的，而且很显然，各个阶段对应的时间点也是最难预测的，尽管通常来说我们可以认为化学制品、采矿业的生命周期比较长，而服装、电子产品的衰退速度则要更快一些。实际上，流行产品和时尚产品的生命周期非常非常短，如图 6—2 所示。

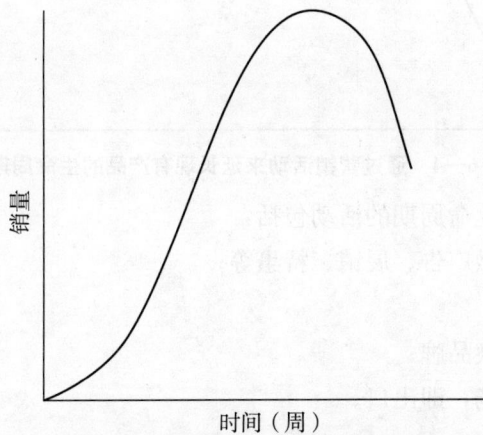

图 6—2　流行/时尚产品的生命周期

产品生命周期理论的应用对于企业长期的产品更替和研发战略是非常重要的，因为最晚在当前产品处于生命周期的成熟阶段时，企业就要开始着手研发新的产品了。

不过，还有另外一种可能是，企业并不是用另一种新的产品来取代现有产品，而是通过对产品的改进（参见图6—3）或者是一系列的营销活动（参见图6—4）来延长现有产品的生命周期。

图6—3　通过改进来延长现有产品的生命周期

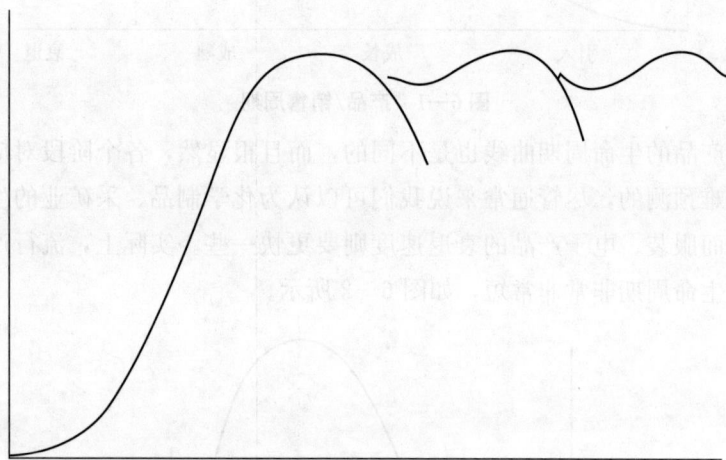

图6—4　通过营销活动来延长现有产品的生命周期

旨在延长产品生命周期的活动包括：

· 促销，比如做广告、展销、特惠等；

· 再包装；

· 更名或者更换品牌；

· 开拓新的市场，即出口。

□ 6.1.2　波士顿矩阵

波士顿矩阵并不是一个新概念，但是它仍然可以用来帮助企业根据自己杂乱的产品组合来形成一个清晰的目标。大多数企业都生产几种甚至有时候是上百种的产品，处理这些产品的一种方法便是将它们分为四大类，如图 6—5 所示。

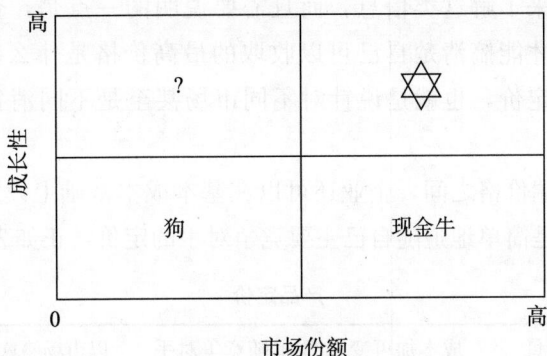

图 6—5　波士顿矩阵

波士顿矩阵与产品生命周期不同阶段的对应关系如表 6—1 所示。

表 6—1　　　　　　　　　波士顿矩阵：产品生命周期的不同阶段

?	高成长性，低市场份额	产品引入阶段
✡	高成长性，高市场份额	产品成长期
现金牛	低成长性，高市场份额	产品成熟期
狗	低成长性，低市场份额	产品衰退期

好的管理便是保持一系列产品处在各自生命周期的不同阶段，避免产品组合中全是狗型或者是更糟糕一点，全是问题型（?）市场。

6.2　定价

作为营销矩阵的一个组成部分，定价除了可以最大化企业利润之外，还大有可为。企业可以通过定价来获取更大的市场份额，尽早收回现金流，实现不同产品之间的补充与兼容（价格排列定价法），或者是实现特定的回报率。

出口商在制定售价时，有两个基本的选择。最常用到的一个也是最简单的一个，同时也是效果最差的一个，便是成本加成定价。企业首先计算出直接成本——当然它们更希望是间接成本——然后在此基础上加上一定的利润率，由此得出的是企业愿意接受的针对所有消费者、所有市场收取的最低价格。最终的定价可能与成本加成定价法计算出来的结果并不一样，因为产品的分销成本是不同的，但是工厂交货（EXW）的底价是不变的。

任何企业都应该清楚地知道自己的底价是什么，但是这一战略忽视了有些买方可能愿意支付更高的价格这一点，从而消除了企业获得更高利润的可能。

为了实现最大利润，理智的企业需要知道市场愿意支付的价格。企业可以通过市场调研来了解这类信息，而且需要说明的一点是，企业可能要经过一个试错的过程才能搞清楚自己可以收取的最高价格是什么。显然，企业还可以采取歧视性定价，也就是说针对不同市场甚至是不同消费者收取不同价格的做法。

在这两个极端价格之间，企业还可以在基本成本基础上设定不同的加价来制定价格，或者是简单地追随自己主要竞争对手的定价，正如表6—2所示。

表6—2　　　　　　　　　　　　产品定价

成本加固定利润	成本加可变利润	追随竞争对手	以市场愿意接受的价格定价
生产成本加固定利润率	成本加上一个变化的利润率	现有定价	通过调研发现最优价格；根据次优价格和市场购买力确定；比较主观
所有市场上的定价都一样			不同市场制定不同价格
企业可以收取的最低价格			企业可以收取的最高价格

现实情况可能要复杂得多，因为大多数产品都有一定的价格弹性。也就是说并不存在一个市场愿意接受的价格，而是说不同价格会给企业带来不同的销量。通常的情况下，价格较低时销量较高，而价格较高时销量较低。出口商需要了解的便是在某个市场上，其产品的定价与销量之间究竟存在怎样的关系（见图6—6）。

在实际工作中，销量曲线非常不可信，出口商往往会确定一个价格范围P_1、P_2以及相应的销量范围V_1、V_2，如图6—7所示。

很多知道自己产品的最低和最高价格的企业，便可以运用定价作为自己的营销手段了。企业可能会采取撇脂定价战略从而以较低销量实现较高利润，也可以采取渗透定价法，即用较大销量实现较低利润。当然，企业也可以采取介于这两种策略之间的其他策略。

在极端情况下，企业为了长远考虑，甚至愿意在短期内赔钱销售。所有这些战略都需要营销计划中其他因素的支持和配合。

为了取得成功，出口商还必须清楚地知道各项成本、实现目标利润水平需要的边际加价以及不同市场上价格和销量之间的关系。

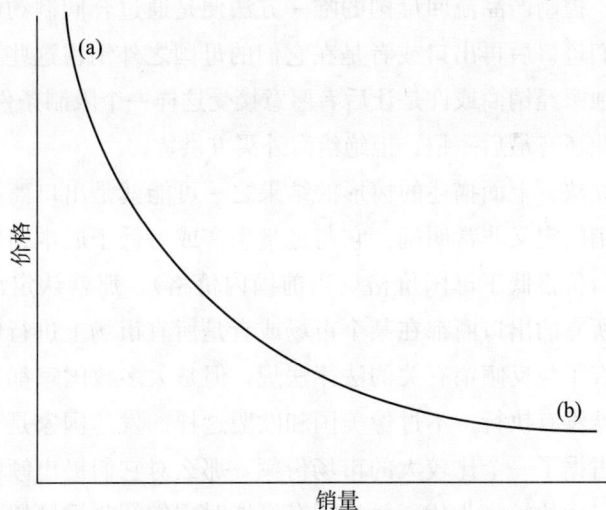

(a)

价格

(b)

销量

图6—6 出口价格和销量之间的关系

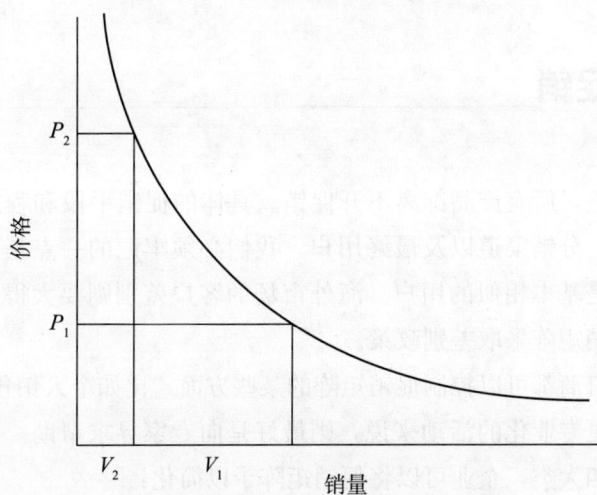

P_2

价格

P_1

V_2 V_1 销量

图6—7 价格—销量曲线的可信范围

□ 6.2.1 歧视性定价

除了消费者会发现其他市场上的买家以更低的价格买到了和自己完全相同的产品之外，针对不同市场制定不同的价格会导致一系列的现实问题，具体说来如下：

·平行进口。平行进口是指，那些按照比本国市场更低的价格出口产品到其他国家和地区的出口商发现，产品重新流回母国市场从而削低了它们的利润。对于一般消费品特别是品牌产品来说这一问题尤为严重，但是所有产品都可能存在这个问题。控制产品流回母国的唯一方法便是通过合同制约海外市场上的买方，禁止它们进口后再出口或者是在它们的母国之外销售这些进口产品。授权海外买方为独家经销商或许是让后者愿意接受这样一个限制条件的唯一方法。当然，出口企业还有最后一招：拒绝给海外买方供货。

·反倾销立法。上面描述的情形的结果之一可能就是出口商被控存在产品倾销行为。倾销的定义非常明确：它与过量生产或者低于成本销售没有直接关系，而是说出口价格低于母国价格（当前国内价格），那就认定出口商存在倾销。这意味着所有的出口商都在某个市场或者是所有市场上进行倾销。在现实中，尽管已经有了与反倾销有关的法律法规，但是大多数国家都并没有严格执行甚至是根本就没有执行。不过像美国和欧盟这样的发达国家是个例外。如果出口商在那里占据了一个比较大的市场份额，那么对它们提出倾销指控显然可以减缓这些出口商的扩张步伐，而且还有可能对它们征收反倾销税，严重时便足以将这些出口商的产品驱逐出去。

6.3 促销

为了卖出去，所有产品都离不开促销。具体的促销手段和程度则取决于产品本身、卖场、分销渠道以及最终用户。我们必须牢记的一点是，在母国市场的销售面对的是基本相似的用户。海外市场的客户差别则要大得多，要求企业根据不同的营销矩阵采取差别政策。

大部分出口商都可以控制促销矩阵的某些方面，比如个人销售或者是展销，但是对于那些更专业化的活动来说，则最好是向专家寻求帮助。通过将促销活动划分成以下四大类，企业可以将促销矩阵予以简化：

·广告：指可以识别身份的赞助商通过付费进行的任何非个人形式的针对想法、产品或者服务的促销活动（可供选择的媒体包括：书报资料、电视、广播、剧院、户外场所等）。

·公共宣传：非个人形式的或者是免费的宣传和广播。

·面对面销售：通过和一个或者几个潜在买家进行口头介绍和交流达到销售目的的活动。

·人员促销：与广告、公共宣传或者是面对面销售不同，这类广告活动可以提升消费者的购买力以及经销商的效率。

□ 6.3.1 目标

除了显而易见的促进产品和服务销售之外，赋予促销活动更多的目标是非常重要的。这些目标包括但是不限于以下需要：

- 将产品信息传递出去，为人们所知；
- 树立起公司或者是品牌形象；
- 激发人们的兴趣，让他们选择本公司的产品。

□ 6.3.2 促销预算

因为促销活动不可避免要涉及支出，因此必须要确定到底为此花多少钱。企业可通过两种基本的方法做到这一点。最常见的做法是用销售价格的一定比例来覆盖促销成本，具体可以参见表6—3中的例子。

表6—3   促销预算

原材料成本	16
直接成本	8
间接成本	18
利润	12
售价	54
10%的售价作为促销费	6（即11.11%的加价）
最终售价	60

这种方法的优点是，促销费用不会影响到企业的利润，而且产品销量越大，可用于促销的费用也就越多。

这种方法的缺点则是，要想有资金可以用于促销，首先得先实现大批量销售。但理想的情况是，促销活动带来销量，而不是相反。企业可以通过在初期投入一些资金——根据预计销售额而不是实际销售额来确定——来克服这一问题。因此，这种方法有时候也被称为投资预算法。

按照这种方法，随着销量的增加，促销费用也会相应随之增加，但是实际上，随着产品逐渐在市场上站稳脚跟，促销费用会逐渐减少更加符合逻辑。

需要指出的是，当地的代理商或者是分销商在可能的情况下帮助开展有利于提升它们在当地的业绩的一些促销活动也是常有的事情。让代理商或者是分销商参与进来并不是什么坏事，企业的代理协议最好也能够包含将此类安排规范化的一些条款（见表6—4）。

表 6—4   有代理商参与的促销预算

预期销售额	20 万美元
5%的促销预算	1 万美元
代理商的贡献	5 000 美元
促销预算	1.5 万美元

□ 6.3.3　可选任务法

企业制定一个明确的目标，比如销售额实现一定比例的增长，然后据此计算出为了实现这个目标需要花费多少营销费用。这显然很难做到，特别是想准确估算出来的话就更加困难，但是这意味着企业在促销成本和特定的利润之间构建起了一个清楚的关系。企业在不同市场上可能需要摸索一段时间才能比较准确地建立起这样的关系。

作为一般性的准则，用于促销活动的比例通常来说遵循以下准则：

· 工业制成品/资本品：0.5%～3%；

· 消费品：5%～50%。

对于消费品来说，很可能促销预算中有相当大的比例用在了产品的包装方面，包装也应该被看做是促销成本的一部分。

□ 6.3.4　广告

1. 书报资料

书报资料可以具体分为以下几种：

· 报纸（当地报纸或者是全国性的报纸）；

· 杂志（一般性杂志和专业杂志）；

· 商业出版物。

在我们自己国内，我们经常会看到一些区域发行的报纸，而且政治偏见也是很普遍的；在海外市场上，也存在一些将不同报纸区分开来的因素。语言、宗教和种族通常来说更加重要一些，在投放广告之前最好听一下当地专业人士的建议。与报纸类似，每个杂志通常也有自己特定的发行范围。不管是报纸还是杂志都应该能够提供关于它们的发行量以及读者对象的一些定量信息。

各种商业出版物数量众多，甚至是一些看上去很冷门的话题都可以覆盖到。商业出版物的优点很明显，就是可以直接找到适合你们公司的产品的买家，而且商业出版物中可以包括一些技术细节。

在考虑到成本的前提下找到最适合本公司的表现机会是非常重要的，企业的目标永远都是用最低成本实现最高利润。为了做到这一点，企业必须非常清楚自己的终端用户在哪里，从而选择适当的营销活动，特别是选择适当的促销活动。

2. 电视

显然，在众多媒体中，电视有得天独厚的优势，并且随着电力设施的完善以及全球范围内人们生活水平的普遍提高，电视的重要性也越来越不容忽视了。电视广告的成本确实比较高，不过它马上就可以带来效果，而且覆盖面也比较广。但是，很难准确了解目标市场的收视情况，虽然关于不同电视节目的观众群的数据通常都是可以找到的。因此，这种广告方式更加适合那些大众消费品而不是受众比较专业的产品。需要注意的是，并不是所有海外市场都允许播放商业电视节目，广告的播出成本可能远远低于广告制作成本。

除了广告的实际内容之外——这需要专业人士的指导，企业必须考虑到不同市场的文化背景，以下几个方面同样不容忽视：

- 播出时间；
- 在某个地区投放还是在全国范围内投放；
- 时机；
- 彩色广告还是黑白广告；
- 语言；
- 口音。

3. 收音机/广播

电视是在兜售，收音机则会不断提醒人们想起某种产品或服务。收音机的表现机会显然要更多，商业电台的普及率在过去 20 多年里显著提高。在发展中国家，收音机会格外有帮助，特别是在文盲率较高的国家以及人与人之间处于隔离状态的国家和地区。电视广告的一些准则同样也适用于收音机，但是需要额外注意广播的声音，特别是说话者的口音。

记住，尽管英国的商业电视和商业广播可谓无孔不入，但是广告商们对于节目的内容几乎没有什么影响力；可是很多国家采取了美国的做法，广告商实际上是某些节目的赞助商，因此它们对节目的内容控制力要大很多。

4. 剧院

电视本身并没有打算减少发达国家的人们去电影院的次数，但是这确实正在成为一种趋势。然而，在很多发展中国家，电影院仍是非常重要的一种娱乐形式，至少仍然能吸引大量的观众，比如非洲国家就是如此。另外，还有一种露天的移动电影院，可以容纳几千人同时观看，可以在里面插入一些广告。这种做法的一个优势是可以针对当地市场而不是整个国家播映广告。

　　5. 户外设备

　　城市规划部门可能会控制这类设施的数量，但是通常在一些人口高度密集的地方，比如火车站和公交车站，还是会有户外广告设施。要注意的是，炎热的天气可能会影响到户外广告的使用寿命，而且这类广告通常是使用大幅手绘宣传海报而不是纸质招贴画。这些广告主要是起到一个提醒的目的，而且有时候确实会使用视觉形象，效果往往也很好。这类广告的组织推广工作通常控制在当地的一个代理商手里，因此确信它们确实帮你发布了广告是很重要的。照片可以起到一定的佐证作用，但是亲自去确认一下更好。

　　不管是哪种广告形式，它们的目的都是为了实现 AIDA：
- 注意力（attention）；
- 兴趣（interest）；
- 欲望（desire）；
- 行动（action）。

□ 6.3.5　选择广告媒体

最好是集中一点，企业很少能用到所有形式的媒体。企业必须：
- 确定目标受众，集中使用那些能以最低成本将信息传递给他们的媒体；
- 要么频繁使用这种媒体，要么就根本不要用——重复是很关键的；
- 确保广告在恰当的时间播出；
- 将促销活动和销售人员的工作紧密挂钩：在广告播出之前，一定要督促分销商备好货；
- 保证促销活动和销售、配送等环节相互配合。

6.4　公共宣传

　　有些公司会请专门的公关公司来帮忙，或者是有专门的工作人员负责准备与公司有关的一些新闻故事和特色活动。即便是没有公关公司帮忙，英国企业还是可以通过国家新闻局以及 BBC 提供的海外服务向海外传递各种信息。为了实现最大范围的传播效果，通常有必要提出一个值得报道的主题。新闻稿也不能从本公司的视角来写，而是要从媒体的视角来写。编辑对新闻稿做出的修改越少，这个新闻稿也就越有可能被采用。

　　有新闻价值的话题非常吸引人的眼球，因为它们：

- 真实。比企业提供赞助的新闻稿看上去更加专业可信。

- 防不胜防。可以吸引那些希望能够回避掉广告和促销信息的人。

- 有戏剧效果。类似于广告。

一定要当心翻译的准确性这个问题。在把广告内容从一种语言翻译成另一种语言的过程中出现的一些小错误往往会导致很严重的后果。派克公司的一款防漏钢笔可以避免墨水滴到衬衫上这种令人尴尬（embarrassment）的状况发生，结果在翻译成西班牙语时，派克公司发现了一个全新的市场——翻译人员将"令人尴尬的"（embarrassment）一词错译成了 embarazada，该词的意思是"怀孕"。看上去派克公司生产了一款新式的避孕产品……

另一个听上去难以置信但是确实是真实的案例发生在一家脱毛膏生产企业身上。该公司花大价钱在中东地区的一家杂志上刊登了一个广告，这个广告在其他很多地区大获成功。广告中有两幅彩色照片，分别是使用脱毛膏以前和之后的一双腿。图片下面则是关于该产品的详细使用说明。

这家公司没有犯翻译方面的错误，因为它知道在从一种语言翻译成另一种语言时，唯一保险的方式便是先找一个人将广告从英语翻译成阿拉伯语，然后再找一个人将翻译后的广告从阿拉伯语再次翻译成英语。这样一来，翻译过程中任何不准确的地方都会事先被发现。该公司的问题出在了它没有考虑到阿拉伯人是按照从右向左的顺序阅读的，另外也没有把使用脱毛膏前后的照片的顺序颠倒过来。于是，看起来该公司是在推荐某种促进毛发生长的产品。

最后我们想说的是，即便是最大的公司也有可能在语言这个问题上栽跟头。可口可乐公司全球知名的一句广告语"可口可乐赋予你新生"莫名其妙地被翻译成了"可口可乐让死人站起来"和"可口可乐让你的祖先从坟墓里走出来"。

6.5 面对面销售

要想通过面对面的方式成功地在海外市场上销售产品和服务，必须非常清楚地了解当地客户的需要，并且适应一系列的政治、法律、技术和文化问题，不同市场在这些方面都是不一样的。面对面营销之所以很独特是因为它具有以下特征：

- 直接和客户交流：即时、互动、有灵活性；

- 涵养客户：可以和客户建立起良好的关系；

- 反应积极：买方可能会感到自己有义务购买你的产品和服务，更有动力进行参与以及做出反馈。

一种错误的理解是采用高压法进行销售（如图 6—8 所示）。正确的做法应该是自然销售法（如图 6—9 所示）。

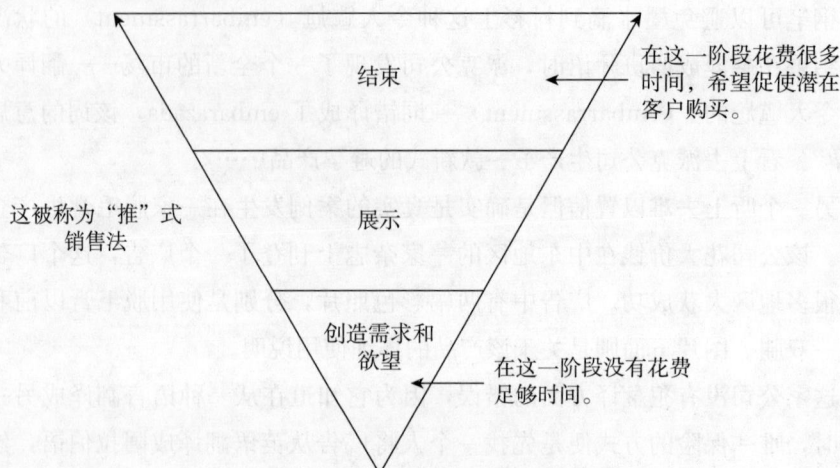

这被称为"推"式
销售法

在这一阶段花费很多
时间，希望促使潜在
客户购买。

结束

展示

创造需求和
欲望

在这一阶段没有花费
足够时间。

图 6—8   高压销售法

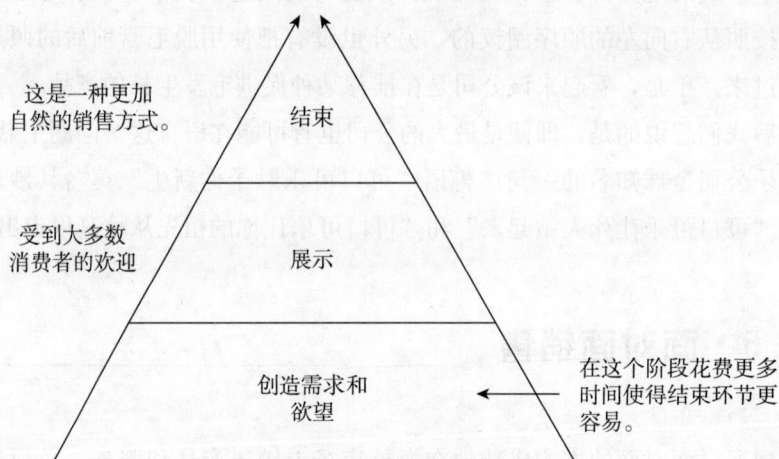

这是一种更加
自然的销售方式。

受到大多数
消费者的欢迎

结束

展示

创造需求和
欲望

在这个阶段花费更多
时间使得结束环节更
容易。

图 6—9   自然销售法

□ **6.5.2   面对面销售**

坏的销售员卖的是产品的特征，好的销售员卖的是产品能给客户带来的收益，顶级销售员则是那些能够满足用户需要的人。

1. 面对面销售前的准备工作

清楚你自己的目标，比如收集信息、传递信息、激起人们的行动等。

在确定了目标之后，你还必须了解为了实现这一目标，你需要哪些背景资料，具体说来包括：

- 潜在客户公司：

    ——可能会提出哪些要求；

    ——该公司过去与你们公司的关系如何；

    ——竞争对手的情况。

- 公司员工：

    ——他们的岗位和职责；

    ——他们可能关心的问题和态度。

- 你们公司：

——能做哪些承诺；

——对自己的产品是否足够了解；

——是否足够权威。

2. 面对面销售的实施

首先头脑中要清楚地知道你希望面谈的过程如何发展。你希望和对方讨论哪些问题，按照什么顺序讨论？当你向别人推销的时候，不要忘了那个古老的沟通准则：告诉别人你将要告诉他们的。告诉他们。告诉他们你已经告诉他们的。（对于任何好的陈述来说，这个准则都是适用的）。

3. 面对面销售的实施示例：第一次拜访

- 开场：

    ——社交话题：打破你们之间的隔阂和陌生感；

    ——商业：你为什么要来拜访对方，主要的议事日程；

    ——看看对方可以给你多少时间。

- 激起对方的兴趣：

    ——给他们一个和你说话的理由；

    ——简要说明你的角色。

- 挖掘对方的需求：

    ——让对方说话；

    ——看看能否将他们的需求和你的能力匹配起来；

    ——让对方感到舒服。

- 向对方展示你的产品：

    ——完全呈现；

    ——和对方的需求相关；

——使用你们公司的产品可以给对方带来哪些收益，而不仅仅是产品的特色。

· 总结：

——总结你们刚才讨论的话题和达成的一致意见；

——突出对方购买你们公司产品的主要理由；

——确认下一步的行动。

在你离开对方公司的时候，一定要表达出你非常渴望能够有机会和对方进行合作的意思。

4. 面对面销售的实施示例：再次拜访

在后续拜访客户的过程中，具体要谈哪些内容则取决于你的目的。作为一个指引，你仍然应该遵守上面提到的初次拜访客户的注意事项中"开场"和"总结"两个部分的准则，同时还要记住按照以下顺序和对方交谈：

· 过去；

· 现在；

· 未来。

5. 会谈过程

花更多的时间来倾听和提问，而不是介绍你们公司以及你们公司的产品。记笔记。这不仅可以帮你回忆起你们都说了些什么，而且可以证明你对对方所说的话题非常感兴趣。

用一些小册子来说明你的主要观点，在适当的情况下，在小册子上针对你的潜在客户写上一些话。但是，一定要给你的客户留下一些空白以便对方可以把这些小册子传给他人浏览。

利用每一个机会创造或使用视觉效果。

6. 接下来

随时记下你对双方已经达成一致的一些问题的理解。和所有客户的会谈最后都应该落实在纸面上。

这样做的目的是证明你理解他们目前的需求，从而提醒你不要忘记你们之间达成了哪些意向，帮你排除其他对手的干扰，给你的潜在客户一个足以帮他说服公司内部其他员工的理由。

如果销售过程中涉及几次会谈的话，那么你给目标客户的推荐信就要根据所有这些会谈的记录来完成。

7. 异议的处理

对于异议，一定要确保你准确理解了对方的意思，然后力争重新掌握主动权。

如果异议确实是个问题，那么可以表示接受，然后列入远景规划，将这个问题的重要性放在其他问题前面，也可以启用替代方案。

如果异议并不是什么问题，那么你也一定要维护对方的尊严，解释清楚，做好提供进一步的佐证材料或者是为对方的误解而道歉的准备。

如果是对方的投机性行为，那么即便你不能消除这种可能，也要尽量降低此类问题发生的概率。

最后，确认对方对你的处理方案感到满意。

8. 结束销售过程

下一步自然而然就是从对方手里拿订单了。如果你不向对方要订单的话，那么很可能你就拿不到订单了！

下面给出了一些最后你可以向对方提出的问题的例子：

——您现在要购买吗？

——您现在不想购买的理由是什么？

——这个月底我们的约定就开始生效怎么样？

——我们可以……吗？您现在愿意下订单吗？

——您不想……是因为这个理由吗？

——您刚才说您喜欢……。我们月底可以开始供货吗？

没有人会因为他们向对方要订单而失去订单。相反，很多人失去订单是因为他们没有向客户要订单！

当有如下情况发生时，没有人会从你手中购买产品或者服务：

· 不明白他们要购买的是什么；

· 不明白自己为什么要购买；

· 不在意该产品和服务能够给他们带来的收益；

· 不相信你可以向他们提供口中所说的那些收益。

6.6　书面材料

用于这方面的开支不能省是非常重要的，因为有时候客户就是完全根据一些书面材料来对你们公司做出评判的。在海外市场上，书面材料通常是最先和客户见面的，因此需要包含一系列相关的信息。关于书面材料，需要考虑的方面包括：

· 呈现方式：散页（其中的某些内容页是可以替换的），彩色还是黑白，用纸，说明（通常也是最费钱的）；

· 包含内容：说明的形式和数量，企业信息，技术信息，价目表，样品；

· 语言：使用哪种语言，是所有内容都放在一本小册子里还是分成不同的小册子（使用多种语言的话，页面也会更多）。

因为书面材料通常都非常贵，因此一定要想尽办法避免浪费。具体的做法包括如果对方需要的话才提供精选后的宣传册、最大限度地确保邮寄宣传册所使用的通讯录的准确度、邮寄某些页面而不是正本宣传册、确保代理商精心使用这些宣传册，甚至可以从代理商那里回收这些宣传册后再利用。

在邮寄宣传材料的时候，需要考虑以下几个方面：

· 邮寄的次数：通常来说不断给客户邮寄修订后的宣传册是很有必要的；

· 邮寄地址的准确度：邮寄清单可以来自你自己的调研（参见前面讲过的信息来源部分），也可以从专业机构那里购买；

· 记录系统：记录所有的反馈意见，并且及时恰当地做出回应；

· 抓住他人的注意力：如果不能马上打动他人的话，这些材料基本上就被直接扔进垃圾桶了；

· 激起他人的兴趣：使用适当的语言和方法。

但是，我们必须接受的一个事实是，我们能够收到直接回复的最大比率不会超过10%。

6.7 产品促销

除了广告、公共宣传以及面对面销售之外，促销还包括一系列活动，这些做法在海外市场上都可以起到不错的效果。具体来说包括博览会、交易会、展销、试用与推销（销售点促销）等。

□ 6.7.1 如何展销

1. 展销产品需要考虑的因素：

· 地点：某市场的需求、来自其他市场的买家；

· 内容：具体交易的产品和一般性事务；

· 时机：与公司的营销计划和预算一致，有空，公司的生产能力；

· 成本：有没有其他更好的方式同样可以拿到客户手中的钱；

· 声誉：过去的表现，平均出席率，竞争对手是否参加。

2. 大事表

· 搜集与市场、客户以及竞争对手有关的信息；

· 了解展厅的情况（如果有必要的话可以亲自去考察一下），决定你们公司展台的大小和位置；

·决定展台的设计，是否有可供利用的电源、水、搬运设备，可能需要将你公司的计划发给展销会的举办方，提供给当地代理人的信息，在实际展出的时候如果能够陈列出本公司的产品往往收效更好；

·在展会开始之前八周左右，邀请所有的潜在客户来参展；

·确定参展员工，需要考虑他们的语言、能力（销售、技术）、需要组织一个小团队还是说只需要两名员工就够了；

·确保展会所需要的材料都准时送达会场，而且运输过程中没有出现明显的破损；

·员工抵达会场，最好能有足够的时间熟悉当地的环境，处理以下问题，比如展台的调整、准备好文字材料以及样品（按照展会需要邮寄）、更换有故障的设备（如果可能的话）以及应对一些突发事件，如换灯泡、喷洒空气清新剂、准备订单表等。

·开展前一天最后确定模特的相关事宜以及一些偶然事件等，可能需要和客户联系一下看看他们是否会来参会，敲定参会值班表。

·在展会期间，一定要确保每个光临你们展台的人都受到了热情的招待，留下他们的详细联系方式。

为了便于后续开展成本—收益分析，一定要尽量收集信息并评估参展的效果。

很有可能发生的一种状况是，所有其他促销活动都依展会的时间而定，因为展会时间是企业唯一不能控制的要素。其他的活动，比如邮寄宣传材料、上映广告、卖场大促销以及面对面销售等都必须围绕展会来进行安排。

第 7 章

分 销

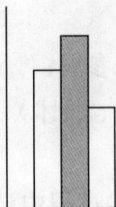

营销所涉及的 4P 中最后一个，在很多人看来也是最重要的一个就是决定使用什么样的分销渠道。事实上，很多出口商都感到需要而且通常是很有必要找一些扎根海外市场，同时又能够为它们的利益行事的中间人。

下面给出了可供出口商选择的一些做法：

- 直销：也就是说出口商直接面对最终消费者；
- 代理：有时候也称为经纪人；
- 经销商：有时候也被称为批发商、交易商等；
- 零售商；
- 当地公司：有很多新形式，比如销售代表处、实体商店、组装厂、加工厂；
- 连锁店或者是加盟店。

在接下来的内容中，我们会更加详细地介绍这些中间商的作用。

7.1 代理

代理代表一个或者几个委托人在特定地区销售特定产品。他们要负责包括销售、促销、拿订单、债务收取、解决问题等在内的一系列业务，但是通常他们并不负责处理与产品有关的问题。代理商按照业绩收取佣金（通常是5%～10%）。

具体来说，佣金可以采取以下任何一种形式：

· 全部销售额的一个固定百分比；

· 通过代理商拿到的订单和企业直接收到的订单佣金比率不同；

· 不同产品适用不同的佣金率；

· 不同客户适用不同的佣金率；

· 根据订单额和实际成交额适用浮动的佣金率。

□ 7.1.1　代理佣金的计算

很多经销商经常犯的错误和以下几个方面有关：

· 计算佣金所依据的价格。企业应该根据产品的 EXW 价格计算佣金。根据包含附加成本或者是第三方成本比如运费、保险费以及制单费等在内的出口价格向代理支付佣金是没有道理的。你根本没有从这些项目中获利（你也不应该从这些项目中获利），那么代理商怎么能从中获利呢？

· 佣金的实际计算。或许听上去难以置信，但是很多出口商确实没能正确地计算它们应该向代理支付的佣金。

下面我们就来看一个错误的例子（这只是其中的一部分）：

假设按照产品 EXW 价格的 10% 向代理支付佣金，也就是说如果产品的单价是 100 美元，加上应该付给代理的佣金 10 美元，那么买方应该支付的单价是110 美元。

假设买方如期支付货款（这只是一个想象），到了月底企业向代理支付佣金，那么 EXW 售价 110 美元的 10% 就是 11 美元。

企业单位产品的成本只增加了 10 美元，但是支付的佣金却是 11 美元。

把这个差额乘上大量的订单和成百上千单位的产品，那么显然出口商损失的是一笔天文数字的费用。

□ 7.1.2　如何计算佣金才是准确的呢？

上面例子中的出口商所犯的错误是混淆了加价（在基本的 EXW 价格基础上增加一个比例）和原价与卖价之差也就是赚头（支付给代理的费用占总销售价格的比例）这两个概念。

解决办法如下：

EXW 价格：每单位 100 美元；

按照 11.11% 的比例加上支付给代理的佣金：11.11 美元；

向买方收取的价格：每单位产品 111.11 美元；

按照 EXW 售价 111.11 美元的 10% 向代理商支付佣金，即 11.11 美元。

实际上，加价应该比赚头更大才对。具体来说：

如果向代理支付 5% 的佣金，则需要加价 5.26%（可以说成 5.5%）；

如果向代理支付 7.5% 的佣金，则需要加价 8.11%（可以说成 8.5%）；

如果向代理支付 10% 的佣金，则需要加价 11.11%（可以说成 11.5%）。

7.2 经销商

分销商按照一定的折扣从制造商手中买入产品，然后在某个特定的地区范围内再将这些产品卖出去赚取一定的利润。

经销商的形式如下：

·独家经销商（sole distributor）：在同一地区内没有其他授权经销商，但是制造商可能会直接面向终端用户销售产品。

·特约经销商（exclusive distributor）：在同一地区内没有其他授权经销商，同时制造商也不能直接面向终端用户销售产品。

除了完成和代理一样的事务外，经销商还可以持有一定的存货，可以是制成品也可以是零部件或者是维修所需要的材料，而且它们还可以提供售前、售后服务以及产品的保养与维修等等。

7.3 当地分公司

指企业直接在海外市场进行投资，也可以采取和其他机构（特别是和当地人）组建合资公司的形式，或者是将海外市场看作是一个独立的项目。

具体可以包括很多的形式，从简单的销售代表处到专营店，再到零部件装配线，再到一个完整的产品生产线等。

7.4 连锁店/加盟店

通过出售"知识产权"，比如技术、专利、品牌、商标或者版权，赚取授权费或者是专利使用费的做法。

7.5 中间商的选择

在选择中间商的过程中，需要考虑各种各样的因素。在表 7—1 中，我们给出了一个简要的清单，可以帮助你确保在选择中间商的过程中没有遗漏重大步骤。

表 7—1   选择中间商对照清单

1. 确保使用的选择方法是适当的
2. 清晰地列出你希望对方帮你完成的工作
3. 进行案头调研从而找到可能的中间商名单
4. 选择标准：
    - (1) 目前代理的产品情况
    - (2) 对产品的了解程度
    - (3) 对市场的了解程度
    - (4) 商业敏锐度
    - (5) 口碑
    - (6) 营销经验
    - (7) 销售/促销经验
    - (8) 财务状况
    - (9) 设备情况
5. 根据以上标准精简候选名单，如果有必要的话可以进一步调研
6. 当面拜访
7. 委任中间商（要有试用期，比如 12 个月），签订书面协定

□ 7.5.1 选择方法

企业所有的战略决策，包括对分销方法的选择，都要基于以下三个标准：

1. 产品

- 消费品还是工业用品；
- 生产模式：单一还是多种生产来源；
- 购买模式：订单额度，产品的质量；
- 产品要求：从下订单到交付预计需要多少时间，售前服务（建议、设计

等），安装，售后服务，用户培训，维修或更新，特定的存储条件，安全性等。

2. 市场

- 产品的分销、配送办法；
- 竞争对手的活动；
- 是否能够打入某个市场；
- 法律法规以及习俗；
- 消费者的习惯；
- 特殊安排（卡特尔？）；
- 经济/政治稳定性。

3. 企业

- 管理资源与经验；
- 资金状况；
- 战略组织：谁制定决策？
- 公司政策：品牌维护，专利授权等；
- 公司形象；
- 现有协定。

另外，从整体上考虑，分销渠道的选择还需要：

- 适应整体的营销计划；
- 可以在希望的时间内完成目标；
- 为未来的发展预留空间。

□ 7.5.2 任务描述

清晰地勾勒出中间商需要完成的任务然后去寻找最适合的人或者企业是至关重要的。绝对不能随意委任一家中间商然后等着看它们可以为你做什么。

如果使用第三方进行市场调研的话，格外需要注意这一问题。因此，在进行市场调研之前，最好首先就草拟一个任务清单，如表7—2所示。

表 7—2 任务清单

寻找代理商/经销商是为了作为本公司产品在_____的独家代理，负责促销、销售等活动。

我们要求中间商做到以下几点：

- 积极推广委托人的品牌和产品；
- 积极寻找潜在客户；
- 和潜在客户进行面对面的宣传和推广；
- 和有意向的客户沟通订单事宜；

·定期跟踪新旧客户；

·组建规模以及能力足以满足整个代理地区的需求的销售团队；

·充当委托人和买方之间沟通的桥梁，处理订单、产品性能改进、配送、付款、投诉以及其他有助于提升委托人在当地的业务与发展的事项。

以下事项则属于额外的非必要任务：

·持有约定数量的库存；

·提供事先约定的售前以及售后服务；

·根据委托人的质保承诺，完成产品的安装、保养、维修或者是更新换代；

·可能的情况下负责新用户的培训；

·根据买方需要直接提供送货服务。

合格的候选对象应该满足以下标准：

1. 产品知识

·在_____方面拥有一定的技术知识；

·针对_____和_____行业的特定知识；

·一定的资历和经验；

·吸收并且理解委托人的生产能力；

·有能力和技术人员进行沟通交流。

2. 当前的委托人：

·目前委托人比较少；

·代理的产品要互相兼容；

·有足够长的代理经验；

·不能代理本公司直接竞争对手的产品。

3. 市场知识

·了解市场上的一般性商业惯例；

·相关的语言能力，既包括交流沟通方面的也包括技术方面的；

·对于本领域的基本情况有一定的了解。

4. 行业知识

·了解特定行业的惯例；

·掌握终端用户的情况；

·了解竞争对手及其行动的一般性信息；

·有相关的私人关系。

5. 设施

·足够的办公设备和管理系统；

·合适的地理位置；

·有秘书；

·能提供安装和售后服务；

·能收发电子邮件；

·有交通运输设备；

• 有库存能力。

6. 财务状况

• 公司历史情况；

• 足够的资金实力；

• 一定的交易历史。

7. 管理经验

• 一定的管理经历；

• 一定的销售和营销经历；

• 一定的销售和营销技能；

• 相关的展销、产品推介以及其他促销活动经验。

8. 个人能力

• 在业内有一定的口碑；

• 愿意提高自己的专业技能；

• 愿意提供市场信息；

• 渴望提高自己的市场份额；

• 直接、诚恳；

• 灵活、适应能力强。

□ 7.5.3 信息来源

• UKTI（参见第 5 章）；

• 各种数据库和书目；

• 行业协会；

• 营销顾问；

• 国际商会；

• 驻外使领馆；

• 客户的推荐；

• 其他出口商的推荐；

• 直接去海外市场搜集。

□ 7.5.4 选择标准

• 目前代理的产品情况：应该是兼容的而不是竞争性的，当前代理业务的口碑如何，委托人的数量；

• 对于产品的了解程度：技术知识，员工合格与否，培训能力；

• 对于市场的了解程度：买方，竞争对手，大环境，私人关系；

- 商业敏锐度；
- 口碑；
- 财务状况：资本，资产负债表，交易记录；
- 促销经验；
- 设备：仓库，陈列室，交通运输设备，组装线，加工能力。

□ 7.5.5　当面拜访

- 确认调研信息的准确度，比如设备、对于市场的了解程度、对于产品的了解程度；
- 评估个人素质，比如有没有激情、销售能力、是否坦诚、是否正直、商业敏锐度如何、是否有幽默感。

到这个阶段，主要是靠个人的主观判断。

因为很多代理商和经销商在法律上是受到保护的（特别是在欧盟地区），因此在授权时一定要小心。

我们特别要提出的一个建议是，最好在授权书中给出明确的定量指标来评估代理商或者是经销商的业绩，比如销售目标，同时授权要有明确的有效期。

7.6　激励

对于很多出口商来说，面临的一个重要问题就是如何激励代理商或者是经销商。你总是希望代理商在你公司的产品上花费一定的心思——而且是越多越好。但是如何来做到这一点呢？

你必须接受的一个观点是，激励代理商的东西和能够激励你——委托人——的东西是不同的，而且有时候这二者有着显著的区别，正如表7—3所示。

表7—3　　　　　　　　　委托人和代理商面临的激励

你需要	代理商需要
销量/销售收入	利润
在一个较大市场上占有一个较小份额	在一个较小市场上占有一个较大份额
较少的委托人	较多的委托人
品牌意识	分散风险
扩张与提升能力	终身代理资格

续前表

你需要	代理商需要
投资于研发活动	控制成本
对你做出承诺	对他们做出承诺

事实上，授权协议双方的需要几乎是完全相反的。

代理商和经销商希望通过代理更多厂商的产品，以较低的成本轻轻松松地赚到钱。委托人则希望代理商花费时间和精力帮自己抢占更大的市场份额。

激励的技巧在于强调代理商和经销商的需要而不是你自己的需要。要想做到这一点，唯一的方法便是通过以下做法向代理商和经销商提供附加价值：

·员工培训：不仅仅涉及你们公司的产品，而且要包括一般的管理技能、行政能力、营销能力、销售技巧、信息技术等方面的培训；

·管理系统：帮助他们形成自己的记录系统、会计系统、成本控制方法、库存管理方法和利润管理系统；

·资源的更新换代：为他们提供各种硬件和软件设备（不要给对方增加成本）；

·人员：通过定期会面、社交活动以及善意的关心，满足他们对安全感、关系融洽、被尊重、被认可等的需要；

·当然，还包括按照授权协议的规定，有意识地奖励你所有的代理商。

7.7　在当地设立分支机构

这里所说的当地机构可以采取多种形式：

·销售代表处：从聘请一个在家工作的工作人员到人员配备整齐的销售部等各种不同的形式；

·专营店：实际上就是企业在当地设立的一个全资经销商（它们可能会销售一些兼容的产品）；

·装配线：进口零部件，然后针对当地市场完成组装工作，组装后的产品也有可能会用于再出口；

·生产线：使用当地或者进口材料和劳动力的完整生产线，为当地市场或者是出口生产产品（这也是跨国公司的起源）；

·全资子公司；

·合资公司：和当地的个人或者企业合作（在某些国家，非本国资本最多拥有一家公司49％的股权）。

不同市场针对外资企业在当地设立分支机构的法律法规也是不同的。通常来说，对于外资所占的比例、员工的国籍以及汇回母国的利润等都会有一定的限制。这类分支机构可能是全新的，也可能是通过兼并当地企业实现的。

□ 7.7.1　为什么要在当地设立分支机构?

- 销量太大，超过了代理商或者经销商的能力范围;
- 进口国的关税壁垒;
- 海外较低的成本，比如劳动力、原材料、交通运输成本等;
- 为当地以及周边市场提供一个跳板;
- 海外市场的一些限制性购买政策;
- 对高质量的售后服务的需要;
- 释放生产能力。

有些国家和地区积极鼓励外来投资，比如东欧国家和地区，但是出口商必须注意相关的限制措施，并且要时刻关注海外财产的安全性。

7.8　发放许可证

发放知识产权许可证与以下一项或者几项有关:
- 专利（设计或流程）;
- 商标或者品牌;
- 版权;
- 技能。

发放许可证意味着允许海外某家企业生产你们公司的产品并且在当地市场上进行销售。

许可协议通常会要求被许可方在获取相关的知识产权之后首先一次性支付一笔报酬，然后在许可协议的有效期内（通常为 10 年甚至更长）定期支付利润的一定百分比（也被称为专利使用费）给许可方。

□ 7.8.1　为什么要发放许可证?

企业之所以要向被授权人发放许可证，除了和上一节"在当地设立分支机构"中提到的相同的一些考虑外，还因为:
- 对销售环节有更强的掌控力（避免了廉价产品的出现）;

·这可能是某些公司标准的做法，比如可口可乐公司就是这样；

·专利使用费通常不受汇率管制，也不会遭遇无法汇回母国的问题；

·无论如何，当地公司都是在不断发展的，你不授权，其他公司也可能会授权给这些公司。

很多发展中国家都非常鼓励外国企业向本国发放许可证这种做法，因为这些国家的政府对被许可方的掌控力要强于对一家外资企业的子公司的掌控——但是这些国家需要投资也是一个不容忽视的问题。

另外一种替代方案是，拥有被许可方一部分股权，这类似于合资企业，此时出口商还需要出资支持被许可方的成立和发展。

7.9 小结

对于大多数出口商来说，针对不同的市场，制定出正确的营销矩阵显然并不是一件容易的事。这需要高质量的市场调研，理解各种可选方案——积累一些经验从来都不是坏事。但是有计划总是好的，所有的公司——包括那些小公司——都可以从调研和制定计划中受益，因为企业越是能够准确地识别市场的需求并做出恰当的反应，它们就越有可能取得成功。

在前面的内容中我们引入了"客户导向"这个概念，并且强调了它在不断变化着的竞争性市场上的重要性。如果说这个概念在应用到母国市场上时很重要的话，那么当出口商面对海外市场上纷繁复杂的各种情况时，这个概念就必不可少了。市场越是变化多样，出口商适应市场的能力也就愈发重要。那些抱着海外市场不过是本国市场的简单延伸的想法涉足海外市场的企业，不可避免地要被现实狠狠教训一下。

第3篇

法律环境

第 8 章

英国法律概览

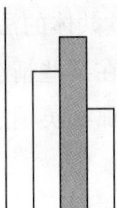

8.1　法律的制定

英国的法律都是根据《国会法案》（Act of Parliament）制定的。这些法案必须经下议院、上议院批准，然后由英国女王签发（实际上，英国女王的签字是由一个专门的委员会代签的，而且她不能表示反对）。律师们称《国会法案》为"成文法"。

英国法律和大陆法系之间一个显著的区别是，除了由国会负责制定之外，还要根据英国法院的裁决进一步发展和完善。法院的裁决不仅明确了诉讼当事各方的法律地位，而且会通过"判例"的方式完善并构成未来法律的一部分，将来法律诉讼的判决要参考此前的"判例"。

但是，作为英国最高的权力机构，如果国会希望的话，那么它可以通过新的法律来驳回这些判例。

8.2　欧盟法律的影响面

按照 1972 年《欧洲共同体法案》第 5.2（1）款的规定，欧共体的法律不需要根据《国会法案》调整，就可以直接适用于英国。英国的法院有义务实施欧共体的法律。

有时候，因为国会的疏忽，它制定的某项法令会与欧共体的法律发生冲突，在这种情况下，英国的法院必须要遵循欧共体的法律。在某些情况下，如果是英国国会有意制定了一项与欧共体法律相冲突的法令，那么英国法院就要支持国会的决定。

8.3 判例的等级

如表 8—1 所示，判例、判例有效性以及具体的法庭审判都会随着做出判决的法院等级的不同而不同。

表 8—1	判例的等级
欧洲法院	根据《欧洲共同体法案》约束所有的法院
上议院	适用于除它自身之外所有低于它的法院
上诉法院民事审判庭	适用于它自身以及其他所有低于它的法院（除非法律本身有错误）
高等法院	适用于除它自身之外所有低于它的法院
郡法院	不能适用于任何法院

经过几个世纪的发展，判例已经形成了一个朝着法律发展的统一模板，这就是所谓的"遵循先例原则"。判例的约束力和说服力对于英国的法律体系来说是非常重要的，它可以保证一定的确定性和公平性。因为等级越高的法院相对于低级法院来说权力也更大，因此在解释法律以及应用到各种争端过程中时，它们的判例也就更权威。

一个自然而然的结论便是，等级高的法院的判决以及做出这一判决的原因对于面临与其作出判决的法律诉讼类似的诉讼但是等级较低的法院来说，是有约束力和适用性的。做出某一判决的原因不仅是英国法庭判决书的一个组成部分，而且对于遵从判决先例的法律体系来说也是至关重要的一点。

但是，等级较低的法院的判决对于等级较高的法院来说，就只能是具有一定的参考价值和较小的说服力了。有时候，在作出判决的过程中，法官可能会做出一些与所处理的争端没有直接关系的评论——被称为"附带评论"（obiter dicta）。这样的评论只能构成说服性先例，而不管它们是在哪一级法院做出的。

等级较高的法院的判例的应用并不是非常严格的。法官们并不是完完全全遵从高级法院的所有判决。他们有一定的完善法律的自主权，具体依每个案件的实际情况而定。实际上，在给出"法律解释"的时候，法官们通常会用一种全新的方式赋予法律新的含义。英国的法官们可能要决定国会在成文法中使用某些词汇时究竟是什么想法，而他们的解释对于低级的法院来说将是有约束力的。另外，当他们面临高级法院曾经判决的类似的案件时，法官们还要对法律进行新的应用和扩展。

8.4 法律的源头

因此，法律的源头主要是成文法以及建立在判例基础上的已结案件。但是，除此之外，法律还有以下三个来源：

1. 授权立法

国会通过的法案往往都是规定一个一般性的框架，同时赋予政府行政部门以及其他一些机构通过制定"规则"、"指令"、"成文性的说明"或者是"法庭命令"等各种形式来补充细节的权力——这些从理论上来说是女王的权力，但是在实际操作中都是由政府部门完成的。

2. 贸易惯例

法律的另外一个来源，同时也是对出口商来说至关重要的一点，便是在具体的国际贸易中是如何处理的，这通常被称为"贸易惯例"。听上去有点奇怪的是，这样的一些惯常做法可以随着应用范围的扩大而逐渐演变成法律，甚至经常会凌驾于相关的一般性法律。例如，任何一个思维正常的人都不会认为保险经纪应该对他们客户未付费的那些议价承担责任，但根据贸易惯例，海险经纪人确实是要为此负责的。

3. 欧共体的法律

1973 年当英国加入欧共体时，它同意遵守 1972 年实施的《欧洲共同体法案》，受欧共体法律的制约，而且当欧共体法律和英国法律发生冲突时，前者要高于后者，并且所有英国法院都要执行欧共体法律。

欧共体的法律是由欧洲委员会、欧洲理事会以及欧洲法院共同制定的。立法机构，也就是欧洲委员会和欧洲理事会不仅负责制定规章制度——直接和成员国国内的法律对接，同时还负责发布指导意见，这些指导意见对于成员国也是有约束力的，但是会给成员国留下一定的选择权，它们可以选择通过怎样的方式来实现指导意见希望实现的结果。在这个过程中也会有一定的过渡期。

总的来说，欧共体的法律具有以下四种形式：

1. 协定

协定不管对成员国还是对欧盟的机构都是有约束力的。在某些情况下，协定可能会赋予个人一些权利，而且各成员国的法院必须保证这些权利得到实施。

2. 规章制度

法规同样也是对所有成员国都是有约束力的，不需要各国议会做出任何的完善和调整。所有法规都是直接适用的，而且优先于所有的国内法。法规同样可以赋予个人一些应该由各国法院保证享有的权利。

3. 指导意见

指导意见对于成员国是有约束力的，但是同时也给成员国留下了一定的选择权，允许它们选择通过怎样的方法来实现指导意见希望达到的目标。在英国，替代性做法便是《国会法案》或者是授权立法。指导意见同样可以赋予个人一些由各国法院保证享有的权利。

4. 欧洲法院的决议

这些决议对于各个成员国的最高一级法院来说是有约束力的，具体到英国就是上议院。另外，欧洲法院的决议对于个人或者企业来说也是有约束力的。

如果欧洲委员会认为某个成员国为了实施规章制度和指导意见而采取的措施不能实现预期中的目标，那么它和其他一些公共以及私人组织（甚至是欧盟各国的国民）一样，也可以针对该国发起法律诉讼。

8.5 法律的类型

8.5.1 公法

根据定义，公法是指受公众利益制约并且旨在为公众利益服务的法律。公法最重要的两个组成部分就是宪法和刑法。

宪法是处理与国会、政府、国会议员的选举、公众与他们生活的州或者是国家之间的关系等有关的一系列问题的法律的总称。

刑法则是告诉我们不能做什么的一系列法律法规。任何违反这些法律法规的人都会被拘捕、受到指控甚至是受到惩罚。

具体到我们这本书来说，宪法和刑法与我们的读者关系并不是太大。公法的其他组成部分还包括行政法——该法的出现源于政府从任命官员到管理各种事务的需要——和欧共体法，即欧盟为了实现自己的目标而实施的法律法规。

欧共体法中与国际贸易相关的部分，特别是竞争法和代理法，我们将在后面加以介绍。

□ 8.5.2 私法

私法也叫民法，这个名字来源于它是与民众决定是否要起诉他人有关的法律法规。违约所带来的结果与整个国家没有关系，尽管它或许可以为其他具有类似法律背景的案件提供一个判例。

民法或者私法的适用范围要比公法宽泛得多，它主要包含以下几个组成部分：

1. 合同法

第9章会详细介绍合同法以及与合同争端有关的内容。在现实生活中，合同法处理因为另一方违约导致自己蒙受损失的一方提出的法律诉讼，合同违约是国际贸易争端的一个重要领域。

一个普遍的误解是，只有书面的合同才是对双方有约束力的。实际上，大多数日常合同都是口头达成的，比如，即便是买火车票或者是在餐厅点餐这么细小的事情都可以算作一个合同。

2. 侵权法

"侵权"一词源于法语，原意是"错误的"，因此该词的含义便是"错误，而且犯错的一方会因为给对方造成伤害而被提起法律控诉"。以下给出的是侵权行为的几种主要类型：

（1）过失。

因为不够谨慎而给对方造成伤害。因为过失而导致的车祸是这方面最常见的一个典型例子。

（2）非法入侵。

非法入侵通常是指在没有得到允许的情况下，侵犯他人的财产权利。具体来说，非法侵犯他人财物意味着对他人的财务造成了损害，非法侵犯他人人身则要被控骚扰。

（3）诽谤。

诽谤是指用一些虚构的事情诬陷别人或者是诋毁他人的声誉。如果是用书面的东西诽谤他人，则可以划入书面诽谤的范围，通常要对被诽谤的一方的损失做出赔偿。

（4）妨碍。

妨碍是指打扰了邻居在自己家中乐享生活或者是打扰了他们在自己家中应该享有的安宁的权利的行为。

3. 消费者信贷和产品销售法

个人之间产品和服务的分期消费行为受一系列法律法规的制约，这些法律法规赋予了个人相当重要的权利。产品销售法则用来保障购买了有问题的产品的消费者的权利以及解决其他很多与产品销售有关的问题。具体可以参见第 10 章的介绍。

4. 代理法

代理是指受另一方的委托，代为拟定、签署合同的人或者组织。关于与国际贸易中代理人的使用有关的代理法的详细介绍，可以参见第 12 章。

属于私法的组成部分但是与本书的主题相关性不大的其他一些法律主要包括信托法、土地法、业主与租户法、继承法等。

第 9 章

合同法

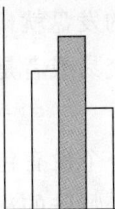

9.1 合同的要点

从本质上说，合同是两个或者两个以上的当事方之间达成的具有法律效力的协定。合同可以采取以下任何一种形式：

(1) 书面合同。有些合同比如劳动雇佣合同必须是书面形式的。在商业领域，哪怕仅仅是为了清楚起见，涉及较大金额的合同通常应该是书面形式的。大多数大额出口贸易背后都会有一个书面合同作支撑。

(2) 口头合同。这种方式多见于日常交易，比如购买食品或者是交通运输服务等。

(3) 以实际行动来表示的合同。乘坐公共汽车或者是通过自动售卖机来买东西等都是以行动来表示双方达成协定的典型例子。

(4) 以上三种形式的任意组合。

□ 9.1.1 合同的主要组成部分

一个合同要想成立，必须具备一些不可或缺的要素。第一，合同中要有互相匹配的发盘和接受。比如，一方口头给出的发盘价格是 10 美元，但是另一方表示的接受价格是 9 美元，那么他们之间显然不能达成一个协定。后者的反应构成了还盘，同时也是对初始发盘的拒绝，因此刚开始的发盘就自然而然失效了。接受意味着完全认可发盘，任何希望按照全新条件交易或者是拒绝初始发盘的行为都代表还盘。

第二，合同中必须包括对价——作为回报的东西。一个没有包含对价的承诺从法律上是无法执行的。唯一的例外是双方签署了一个特殊的法律文件也就是契约。

第三，每一方都必须要有签署合同的能力。换句话说，他们必须有能力签署有法律约束力的合同。和没有签约能力的行为人签署合同意味着不能强制要求该行为人履行合同义务，但是这并不意味着说签署合同的行为是违法或者非法的。

第四，合同各方必须达成一致，这意味着他们签署的必须是同一份合同。本质上说，一个交易的买卖双方必须愿意按照同样的价格、同样的条件和条款，就同一种商品或者服务进行交易。

第五，真实意愿。合同各方必须有意向建立法律关系，愿意赋予合同法律效力。在商业交易中，合同各方都是有这样的意愿的，但是如果在合同中加入了"仅在道义上有约束力"这句话，那么很可能导致该合同无效。

第六，合同一定是双方真正达成的协议，也就是说不存在以下情形：操作失误、胁迫、误读、不当干预。

□ 9.1.2　非法行为

如果合同中涉及一些从法律角度看是错误的行为，比如犯罪、侵权、违约等，那么法律可能会拒绝赋予该合同法律效力。成文法可能会导致某些类型的合同是非法的。

□ 9.1.3　有违公共政策的合同

某些合同——包括那些因为违法而被判无效的合同——被认为于社会有害，因此它们是无效的。对商业交易构成了限制的合同是很重要的一类违背了公共政策的合同，除非合同各方有充足的理由这样做，或者是签署这样的合同有利于公共利益。图 9—1 给出了一个简式合同应该包括的要素。

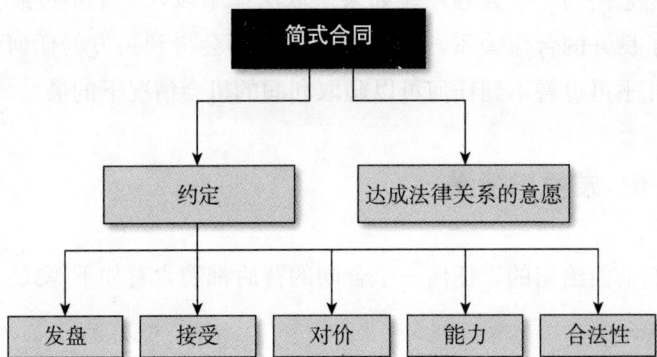

图9—1 一个简式合同的要素

□ 9.1.4 违约

如下所示，违约的救济可以区分为法律救济和衡平救济两类。

1. 法律救济

（1）终止合同。如果合同中的重要条款被违背，那么无过错的一方有权利要求终止合同，同时要求补偿。这样一来，合同将从违约那一刻起终止，从此之后合同各个当事方将不再受合同的约束。

合同终止之后，无过错方就不能再申请特定履行或者禁制令了。

（2）因为误读而解除合同。从本质上看，解除合同意味着合同被取消了。在因为各方存在误解和解除合同之后，合同将被看做从最开始就是无效的，无过错方可以要求对方赔偿因此而给自己带来的损失，但是对其损失进行评估的方法与违约情况下对损失进行评估的方法是不同的。

（3）商定总量。针对商品或者服务的销售价格而不是购买价格提出要求被称为商定总量。这不是一种要求赔偿的行为，只有在合同生效的前提下才可以这样做。任何人都不可以在因为违约而终止合同或者是因为存在误解而撤销合同之后，要求变更价格。

2. 衡平救济

（1）特定履行。在极个别情况下，损害赔偿金不足以对受害的一方做出补偿，这时法院可能会要求违约的一方履行合同。

（2）禁制令。禁制令是法院下达的禁止被告采取有违合同的行为的法令。

□ 9.1.5 商业考虑

通常来说，处在卖方位置的企业不去起诉买方可能更符合自身的利益，因为买方可能是它们的一个大客户。如果采取法律手段，一个不可避免的后果便是双方丧失了良好的合作关系，从此之后卖方不会得到买方的任何订单。法律救济应该是几乎再也看不到任何可以赚取利润的机会情况下的最后一个选择。

□ 9.1.6 发盘与接受

正如我们前面给出的，任何一个合同的背后都隐含着如下等式：

发盘＋接受＝合同

下面，我们逐一对上式中的每个"变量"的含义予以说明。

发盘必须包含以下内容：

· 阐明意愿；

· 提供信息；

· 邀请对方进行回复。

就最后一条而言，贴上价签、在橱窗里展示的商品被看做是在邀请别人发盘，它们本身并不构成发盘。广告通常也被看做是要求受众作出回复而不会被看做是发盘。

发盘必须要传递出去。也就是说其他人必须要知道发盘的存在。发盘是有有效期的。在以下任何一种情况下，发盘都将不再有效：

· 在对方表示接受之前，任何一方出现死亡；

· 在规定日期之内没有做出接受表示；

· 如果没有规定具体有效期，但是对方没有在一个合理的时间内做出接受表示。（至于"合理"的定义则依据具体情况而定。）

发盘可以直接或者间接（即进行还盘）被拒绝。在被接受之前的任何时间里，发盘也都是可以取消的（比如撤回发盘）。如果发盘通过邮寄的方式做出，那么发盘的取消从取消通知送达对方的时刻起开始生效。

和发盘类似，一个有效的接受也有着严格的定义。首先，接受必须是无条件的。其次，接受必须和发盘严格挂钩。（接受发盘的一方提出的价格但是要求延期付款的还盘不符合接受的条件，如果初始发盘中"要求"用现金付款的话。）

接受也一定要送达对方。沉默并不构成有效的接受，即便卖方写明"如果我没有收到你方的消息，那么我将假设你接受我方发盘"。接受一定要实际送到发盘方手中，而且从接受被送达的那一刻起，合同就开始生效了。如果发盘中明确表示不能采用其他方式表示接受的话，那么就一定要用发盘中给出的送达接受的方式。

合同以接受为前提条件意味着在完成一些正式的程序之前，合同是没有约束力的。买方向卖方提供一些什么从而保持发盘的有效性（即报酬），这种购买权就是合同。卖方保持发盘生效，换回金钱。

□ 9.1.7 招标

除了标准形式的发盘和接受之外，还有一种替代性做法，即招标。招标又可以细分为以下三种类型：

（1）要求各方发盘。当一个权力部门或者是政府机构要求各方提供完成某项工作所需的最低报价时（比如为某个发展中国家的某个小镇的街道提供照明设施），就属于这类招标。此时相关方面要求他人作出回复，报价最低的发盘最终会被接受。

（2）提供商品的持续要约。这种类型的招标是指买方同意在需要的时候，持续从供应商那里买入某种商品的做法。

（3）买方的承诺。买方承诺从供应商处买入它们需要的所有商品并不足以构成购买义务。但是，如果供应商是从其他人那里买入这些商品的，那么可以通过禁制令阻止买方违背承诺。

9.2 格式合同

企业可能会拟定格式合同来涵盖特定类型的所有交易。针对具体交易的细节体现在格式合同前面部分的内容中。后面则列明适用于该合同的所有条款，而且这些条款适用于和同一客户达成的所有类似合同。

从理论上来说，消费者是同意这些条款的，但是通常来说他们处在一个"要么接受，要么离开"的位置上。后来，政府认识到通过这类合同，消费者处于大企业的操纵之下，因此通过了《不公平合同条款法》（Unfair Contract Term Act）、《货物供应法》（Supply Goods Act）。

但是，这类成文法并不适用于国际贸易行为。因此，出口商必须仔细阅读买方提出的条件，透彻理解自己究竟和买方达成了什么样的一致意见。

□ 9.2.1 条款之战

大多数出口商都希望按照自己的条件进行交易，它们必须格外小心，以防自己在没有意识到的情况下接受了买方的条件。在下面这些情况下，出口方就在无意之中接受了买方提出的条件；

·在接到买方的订单之后，没有按照自己的条件进行还盘就发出了货物；即便买方的订单中并未列明具体的条件，无条件接受对方的订单也会导致卖方无法按照自己的条件进行交易。

·让买方成为最后寄出格式合同的一方；在这种情况下，发货便意味着以实际行动表示接受对方的条件。

·在没有注意到对方的条件的情况下，通过电话方式接受一个新客户或者是一个和卖方交易次数很少的客户的订单。

在实际交易中，如果订单金额巨大，或者是卖方处在一个非常不利的境地，或者是面临负面的公众抨击，那么它们应该考虑调整或者是放弃自己的某些条件。

9.3 对价

正如我们在前面提到的，除了在法律文件中制定的契约外，所有的合同都必须包含对价。所谓对价是指合同各方分别向合同投入了什么。

对价法则是指合同的一方（承诺人）向另一方（被承诺人）做出的"承诺"。对价可以分为以下两种类型：

·待履行对价（executory consideration）是指在未来某个时间给予的承诺收益（比如，"明天发货"）。承诺可以是一个对价。

·已履行对价（executed consideration）是指在签定合同的时候给予对方的收益。

过去的对价（past consideration）不能看作是有效的对价。一方过去做出的已经履行的承诺不足以对承诺人构成约束，使得后者履行自己在合同中具有的义务。

对价必须是真实的，但是不需要足额。从法律上说，一方有没有对另一方售卖的产品支付应该支付的价格是无关紧要的，只要它支付了一部分对价即可。法律关心的是确保支付一定的对价——通常来说涉及无形产品的合同往往会设定对价为 1 英镑。

□ 9.3.1 债务重整协议

债务重整协议（composition with creditors）是一种特殊形式的协定，在这种情况下，对价低于全值。债务重整协议是一家企业或者个人和他所有的债权人签署的一个协定，其中债权人同意只是象征性地收回一定的资金，也就是说收回少于债务总额的资金。根据该协议，债权人要受到法律上的约束，因为如果他们起诉要求收回其他债务的话，其他债权人能够获得的资金就减少了。

□ 9.3.2 由债务人之外的第三方支付部分债务

如果在全额给付（full settlement）的条件下，约定由第三方偿付部分债务，那么债务人就被豁免了剩下的债务。因此，在商业活动中，当对方接受由债务人之外的第三方部分偿付债务的发盘时，必须清楚地用书面方式告知对方这一情况，在对方确认同意这一点之前不要将支票兑换成现金。

9.4 合同的条款

根据定义，一个条款是指合同的一方对另一方做出的一个承诺，也就是前者同意要做的事情。因此，所有的条款汇总在一起，就构成了合同的全部。

条款可以分为明示或默示条款、条件、保证和无名条款几大类。

□ 9.4.1 明示或默示条款

明示条款是指合同各方口头或者书面达成一致的条款。默示条款则是合同各方虽然没有明确表达出来，但是却默认成立的条款。

条款可以通过以下方式中的任意一种体现在合同中：

1. 通过成文法

《国会法案》针对某些类型的所有合同都施加了一些强制条款。这些条款有些属于绝对强制性的，不管合同当事人是否愿意，都必须落实到合同中。有些条款在合同双方协商一致的条件下，则可以不予理会。

例如，在《商品销售法》（1979）中，关于卖方必须具有出售产品的权利这一强制性规定就是在任何情况下都不能回避的。其他一些条款，虽然在企业向顾客销售产品的情况下是强制性规定（比如产品质量必须合格、实际产品必须与对产品的描述相符、产品应该与人们的需要吻合等），但是在重视外在环境的两家企业之间签署买卖合同的时候则可以忽略，不予考虑。

2. 通过法庭

法庭并不愿意将一些条款有追溯力地纳入到合同中。但是，它们确实会这样做，如果某个条款是如此显而易见，以至于任何理性的人离开这个条款都无法签署合同（比如，退潮时在没有水的港口处租赁一个停泊处）。

3. 通过先例

当各方曾经多次签订类似的合同时，默认它们知道相关条款的内容、清楚这些条款也将适用于未来它们之间签署的合同，而不管它们在签订未来的合同时是否同意这些条款。

4. 通过贸易惯例

如果各方在贸易中形成了特定的做事方式，那么法庭将赋予这些惯例以法律效力。在某些贸易合同中，除非相关方面达成了一致否定意见，否则合同总要包含与习惯做法有关的条款。

□ 9.4.2 条件、保证和无名条款

从 19 世纪开始，法庭就将合同条款要么划分为条件，要么划分为保证。这二者之间的区别在于：

· 在违背条件的情况下，没有过错的一方有权利要求从违约的那一刻起终止合同，因为另外一方事实上已经背弃了合同。但是，无过错方并不是必须终止合同；受害方可以要求继续履行合同，即便对方出现违约。

· 违背保证并不足以让受害方要求终止合同；受害方能做的，仅仅是可以要求对方做出赔偿。这背后的逻辑是，一个微不足道的违约行为，用金钱来予以弥补已经足够了。

无名条款（innominate term）有时候也被称为中间条款（intermediate term），是指既不完全属于条件，也不完全属于保证的条款，对这类条款的违背可能比较轻微也可能比较严重。根据具体的违约情节的严重程度，法庭判决受害方是否有权要求终止合同。

如果某个条款被划入条件的范畴，那么即便违约情节是微不足道的，无过错方也有权利要求终止合同，这会导致无过错方可能会借对方一个无关紧要的违约行为而提出终止合同，但实际上他这样做的真正理由可能与违约行为毫无关系。从商业角度看，合同中作为条件来提出的某个条款可能会被判为无名条款，有违这一条款的行为可能会被看作是无关紧要的这一点，显然无法令企业家们满意。

因此，法庭会事先将某些条款归入"条件"之列，从而为企业界提供一个参考。例如，在商业往来中，时间是极为重要的一个方面，因此明确规定各方履行义务的时间的条款通常在事前就会被看作是属于条件。

当然，与合同条款相关的各方的意向仍然是非常重要的。签约各方应该确信合同清楚地表达出了自己的意图，并且毫无异议地表明了任何一方一旦违约，

那么无过错的一方将有权利终止合同。仅凭描述并不足以判断某个条款是不是条件，法院可能会认为该条款是无名条款，从而为当事方在签定合同时没有能够意识到的结果留出了一定的余地。图9—2以图形的方式给出了合同的这些基本条款。

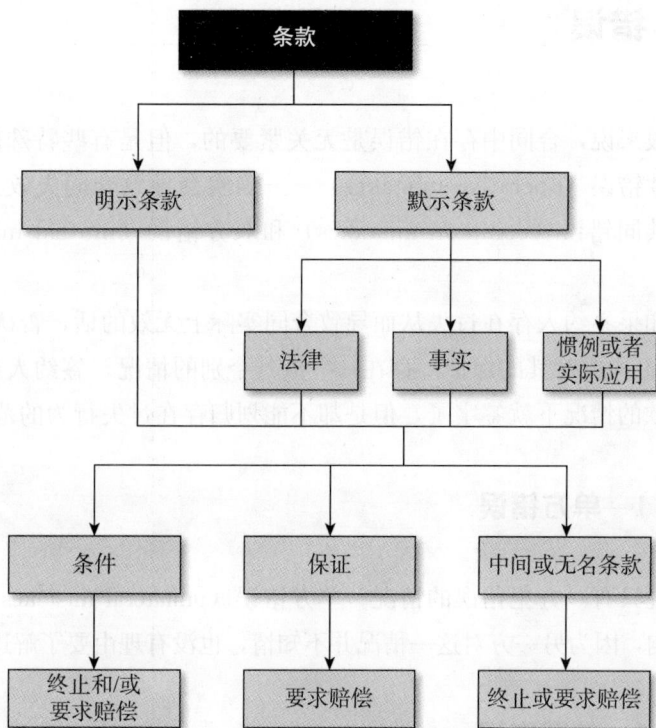

图9—2　合同的基本条款

9.5　胁迫

一般来说，法律会忽视那些影响一个人在签署合同时的决定的各种压力，包括商业压力、经济压力以及社会压力。但是，近年来，法庭对干预展示出越来越多的兴趣，即便是在处理人们被迫或者说在不当压力的情况下签署了不能代表自己真实意图的商业合同时，也是如此。在商业争端中，不存在不当压力，因此就不会考虑这一点。

胁迫要想对合同产生影响，必须积累到足以导致事先所表达的意愿失效的程度。被胁迫而签署的合同是强制性的，被胁迫的一方可以通过主张另一方的胁迫改变了他们的初始意愿来回避履行该合同。胁迫的结果是彻底导致合同无效。

对他人或者是某些资产进行威胁显然会导致承诺无效。法庭还认为，向对方施加经济压力也可能会导致双方达成的协议失效，即便是在商业合同中也不例外。

9.6　错误

尽管一般来说，合同中存在错误是无关紧要的，但是有些特殊的错误——被称为关键性错误（operative mistakes）——确实会导致合同失效。关键性错误可以分为共同错误（common mistakes）和双方错误（mutual mistakes）两大类。

但是，如果签约人存在过失从而导致合同实际上无效的话，否认立约（*non est factum*）不构成对其的保护。存在一些极其个别的情况，签约人虽然在没有阅读合同条款的情况下就签字了，但是却不能划归存在过失行为的范畴。

9.6.1　单方错误

也就是说只有一方犯错误的情况。单方错误（unilateral mistakes）很少会对合同产生影响，因为另一方对这一情况并不知情，也没有理由要了解这一情况。

9.6.2　共同错误

共同错误是指合同的当事双方都犯了同一个错误的情况。根据不成文法的规定，共同错误如果导致合同无法履行的话，那么双方只需宣布合同作废即可。

9.6.3　双方错误

双方错误是指合同的当事双方犯了不同的错误的情况。通常来说，双方错误也会导致合同无效，因为这往往意味着当事人并不是针对同一个问题来签署合同。图9—3对各种不同类型的错误做了一个总结。

9.7　虚假陈述

如果一方当事人是因为合同中的虚假陈述才签订合同，那么该合同是可以

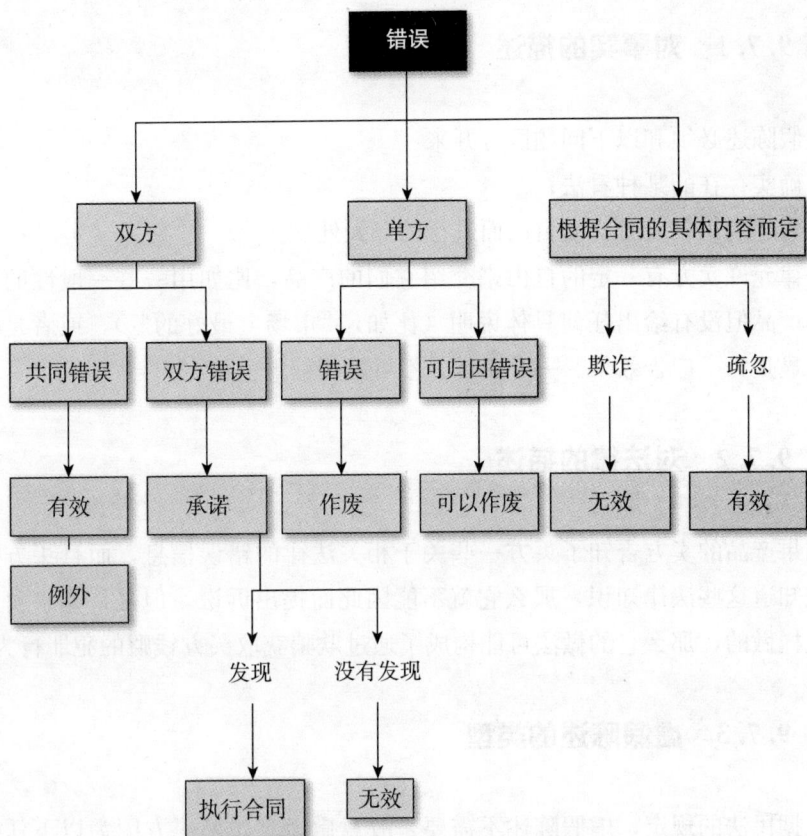

图 9—3 合同法中错误的类型

宣布无效的（除非因为某些原因，合同不能废止），但不一定是必须宣布作废。因此，存在虚假陈述的合同依然是有效的，直到无过错一方拒绝该合同，而且无过错方必须就合同废止事宜和另一方进行沟通。但是，无过错方并没有废止合同的义务。

根据 1967 年的《虚假陈述法》——根据该法，当合同中被证明存在虚假陈述时，当事人有权利要求进行弥补——虚假陈述的定义如下：

- 在合同签署之前，一方对另一方做出；
- 是错误的；
- 构成了无过错方签署合同的原因（或者是原因之一）。

虚假陈述通常和对产品的描述有关，但是也可能是某个可能会误导无过错方对产品的印象的行为（比如，调低某个待售的汽车已行驶里程表上的数字）。

□ 9.7.1 对事实的描述

虚假陈述必须和以下问题区分开来：

·确实存在的某种看法；

·为达到销售或者交易目的而进行的夸大处理。

法律允许卖方有一定的自由来介绍它们的产品，比如用一些一般性的语句来描述产品但没有给出任何具体说明（比如，"市场上最好的"），或者是使用一些明显是为了广告效果、一个正常人不可能相信的宣传。

□ 9.7.2 对法律的描述

如果产品的卖方告知了买方一些关于相关法律的错误信息，而且买方被认为应该知道这些法律知识，那么它就不能因此而提出诉讼。但是，如果卖方是故意这样做的，那么它的做法可能构成了通过欺骗获取买方钱财的犯罪行为。

□ 9.7.3 虚假陈述的类型

根据民法的规定，虚假陈述不需要是故意撒谎。如果一方因为以下任何一种类型的虚假陈述而签署了一份合同，那么它都可以提起法律诉讼：

·欺骗性的虚假陈述。欺骗性的虚假陈述也称为诈骗，是指卖方知道是错误的陈述，或者是卖方虽然不确定但是怀疑自己的表述不准确的情形。

·因为疏忽造成的虚假陈述。这是指卖方没有意识到自己的陈述是错误的，但是它们本应该认识到这一点的情形。

·无意识的虚假陈述。如果卖方以及任何一个理智的人都认为某个陈述是正确的，但是实际上却属于虚假陈述，那么既不能认为这种情况属于欺骗，也不是因为疏忽才导致的，此时可以将这种虚假陈述归类为无意识的虚假陈述。

□ 9.7.4 虚假陈述与合同条款

诱使一方愿意签署合同的虚假陈述可能是合同的当事方做出的，也可能是非合同当事方做出的。

如果做出虚假陈述的一方也是合同的当事方，那么虚假陈述可能会构成合同的一个条款，具体情况取决于签署合同时各当事方的意见。

在以下情况下，法庭很可能不会将虚假陈述视为合同的条款：

・做出虚假陈述的一方要求另一方检查或验证该陈述；

・该虚假陈述与合同对应的交易的重要方面没有太大关系；

・虚假陈述的表述方和接收方能力相当，都具有必需的技能和知识来验证该陈述的真实性。

9.8 虚假陈述的救济

不管是普通法、衡平法还是具体的法律法规，都允许对虚假陈述提出救济申请。1967 年的《虚假陈述法》针对因为疏忽造成的虚假陈述以及无意识的虚假陈述提供了法律依据。具体来说，第 2（1）款针对的是因为疏忽造成的虚假陈述，第 2（2）款针对的是无意识的虚假陈述。在法庭上，原告可以针对多项虚假陈述申请救济，这样一来即便是某些申请被驳回，他们还有可能在其他申请上取得成功。

表 9—1 总结了适用于不同类型的虚假陈述的救济措施。

表 9—1 虚假陈述的救济

	欺骗性虚假陈述	因疏忽导致的虚假陈述	无意识的虚假陈述
普通法	因为诈骗而造成的损失	因为疏忽造成的损失，如果确实是因为疏忽而导致损失的话	
衡平法	终止合同，做出补偿。如果合同是可以执行的，而且做出错误陈述的一方出于特殊目的才采取了行动，那么这种诈骗可以看作是一种防御性行为	终止合同	终止合同
《虚假陈述法》（1967）		除终止合同或者是法院其他的裁决外，可以根据第 2（1）款提出赔偿，如果受害方因为虚假陈述而蒙受了损失的话。如果能够证明被告在签署合同时有理由认为其陈述是真实的，则可以将之作为为被告辩护的理由	

9.9　构成犯罪的虚假陈述

以下三类虚假陈述构成了犯罪：

· 根据 1968 年《交易说明法》构成犯罪。因为对商品的错误描述而达成的销售行为基本上与虚假陈述没有太大差别。奇怪的是，该法案没有规定要对这类违法行为承担法律义务；将商品标错价格的商店店主不需要按照该价格销售产品。

· 骗取他人财物。向商品或者服务的买方做出欺骗性虚假陈述构成了骗取他人财物罪，受害方可以提起法律诉讼。

· 骗取经济收益。这指的是通过隐瞒相关事实获取保险金的行为。这类犯罪最多可以判处五年的有期徒刑。

图 9—4 总结回顾了与虚假陈述有关的内容。

9.10　合同的完成

一旦合同得以完成，也就终止了。完成合同的方式如下：

· 履行；
· 达成协议；
· 违约；
· 落空。

通常来说，完成合同的一方可以从中获得哪些好处是确定的。

□ 9.10.1　履行合同

当一方履行了合同时，他们会期望另一方也履行该合同。但是在此之前，他们必须完全履行了己方的义务。

但是，这一规定存在以下两种例外情况：

· 合同由一系列的子合同构成，只有在每个子合同都予以履行之后，另一方才付款。

· 重大履行原则规定，如果一方完成了自己应该完成的工作，但是完成水平打了折扣，那么他们依然可以申请获得很好地完成工作的情况下可以获得的收益减去弥补他们完成得不够好的工作所需的成本之间的差额。

虚假陈述

↓

描述

├─ 签署合同之前
│   ↓
│   陈述
│   ↓
│ （如果是错误的）
│   ↓
│   虚假陈述
│   ├─ 欺骗性 → 补偿和/或终止合同
│   ├─ 疏忽导致 → 补偿和/或终止合同
│   └─ 无意识的 → 只能是终止合同，但法院可能会根据具体情况对受害方做出救济
│
└─ 合同（比如合同条款）
     ├─ 条件部分 → 拒绝履行合同，或者是被告继续履行合同但是申请补偿
     ├─ 中间部分 → 补偿或终止合同
     └─ 保障条款 → 只做出补偿

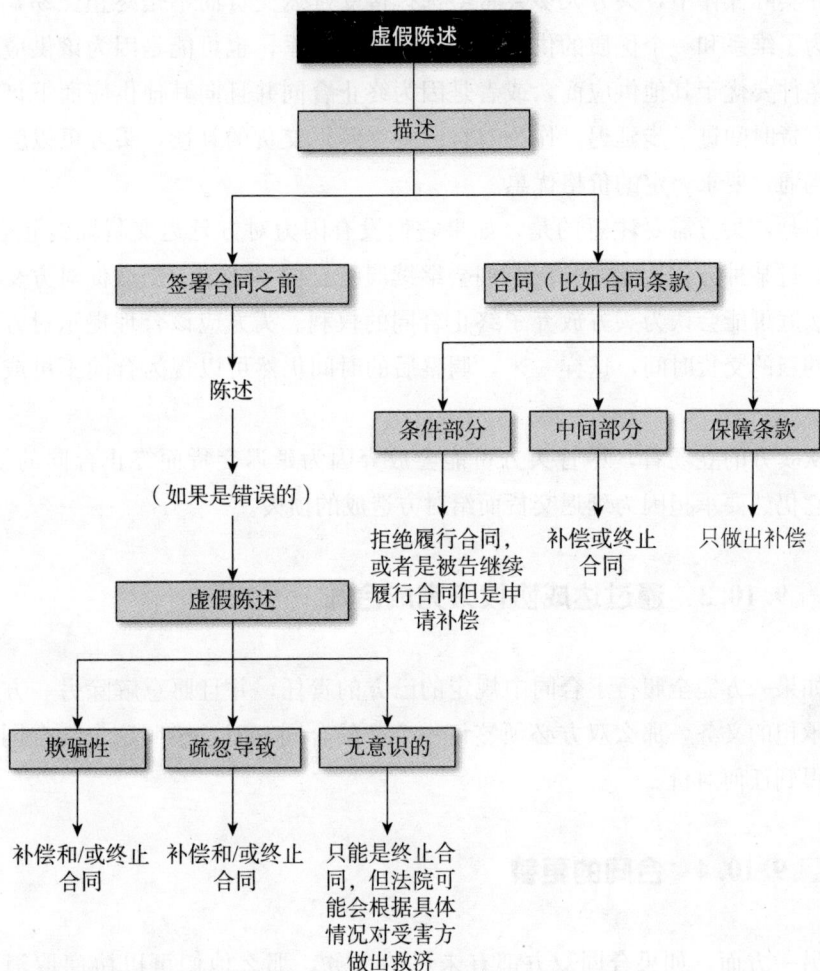

图9—4 虚假陈述

☐ 9.10.2 履约时间

与履行义务的时间有关的商业合同条款通常被法庭看作确保各方利益的先决条件。商业合同针对这类条件的一般原则是表面上"不可或缺"，履约时间是完全可以确定的，如果不能按照时间规定履行义务则构成了违反履约条件。

因此，在规定了具体履约时间的情况下，没有按时交货构成了违反履约条件，因此卖方可以拒绝收货并且终止合同。相反，如果合同中只是规定"在合理时间内"交货，那么时间就不再是根本性条件了；但是买方可以通过合理规定交货时间，再次让时间成为一个不可或缺的条件。在双方存在争议的情况下，法庭需要判定什么时候没有按时交货构成了根本性违约，从而买方可以收回预付的货款并且终止合同。

在实际操作中，买方大多会希望选择接受延迟交货而不是终止交易，这可能是为了维系和一个优质的供应商之间的良好关系，也可能是因为该供应商给出的条件要优于其他供应商，或者是因为终止合同并且向其他供应商下订单会导致交货时间进一步延迟。作为对自己接受延迟交货的补偿，买方可以尝试和对方沟通，要求一定的价格优惠。

但是，买方需要注意的是，如果它们没有因为对方延迟交货而终止合同，而是通过某种方式让卖方相信它们会继续履行合同（比如不断敦促对方交货），那么法庭可能会认为买方放弃了终止合同的权利。买方应该合理提示对方自己预期的新的交货时间，这样一来，调整后的时间仍然可以视为合同不可或缺的条件。

从卖方的立场看，尽管买方可能会放弃因为延迟交货而终止合同的权利，但是它仍然要承担因为延迟交货而给对方造成的损失。

☐ 9.10.3　通过达成协议来完成合同

如果一方完全履行了合同中规定的己方的责任，并且愿意解除另一方原本应该承担的义务，那么双方必须签订一个新的合同，而且按照这个新合同，他无法得到任何对价。

☐ 9.10.4　合同的更替

另一方面，如果合同双方都有未尽的义务，那么他们可以协商取消或者是调整各自的责任，因为每一方关于义务调整的承诺都是另一方做出同样承诺的对价。如果双方通过这样的方式来修改合同，那么就可以称之为合同的"更替"。

☐ 9.10.5　协商彻底解除合同义务

基于同样的原则，如果各方都有未尽的义务，他们也可以彻底免除对方的义务，每一方关于解除对方义务的承诺都是另一方做出同样承诺的对价。

☐ 9.10.6　假设协商解除合同

如果合同生效多年以后，各方仍未履行各自的职责，那么这就会导致各方已经彻底放弃执行合同的假设。

□ 9.10.7　通过违约完成合同

当一方宣布他们将拒绝履行合同中规定他们应该承担的义务时，就说出现了可预期的违约。

□ 9.10.8　落空

落空的法律含义是，会导致合同无法履行或者是合同出现重大变化以至于当事各方一致同意在某些情况下无法履行合同的完全无法预见的事件。

合同落空是法庭最不愿意承认的最后的诉求。只要合同仍然是有可能执行的，法庭几乎总是会判决各方继续履行合同规定的职责。

有些事件虽然不会导致合同落空，但是却会因为一定要坚持履行合同而使得成本增加，此时往往有一方愿意不惜任何代价履行合同。

但是，合同将被判落空，如果根据法律规定，合同已经是不可能完成的了，比如合同标的在战争危急时期被政府征用。

□ 9.10.9　合同落空不能是自我引致的

如果合同落空是因为无法继续履约的一方的疏忽所导致的，那么就说合同落空是自我引致的。申请合同落空的一方不能是引发合同落空的一方。

□ 9.10.10　落空的影响

合同落空解除了各方在未来履行自己应该承担的责任的义务。但是，与操作失误不同，合同落空不会从合同生效时起免除各方义务。这意味着除非法律做出了相反判决，否则在合同落空之前各方的权利和义务是予以保留的。

9.11　违约的救济

当法庭判定一方违约时，法庭还要判决应该采取怎样的补救措施。各位需要牢记的一点是，民法的宗旨是对原告的损失做出补偿，而不是惩罚被告违约，因此，法庭可以采取以下救济措施中的一种或几种。

□ 9.11.1　赔偿

判决被告对原告进行经济补偿时，司法人员应该牢记以下几个已经发展成熟的原则：

· 救济的目的仅仅是补偿损失。如果没有损失或者是损失很小，那么受害的一方仅能得到名义补偿。

· 在货物销售合同中，补偿额应等于标的商品的合同价格和当前市场价格的差额。需要明确的是"受害方损失了什么"。

· 在评估损失时，应将纳税义务考虑进来。如果获得补偿的一方要对他们因为违约造成的损失而纳税，那么对他们的补偿额应该是扣除税负之后的净额。

· 很难对损失进行评估并不能阻止原告要求赔偿。

· 如果签订合同是为了提供某种娱乐、休闲服务或者是为了让买方大脑放松下来，那么评估损失时必须考虑到违约给受害方心灵造成的伤害，他们因为对方违约而遭受的失望与沮丧情绪都要考虑进来。

· 赔偿可以覆盖因为对方违约导致受害人声誉受损而蒙受的经济损失，但是无须补偿声誉受损本身。

· 如果损失与违约之间没有特别直接的关系，那么可以不对损失做出补偿。"间接损害"原则基于下面的考虑：要求被告因为自己违约而给原告带来的一系列永无休止的损失做出赔偿是不公平的。

· 原告有责任减轻自己的损失。这意味着原告必须尽量将损失缩小到最低程度。这一原则在企业错误地解聘了某个员工的情况下体现得尤为充分，此时，被解聘的一方必须做出适当的努力去寻找新的工作，以便降低失业给自己造成的损失。

· 在存在侵权行为（尽管这不属于违约）的情况下，法庭可能会做出格外严厉的赔偿判决。在个别情况下，被告可能是有意侵权的，因为他们认为即便是对受害方做出赔偿之后，侵权仍然是有利可图的，此时高额赔偿是为了向人们宣告"侵权行为得不偿失"。

□ 9.11.2　按劳计酬

"按劳计酬"意味着"按照价值计酬"。希望补偿他们所做的工作的一方通常会提出这样的诉求，比如：

· 应该支付报酬的一方在工作完成之前停止付酬；

· 与工作对应的合同失效了；

进出口贸易实务

· 双方虽然没有就一方为另一方工作应该获得多少报酬达成正式的协议，但是显然付出劳动的一方可以预期自己应该获得报酬的情况下，也应该遵循"按劳计酬"。

根据按劳计酬原则，付出劳动的一方所得到的是一个合理的报酬，而不是合同约定金额的一定百分比。

□ 9.11.3 退还预付款

如果一方向另一方支付了报酬但是却没有获得任何产品或者服务，那么前者有权利要求后者退还相关款项。这一原则适用于一方占有了另一方财物的任何情况。

□ 9.11.4 判决执行合同

这一判决意味着法庭要求过错方继续履行合同规定的义务。如果过错方拒绝，就是在对抗法庭，可能会被判入狱。

□ 9.11.5 下发强制令

强制令可以分为两种：一种是禁止性的，即禁止被告做某事；另一种是强制性的，即要求被告必须做某事。在违约的情况下，强制性禁令被判决执行合同代替。

致谢

在此，作者要感谢 Nick Kouladis 允许我使用他总结的一些图（图 9—1～图 9—4）。

第 9 章

合同法

119

第 10 章

国际贸易中的产品销售

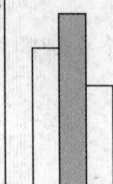

直到 1893 年，产品销售合同都是与其他合同同等对待的，适用于这类合同的规则同样也是由法庭判例决定的。1893 年的《货物销售法》不过是一个法规汇编，是对法庭以《国会法案》的形式形成的规则的一个汇总。

从那时起直到 1973 年，除随着判例进行演变之外，与货物销售有关的法律法规基本上和 1893 年形成时没有太大的变化。但是，因为经济条件的改变，人们意识到这些法律法规给予消费者的保护——这是与产品销售有关的法律法规的一个主要目标——已经过时了。1969 年的英国议会法律委员会在对英国法律做了一个大致的回顾之后，1973 年《商品供应法》得以通过，该法案规定，销售给消费者（公众）的产品必须满足可销售品质（merchantable quality）标准以及其他一些条件，但是在必要的情况下销售给其他企业的产品可以不满足这一要求。

紧接着，1977 年又通过了《不公平合同条款法案》（Unfair Contract Terms Act 1977），希望借此把对消费者的保护扩展到公众参与的所有合同中。综合了 1893 年法案和 1973 年法案的一部新的《产品销售法》最终在 1979 年获得通过。

后来，1979 年法案又不断被修订：

- 1994 年的《产品销售和供应法》；
- 1994 年的《产品销售法（修正案）》；

· 2002 年的《对消费者出售和供应产品的法规》。

"可销售品质"一词的本意是符合 1893 年法案规定的产品可售品质,后来被进一步修订为"满意品质"——除非商品买卖双方达成了其他协定。

出口商需要注意的一点是,英格兰和威尔士根据相关法律法规给予消费者的保护并不适用于海外买家。因此,这些出口商无须考虑这些消费者保护法,除非它们把产品卖给了一个计划用于再出口的国内商人,在后一种情况下,消费者保护法是适用的。

另外,代理出口——代理并不是产品的最终所有者,而是接受他人委托负责完成产品的出口——仍然属于出口业务的范畴,因此消费者保护法也是不适用的。

10.1 与产品销售有关的法律法规

目前,与产品销售有关的法律法规以及为什么 1979 年通过的《产品销售法》一再修订,都是本章我们要探讨的内容。

10.2 质量与适用性

尽管 1979 年的法案就已经对可销售品质和适用于某个目的的含义做出了定义,但是后来法律委员会《关于产品销售和供应法的报告》(1987 年)仍然对第 14 款关于质量的定义给出了以下批评:

· "可销售"一词与商人和交易有关,但是对于消费者本身来说则不够恰当;

· 法律规定中给出的适用性测试是否应该包括不影响产品使用的小缺陷——比如汽车喷漆出现划痕——有一定的不确定性;

· 产品质量标准与买方的预期有关。制造标准的降低将导致消费者的预期下降,从而会导致一个更低的法律标准。

· 没有对产品的耐用性和安全性给出说明。

不过,没有人对产品是否适用于某个特殊目的的含义做出批评。

鉴于上面提到的原因,法律委员会建议用一个新的关于质量的定义取代关于可销售品质的条款,新定义作为一个基本的一般性原则,不仅应该适用于所有的产品以及所有的交易,而且还必须包括产品质量的各个方面,比如适用于特殊目的、安全、耐用等等。这些建议最后体现在了 1994 年通过的《产品销售和供应法》中。

产品质量的新定义适用于所有产品销售与供应合同，包括产品所有权的交易，比如易货贸易、劳动力与原材料交易、分期付款交易、为获得赠品而进行的交易等。

根据第14（2）条款，如果产品质量满足能够让一个正常的消费者感到满意这一标准，我们就说它具备令人满意的质量，其中让消费者满意包含很多方面，包括对产品的描述、价格以及其他相关方面。

一个暗含的条件是，产品具有令人满意的品质，但是在以下情况下，即便产品存在缺陷，也并不适用该条款：

· 在合同签订之前，产品的缺陷被清楚地呈现在买方面前；
· 如果买方仔细检查的话，它们应该能够发现产品的这些缺陷。

第14（2B）条款规定产品的质量包括它们的状态和条件，以下给出了产品质量应该包括的几个方面，但并不是全部：

· 能够满足同类产品应该满足的所有目标；
· 外观完好，完成了所有加工步骤；
· 没有小缺陷；
· 安全；
· 耐用。

第14（2）款并没有给出一个所有产品都必须满足的绝对的质量标准。该条款认为，从务实的角度看，一个理性的人应该能够发现某个新产品能否让自己感到满意，即便这些产品有些小的或者是无关紧要的瑕疵存在。

买方在购买产品之前并没有义务检查产品，而且即便它们确实没有这样做的话，也依然可以受到《产品销售和供应法》第14（2）条款的保护。但是在以下两种情况下，买方会丧失自己的投诉权：

· 卖方明确说明了所售产品存在瑕疵；
· 买方对产品进行了检查，但是没能发现明显存在的问题。

10.3 交付产品的数量与合同不符

根据1979年《产品销售法》第30条款的规定，根据卖方交付的产品的数量是多于合同规定还是少于合同规定，买方可以有不同的做法。

当合同标的是非消费品时，如果实际发货量与合同规定数量相比相差不大，从而没有理由拒收整批货物时，买方不能拒绝收货（第30（2A）条款）。

10.4 分批交货

除非另有规定，否则买方没有义务接受分批交货（第31（1）条款）。买方是否有权利拒绝合同，取决于合同本身是可分的还是不可分的。

即便买方已经接受了部分商品，它们仍然保有拒绝接受后续商品的权利，如果商品全部或者是有一部分违反了合同约定的话（第30（4）条款）。

10.5 接受商品

1994年的《产品销售和供应法》将对合格的规定加入到了表示接受产品的三种基本方法中：

· 根据协定，消费者不会丧失拒绝接受产品的权利，除非消费者有合理的机会来检查这些商品。因此，接受通知并不能剥夺消费者检查产品的权利。

· 在一段合理的时间过后，决定产品是否已经被接受的一个重要因素是，买方是否有着足够的机会来检查产品。

· 买方要求或者是同意对产品进行修补，或者产品是要卖给或者送给第三方的，并不意味着买方一定要接受产品。

· 当买方接受了作为一大单交易的一部分产品时，那么它们就要接受构成该单交易的所有商品。

10.6 拒绝产品

假如产品没有被接受，那么买方有权利因为对合同规定条件的任何违背而拒绝接受货物，而不管这种违背是多么微不足道。

消费者有绝对的拒绝接受产品的权利，但是对于商业买方来说这种权利是有条件的。1979年《产品销售法》第15A条款就普通消费者和商业买方在救济方面的区别作出了界定。该条款保留了消费者拒绝接受产品的权利，但是商业买方的相关权利则要受制于一系列的条件。

当卖方可以证明实际交付的产品只是略微背离了1979年《产品销售法》第13～15条款，作为非最终用户的买方没有道理拒绝接受产品时，这种背离应该看作是对质保条款的背离，而不是对交货条件的背离。

10.7   消费者保护的其他方面

下面提到的两个法案不仅与消费者保护有关，而且对产品的提供方提出了直接的要求：

·1994 年的《产品安全一般条例》（General Product Safety Regulations 1994）；

·1999 年的《消费者合同不平等条款规章》（Unfair Terms in Consumer Contract Regulations 1999）。

□ 10.7.1   《产品安全一般条例》

1994 年的《产品安全一般条例》是对 1992 年各国部长会议通过的《欧盟通用产品安全指令》（European Directive on General Product Safety）的进一步细化与落实。该条例从 1994 年 10 月 3 日开始实施，针对生产者或者是分销商向消费者提供或者是很有可能被消费者使用的产品的安全问题提出了新的要求。所谓消费者是指没有按照商业行为模式做事的人，后者被定义为从事商业或者是交易活动。

不管是新产品、二手产品还是翻新产品，都适用于该条例。但是，属于商业活动范围的产品，即便是为消费者提供或者是由消费者提供的，也不在该条例的保护范围。

该条例的第 7 条规定，除非产品是安全的，否则生产商不能将其引入到市场中。如果产品不能满足《产品安全一般条例》的规定，或者是生产商和经销商提供、同意提供存在安全隐患的产品，或者是将存在安全隐患的产品引入市场，都可以视为违背了该条例。

《产品安全一般条例》第 2 条款对"安全产品"给出了一个定义，即在正常的使用条件下（包括耐用性），不存在风险或者是风险被降到了最低。产品还可以实现更高的安全标准或者是市场上有其他风险更低的产品可供选择等事实本身并不能说明某种产品是不安全的。

符合英国法律法规对健康与安全的规定的产品被认为是安全的，但是如果不存在特定的准则，那么可以通过以下原则来评判产品是否安全：

·自愿认可欧盟标准；或

·欧盟的相关技术规定；或者，如果没有这类标准和技术规定的话

·与健康和安全有关的英国标准或者行业守则，对相关工艺和技术的规定，或者是消费者对安全的合理预期。

根据该条例的第 8 条，生产商应该将相关的信息告知消费者，以便在如果没有足够的警示，无法简单直接地看出产品所含的风险的情况下，由消费者来评估产品所包含的风险并且采取恰当的防范措施。

生产者自身也必须采取措施保证自己能够及时了解与产品有关的风险信息，并且采取一切可能的手段来避免风险，这包括从市场上召回产品。

经销商如果提供了存在安全隐患的产品，那么也是违法的（《产品安全一般条例》第 9（a）条款）。经销商必须采取行动监控产品安全问题，包括传递与产品安全隐患有关的信息，采取行动避免隐患的发生等（《产品安全一般条例》第 9（b）条款）。

《产品安全一般条例》第 15 条对如何就因为某人在商业交易中的行为或违约行动导致其他利益相关方违法提起法律诉讼做出了规定。

根据《产品安全一般条例》，可以视情节轻重，对违规的一方做出入狱最长不超过三个月，或者是最高不超过 5 000 英镑的罚款的判决。

□ 10.7.2 《消费者合同不平等条款规章》

《消费者合同不平等条款规章》取代了 1994 年的相关法案——后者是对 1993 年通过的《欧盟关于消费者合同不平等条款的指导意见》的落实，同时对 1977 年通过的《不公平合同条款法案》中包含的对例外条款的应用的法律限制进行了补充。1977 年的《不公平合同条款法案》与《消费者合同不平等条款规章》存在重叠之处，同时 1977 年的法案对伦理性的测试与 1999 年的规章对公平的测试也有相似的地方。但是，如表 10—1 所示，二者存在明显的区别。

表 10—1

《不公平合同条款法案》	《消费者合同不平等条款规章》
主要是针对免责条款	针对所有不公平条款
商业合同与消费者合同均适用	只适用于消费者合同
可协商与不可协商的合同均适用	只适用于不可协商的合同
适用于合同与通知中大的免责内容	只适用于消费者合同中的条款
如果不合理的话，那么免责条款要么自动失效，要么被认为是无效的	不公平条款被看做是无效的
个人的民事权利	可以是个人的民事权利，但是公平贸易委员会也可以行政介入，后者可能会试图阻止不公平条款在更大的范围内继续适用

在实际应用中，《消费者合同不平等条款规章》将消费者定义成为了交易

(trade)、商业活动（business）或者职业需要（profession）之外的某个目的而采取行动的自然人。交易、职业行为或者是任何政府部门、地方或者公共机构均属于商业的范畴。

以下几类合同不在《消费者合同不平等条款规章》的适用范围之内：

· 劳动合同；

· 继承权合同；

· 与家庭法定权利有关的合同；

· 与公司合并、企业组织或者是合伙关系有关的合同。

为了遵守或者体现英国法律法规的要求或者是英国、欧盟作为成员之一的国际惯例的规定和原则而制定的条款，不在《消费者合同不平等条款规章》的适用范围。

《消费者合同不平等条款规章》的第 3 章（Schedule 3）列出了一些可以被视为不公平条款的示范清单，但是这个清单并没有穷举所有不公平的情况。规定合同主要事项的条款或者是关于产品或服务价格的规定是否适当的条款，不属于公平问题的范畴，只要这些条款的表述清晰明了，可以被双方理解即可。

当合同双方对某个条款的含义存在疑异时，必须采用对消费者最为有利的解释。

2001 年的《消费者合同不平等条款规章（修正案）》把参考外部监管机构，比如英国金融管理局（Financial Services Authority）的意见这一原则加入了进来。

10.8 义务的免除

义务免除条款有时候也被看作是免责条款的一种，是指用来解除、消除合同一方原本应该对损失承担的（民事）责任或义务的条款。

直到 1973 年，只要存在违反合同的行为，那么所有的义务就都是可以免除的，这一规定背后的逻辑是：商品的买方一旦决定购买商品，就意味着它们同意义务免除条款。在实际应用中，如果买方不接受它们应该承担的条件，那么它们就无法得到标的商品。后来的法律法规又提出了一些规则来最小化义务免除条款的适用范围，但是法庭却一直都清楚这些条款的不公平性。合同中的义务免除条款被判是无法执行的或者是无效的法律案例非常多。

10.9　产品销售中的免责条款

　　以下规则仅适用于与产品销售有关的合同，而不适用于其他合同（这主要是因为 1977 年的《不公平合同条款法案》：

　　·任何产品销售合同都不能免除第 12 条款规定的义务（即卖方必须拥有产品或服务的销售权）；

　　·针对消费者的销售合同不能免除第 13～15 条款规定的义务，但是针对非消费者的销售合同可以免除这些条款规定的义务，只要法院认为这样做是合理的就可以。

　　·针对消费者的销售合同是指：

　　——企业作为卖方签署的合同；

　　——买方购买产品主要是为了自己使用或者消费；

　　——产品虽然是卖给了某家企业，但是后者并不是为了再出售，或者至少看上去它们购买这些产品不是为了转手卖掉。

　　·私人销售是指一个人对另一个人出售产品或者服务的行为，其中买卖双方都不是企业，或者只有买方是企业。《产品销售法》的第 14 条款不适用于私人销售。关于质量，没有其他暗含的条件，尽管包含针对质量的说明性条款会有很好的效果，可以看作是一个保障。但是，如果没有说明性条款，买方有时可能就不得不相信卖方对产品做出的误导性说明。

　　其他强制性暗含条款并不适用于私人销售行为，但是如果适用免责条款合理的话，这些条款规定的义务就可以被免除。

10.10　质保期的作用

　　关于质保期的规定可以看作是一种免责条款，因为根据该条款，质保期过后，卖方将不再对产品负责。在针对消费者销售产品的情况下，这样的条款是无效的。所售产品必须能够在一个比较合理的时间范围内实现它们预期应该实现的目的。

　　但是，要证明产品应该在一个比实际发挥作用的时间更长的时间范围内满足买方的需要是一件很困难的事情，有时候可能还需要外部专家的支持。以使用一段时间之后（并不是在刚投入使用之后没多久）出现严重缺陷的产品为例，这时买方很难证明自己刚收到产品时它们就是存在缺陷的。销售过程结束之后出现的瑕疵不能计算在内，但是如果这种情况发生在买方接受产品之前，那么它们有权利收回全部预付款，而且它们可以不接受调换货物的做法。

10.11 《不公平合同条款法案》（1977 年）

制定该法案的初衷是将《产品销售法》中规定的对消费者的保护扩展到服务领域。该法案包含大量旨在强化消费者权利的规定，其中下面两条是最重要的：

·法案第 2 条款规定，任何人都不能免除因为自己的疏忽而造成他人受伤或者死亡时需要承担的责任。另外，除非法庭裁定可以那样做，否则任何人都不能免除因为自己的疏忽而给他人财产造成损失时需要承担的责任。

·法案第 3 条款规定，如果其中一方以消费者的身份或者是符合另一方定义的企业的身份签署了合同，那么另一方不能要求：

——因为双方都违反了合同相关规定而免除他们的责任；或

——被赋予按照与预期完全不同的方式履行合同的权利；或

——不采取任何行动，除非法庭认为合同的相关条款是合理的。

10.12 《不公平合同条款法案》（1977 年）对国际买卖合同的不适用性

国际买卖合同不受《不公平合同条款法案》相关规定的约束，因此这类合同的当事方必须依据普通法的规定来解决碰到的问题。

《不公平合同条款法案》将国际买卖合同定义为，身处不同国家（海峡群岛以及马恩岛被看作是和英国不同的国家）、存在业务关系的各方签署的、商品所有权据此发生转移的销售合同。

此外，国际买卖合同还必须满足以下一到两个准则：

·合同标的物从或者将从一个国家转移到另一个国家；或

·合同各方采取的一些实质性构成发盘与接受的做法发生在不同国家的领土上；或

·合同规定产品要被运往的国家与合同双方做出发盘与接受时所在的国家是不同的。

根据定义，如果一家英国公司从另一家英国卖方那里购买某种商品，然后销售给另一个海外买方，那么此时《不公平合同条款法案》仍然是适用的。但是，如果买方是一家海外公司的代理，而且上面提到的第一个和第三个准则中至少有一个符合的话，《不公平合同条款法案》就不再适用了。

对英国出口企业来说，这一规定的一个重要含义是，1979年《产品销售法》的第12～15条款所包含的适用于所有销售合同的规定，对于国际买卖合同来说完全是可以被免除的，只要这类当事人在合同中加入措辞巧妙的免责条款即可。

10.13 《对消费者出售和供应产品的法规》(2002年)

《对消费者出售和供应产品的法规》（Supply of Goods to Consumer Regulations 2002）对1979年的《产品销售法》作了一些小的修订，特别是对与买方同时也是消费者以及受让人参与到买卖过程相关的情况作了调整。另外，该规章还对不属于卖方责任，但是与公共要求有关的一些隐含条款作了补充。

《对消费者出售和供应产品的法规》还对1982年的《产品与服务提供法案》的第9条款、1973年的《产品销售法》以及1977年的《不公平合同条款法案》作了一些小的修补，特别是修正了与消费者权益保护有关的内容。

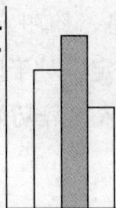

第 11 章

《欧盟竞争法》

1975 年欧洲钢煤共同体的六个成员国签订了《罗马条约》，欧洲经济共同体宣布成立。欧洲经济共同体以建立欧洲共同市场、促进资源合理配置、维护与加强地区间和平与自由为宗旨。欧洲经济共同体成员包括法国、联邦德国、意大利、比利时、荷兰与卢森堡。

1972 年，《欧洲共同体法案》通过，随后英国、丹麦和爱尔兰共和国加入了欧洲经济共同体。1981 年希腊加入共同体。1982 年，西班牙和葡萄牙加入。1995 年瑞典、奥地利和芬兰相继加入。至此，欧洲经济共同体成员已达 15 个国家。

1986 年，12 个成员国签订了《单一欧洲法案》，欧洲经济共同体的发展取得了重大进步。《单一欧洲法案》规定在 1992 年 12 月 31 日前要消除内部市场中的经济障碍。在截止期内，成员内部达成"四个自由"，即货物、人员、服务和资本的流动自由。

《单一欧洲法案》对《罗马条约》的相关条例做了补充。与《单一欧洲法案》不同，1991 年 12 月所签订的《欧盟条约》是推动未来欧洲经济和政治一体化的重要举措，其中包括于 1999 年采用统一的交易货币。同时，1993 年欧洲经济共同体又正式更名为欧洲联盟（简称欧盟）。

1999 年 1 月 1 日，欧洲中央银行在法兰克福成立。随后，欧洲货币联盟组织成立。有 12 个欧盟成员国加入该组织，并采用欧元作为成员国之间的结算货币。在 15 个成员国中，只有丹麦、瑞典和英国未加入该组织。其中，在瑞典和丹麦，两国的国民公投结果均拒绝加入欧洲货币联盟。英国则未就加入欧洲货币联盟进行表态。

2002 年 12 月，经过了集中的准备与激烈的谈判，又有 10 个欧洲国家确定于 2004 年 5 月 1 日加入欧盟，这进一步推动了欧盟一体化的发展。这 10 个成员国是捷克、爱沙尼亚、塞浦路斯、匈牙利、拉脱维亚、立陶宛、马其他、波兰、斯洛文尼亚和斯洛伐克。

在 2003 年前九个月，上述 10 个国家就加入欧盟组织问题采取国民公投的方式进行表决。投票结果表明：这 10 个国家总体上支持加入欧盟组织，并于 2004 年 5 月 1 日正式加入。

最新加入欧盟组织的成员国是克罗地亚，它于 2013 年 7 月 1 日正式成为欧盟第 28 个成员国。《罗马条约》将"内部市场"定义为：一个货物、劳动力、服务和资本可以自由流动的市场。

"内部市场"的实现包括如下内容：

·关税同盟，即取消成员国间进出口产品的关税和任何与关税等效的措施，同时对非欧盟成员国采用相同的关税水平。

·消除对进出口商品的数量限制和任何与数量限制等效的措施。

·考虑到成员国间商品采购与交易的条件，成员国间应调整本国相关商业垄断政策以保证成员国间不存在歧视。

·成员国间禁止采用歧视性关税和任何为达到本国商业目的所采取的威胁或扭曲竞争的措施。

《竞争法》主要包括：

· 《欧盟竞争法》，主要是《罗马条约》的第 81 和 82 条款；
· 针对限制贸易的合同条款的《英国共同法》；
· 《公平贸易法案（1973）》；
· 《限制性贸易措施法案（1976）》；
· 《转售价格法案（1976）》；
· 《竞争法案（1980）》；
· 《竞争法案（1998）》。

出口商不能享有任何优于其他人的特殊权利，除非法律中有明确说明。因此，从表面上看，出口商和其他人一样，也要服从约束反竞争行为的各种立法的管制。此外，只有当业务中有相当大一部分为出口活动，并且他们如果同意遵守某个限制性规定，其经营会受到较大影响时，出口商才可以通过法院提出疑议。

但是，出口商在限制性行为立法中拥有一个重要的特许权。任何包含法律上所承认的限制性措施的协议在下述条件下都无效：

- 英国出口的货物
- 生产或加工活动在英国境外的
- 在英国境外购置的用于海外销售的商品
- 英国境外的任意交易活动，例如货物购买和境外销售

对上述协议的唯一要求是：必须将上述协议告知公平贸易总理事会。出口商应该仔细研究例外条款，因为这些协议并非包括所有货物贸易。因此，虽然一些协议中的例外条款包含从英国出口的商品，但本国购置货物的出口仍然不包含在协议之中。因此，那些购买商品用于海外销售的公司必须符合国内法律的要求。即使该项协议具有例外性，一些特殊情况依然要向总理事会报告。

最后，如果出口商既在本国市场销售又从事海外销售业务，它们应该分别就两个市场的协定进行谈判：一个是针对海外销售的，此类情况仅需告知总理事会；另一个是针对国内销售的，需要得到法院的承认与批准。

《罗马条约》的第81和82条款中包括了《欧盟竞争法》。《欧盟竞争法》是通过欧盟委员会执行的，其中欧盟委员会主要是对违法企业进行罚款和制裁，具有较大的调查权。欧洲法院一审法庭对欧盟委员会的决定可以提出异议。

《欧盟竞争法》在英国具有直接的影响，和《英国竞争法》的地位相同（除了在"并购管理"方面存在差别），因此这两大法律实体可以用于同一协议。事实上，英国国家竞争当局可以根据英国法律来采取行动，不理会欧盟法律，只要这样做的结果与完全按照欧盟法律行动时的结果没有偏差即可。

《欧盟竞争法》是一个基于效果的体系，因为它的实施的确对竞争产生了影响，而英国法律尽管具备一定的实际效果，但看上去仍是一种形式上的条款。但是，1998年的《竞争法案》已经采用了《欧盟竞争法》的相关做法，包括限制任何反竞争协议并将企业肆意滥用市场地位的行为视为非法行为。公平贸易总理事会有权力对《欧盟竞争法》进行管理，同时最高可以征收交易额10%的罚款。

《欧盟竞争法》只能应用在成员国间会对贸易产生影响的行为上。结果是，有必要成立一个英国法律机构来管理那些成员国间对非贸易方面产生影响的行为。

《罗马条约》第2条款规定："欧盟组织在保证成员国内实现充分就业、经济平稳的同时，还需要在产能充分利用的条件下实现商品的合理分配"。《欧盟竞争法》需要把上述条款考虑进来。考虑到未来单一市场可能产生的政治动荡，这一点也会变得更加重要。

11.1 《罗马条约》第81条款

条款内容如下：

1. 下列不符合共同市场原则的行为将被禁止：所有包括影响成员间贸易和涉及妨碍、限制和扭曲竞争的做法和惯例以及包含下述内容的一切协议：

（a）直接或间接地规定采购或价格或其他贸易条件

（b）限制或控制生产、市场、技术进步或投资

（c）要素分享市场或供给资源

（d）对同样交易采用不一样的交易条件，使贸易伙伴处于不利地位

（e）在合同中规定某些与合同内容无关的附加责任

2. 该条款所禁止的任何协议或决定都自动无效。

3. 内容1在如下情况下无效：

——企业间有约定

——行业协会的决定

——任意旨在提高商品的生产或分销效率、提升技术水平或促进经济进步的行为，这些行为可以让每一个消费者受益，并且不会导致以下情况：

·给企业施加了一些实现以上宗旨不必然需要的限制措施。

·给企业创造了机会，使得它们在相应产品的绝大部分环节都不必与其他企业进行竞争。

因此第81（1）条款规定了禁止性行为，并给出了一些从（a）到（e）的案例。

第82（2）条款中任何有悖第81（1）条款的协议和决策都自动无效。

但是，在第81（3）条款下，第81（1）条款在具体条件下的部分决策或协议是无效的。

因此在第81（3）条款下，对第81（1）条款提供了一系列豁免的权益。

在第81（3）条款下，欧盟委员会拥有唯一的豁免权。为了得到豁免，成员国必须将其协议或决策告知欧盟委员会。这样一来，如果该国最终被发现其协议或决策违背了第81（1）条款同时也不适用于第81（3）条款，可以免交罚款。但是，根据第81（2）条款，这样做并无法使任何协议或决策无效。这可能会招致不小的损失。协议可能只是部分成立的。

除了通知欧盟委员会外，成员国还可以从欧盟委员会去搜寻豁免证明，例如，某个有关协议或决定根本没有违背第81（1）条款。对于成员国而言，同时使用告知和搜寻豁免证明这两种途径是十分常见的做法。它们只需要填写和

递交同一份表格即可完成告知和搜寻豁免证明。

对违反第 81 (1) 条款的行为予以惩罚对欧盟委员会来说是一个巨大的工作负担，而且会给成员国造成长时间的延误。长时间的延误将阻碍一些有利于社会目标的协议的达成。欧盟委员会通过下述方式解决这个问题：对于那些不触犯第 81 (1) 条款的协议，签发公告来为它们提供无约束的指导；在第 81 (3) 条款的基础上出台"竞争免责"的管理条例；发布"慰问信"。

11.2　第 81 (1) 条款的具体应用领域

注意以下几点：

· 第 81 (1) 条款主要应用在行业协会或团体组织的协议或决策中，这些协议或决策可能是垂直安排（比如制造商与经销商之间的协议），也可能是水平安排（比如制造商与制造商之间的协议）。但是，相关企业必须是相互独立的。母公子与子公司之间的协议并不违背第 81 (1) 条款，除非子公司具有完全的独立性；此外，母公司与子公司之间不能是竞争关系。

· 前述规则应用在委托人和代理人之间，代理人不能被看成独立于委托人的。欧盟委员会将对这一关系进行监督，从而弄清这种关系的本质。当成员国使用"代理"一词时，其含义应是具体的。

· 如果协议在欧盟内实施或部分实施，那么在欧盟外的企业或行业协会也应按照第 81 (1) 条款的规定来行事。

11.3　哪些行为违背第 81 (1) 条款

违反该条款的行为应具备如下要素：

· 企业间的协议、行业协会或集体协商做出的决策；

· 会影响成员间的贸易；

· 以阻碍、限制或扭曲共同市场上的竞争行为为目标，或实际上产生了这样的效果。

□ 11.3.1　企业间协议

企业并没有确切的定义，但欧洲法院将企业解释为从事经济或商业行为的任何法人或自然人，无论他们是否追寻商业利润。按照商业方式做事的地方机构也应看作企业，但是当这些机构履行政府职能时则不能把它们看作企业。

这里的协议包括非约束性的"君子协议"。

□ 11.3.2 行业协会的决策

这指的是贸易协会的决策，这些决策用来协调企业间那些不需要任何实际协议就可达成一致的问题。这类"协议"不会成为行业协会的约束性决策。协会对其成员的指导意见将被视为企业组织的决策。如果协会中有成员违背了决策，它们将被处以罚款，无论它们是不是有意的。当然，它们所属的协会也要为此负责。

□ 11.3.3 集体协商做出的决策

帝国化学工业有限公司委员会（1969）将集体协商做出的决策定义为企业间在协议正式达成之前的一种合作形式，是为了防范竞争风险的一种企业间替代性合作措施。集体协商做出的决策不要求制定具体计划。各方只要通知对方自己的合作意图，以便各方在得知其竞争对手将采用相同做法的情况下约束自己的行为即可。相比协议或行业协会的决策，这种方式更难去证明。

■ 11.4 豁免条款

1969 年，欧洲法院认为为了符合第 81（1）条款规定，竞争必须维持在相当激烈的范围内，这将给成员国带来一定的危害。具体说来则取决于相应产品的市场状况和相关协议的当事国在市场上的地位。因此，即便协议中有防范措施，但贸易扭曲行为或贸易限制行为使得必须对协议的潜在或实际效果进行调查。

如果协议中有豁免条款，则将不受第 81（1）条款的监督，无论它的反竞争度有多强烈。欧盟委员会在 1982 出台了《关于协议的几点说明》，该说明强调作为一般性规则，产品或服务的生产与分销企业之间签署的不超过欧盟地区受协议影响产品或服务总量的 5%、总成交额不超过 2 亿欧元的协定不在第 81（1）条款的管理范围之内。但是，与上述规定相反，如果有协议符合《关于协议的几点说明》给出的条件但却没有享受"豁免"且违背了第 81（1）条款，那么当事方可以免于被处罚。但是从初衷来说，该协议应该是有效的。

11.5 第81（1）（a）条款到第81（1）（e）条款

该些条款针对的是可能会限制和扭曲竞争的协定。

（a）到（e）条款对那些可能违反第81（1）条款的协议给出了一系列案例。如果协议违背了第81（1）条款中的其他内容，且协议不能被豁免，同时如果符合条款（a）到条款（e），则协议将被视为无效。

从上述情况来看，我们发现：欧盟和欧洲法院的原则是限制性行为可能是可谅解的，也可能是不可谅解的。不可谅解的限制性行为总是违反第81（1）条款且无法根据第81（3）条款豁免。可谅解的行为要么虽然违反第81（1）条款，但根据第81（3）可以豁免，要么根本不违背第81（1）条款。

11.5.1 直接或间接确定采购或销售价格或其他贸易条件的协议

1. 价格限制
任何条件下都是不可谅解的。
2. 最低价格协议
和价格限制相同。
3. 最高价格协议
建议最高价格的做法并不违反第81（1）条款，因为这种做法不会影响竞争。
4. 其他贸易条件
这些条件可划归以下两个大类：国家层面的市场划分协议，这类协议总是违反第81（1）条款的；特许经营协议（分销和服务的特许经营是第81（3）条款的豁免对象，主要是针对制造业的特许经营协议）。在上述背景下，选择性分销系统并不违反第81（1）条款，如果特许经营是在对特许经营员工和场地可持续性量化评估基础上选择的，该条件设定应该是统一的，不能有偏倚。上述量化标准必须能保护特许经营者的知识产权、名字或标签。

11.5.2 第81（1）（b）条款——与生产、市场、技术发展或投资有关的协议

这些协议都是平行协议，且通常违反第81（1）条款，但是当这些协议是对专业化或研发协议进行补充性说明时，可集体豁免。

□ 11.5.3　第81（1）（c）条款——分享市场或供给资源的协议

这些协议均为平行协议，且违反第81（1）条款的规定。

□ 11.5.4　第81（1）（d）条款——一些涉及在与其他贸易伙伴的交易中采用不同条件，从而使得对方处于不利竞争地位的协议

该协议仅仅违反了第81（1）条款，如果问题交易是等价的。因此，如果一个协议对不同客户收取不同价格，但该价格真实反映了不同的成本（比如交通成本），那么该协议将不违反第81（1）条款；但是如果收取不同的价格是因为不同市场上消费者愿意接受的价格不同，则违反第81（1）条款。

□ 11.5.5　第81（1）（e）包含其他各方接受一些补充性义务的条件的协议，这些义务从本质上或者说从商业用途角度看，与合同的主要事项没有关联

通常这些行为都违反了第81（1）条款，但根据第81（3）条款可以被豁免。如果某项条款与该合同的主要事项有足够的关联，那么该条款将不受第81（1）（e）条款约束，尽管它可能仍然违背了第81（1）条款。是否有足够的关联需要判定。可以考虑下述例子：

- 受从（a）到（e）条款约束但不违背第81（1）条款的协议都将适用于"原因准则"，该准则是由欧盟和欧洲法院在最初阶段考虑到一个协议是否违反第81（1）条款时提出的。只要该协议不会对市场竞争产生威胁或对共同市场运行产生负作用，那么该准则将允许那些可以对协议中关键因素产生替代作用的限制性行为。协议必须对共同市场具有正面促进作用，以便让其中反竞争的方面合理化。

- 当然，在豁免条款制定方面，第81（3）条款对"原因准则"进行了完善。但是，第81（3）条款仍意味着在第81（1）条款下该准则的适用范围将受到限制并且具有政策依赖性。

11.6　第81（3）条款：豁免

只有欧盟委员会才可以行使豁免权。"或此类"（or category）一词允许委

《欧盟竞争法》

员会行使集体豁免权。一经豁免，必须通知该项协议各方。因此，那些没有收到通知的协议将面临着没有被豁免的风险。当欧盟委员会决定某项协议将被豁免，这一决定将产生影响。相关当事方必须给予机会进行听证，同时，委员会也必须听取利益相关者的意见。此外，该决定必须在《官方杂志》（*Official Journal*）公布。

为了根据第 81（3）条款获得被豁免权，协议必须符合以下四个准则。

• 该协议必须可以促进产品的生产或分销，或推动技术/经济进步。该协议作为一个整体必须使下述一项或多项活动受益：

——生产

生产商的受益有可能来自专业化分工协议。这些协议均为水平协议。专业化分工将使得每一个群体集中一切力量高效率地生产并取得规模化经济的利益。这是集体豁免的主要对象。

——分销

分销环节的受益主要来自垂直化协议，表现为独家供给、独家经销或独家分销的形式。上述受益来源于分销过程的流水化形式和分销商的专业化活动，无论这种活动是以公开形式、技术形式或售后服务形式提供，还是仅仅是维持一定库存。独家分销协议也在集体豁免范畴内。

——技术进步

这一收益来自专业化协议，特别是那些与研发有关的协议。研发协议将成为豁免的主要对象。

——经济进步

除了上述各方面收益外的收益都属于这个范畴。此外，它还包括（a）到（c）条款不涉及的一切可带来收益的协议。

• "允许消费者享有一部分收益权"。如果品牌间竞争足够激烈，例如来自相关市场上其他生产者的竞争，那么因此带来的进步必然会以更好的服务/产品或更多的产品供给或更低价格的形式传递给消费者。若收益没有传递给消费者，则相关当事方将面临着失去市场份额的风险。因此，欧盟将对各方的市场份额加以关注。

• 该协议不能强加在那些对于实现目标不具有必须性的有关限制性行为的承诺上。

这是第 81（3）条款内含的恰当性准则。欧盟委员会将逐条检查所有违法条款，来看该条款是否为实现协议目标所必需的同时又没有超出必需的范围。对那些可带来较大经济利益的协议，甚至可以包含禁止平行进口的内容。设定价格的行为很少是必不可少的。如果没有了限制性措施，该协议包含的收益目标将无法实现或只能部分实现，那么与限制性措施相关的内容就是适当的，可根据第 81（3）条款予以豁免。

·协议不能"做出以下承诺：可能会消除相关产品相当大一部分竞争"。

在以上所有豁免情况下，相关当事方均是品牌间竞争的主角，无论它们是欧盟内部企业还是来自欧盟以外地区。

11.7　集体豁免

豁免准则是由欧盟制定的规定，用来解决不确定性（对商务人士而言）和过多工作量（对欧盟而言）这两个问题。如果当事方修改协议内容来适应豁免条款，无须予以说明。因为豁免条款是欧盟的规定，故可以应用在国内法庭中。有异议者可以进行上诉，法官将决定上诉是否符合豁免条款规定。这将减少国内法庭向欧盟法院的上诉数量。但是，各方应该确保申诉是在豁免条款下。如有异议，他们应该进行告知与证实。如果他们无法做到上述要求，上诉将无效，上诉方将受到处罚。

那些可以集体豁免的协议都属于尽管根据第 81（1）条款限制了竞争，但整体来看能带来经济收益，而且不会对竞争构成威胁。管制是技术性的，并应用于整体层面。对那些不适用于集体豁免的协议，单独豁免或许也是可能的。该管制将规定"白名单"，这些条款均是该协议所允许的。同时，该管制也规定了那些不被允许的"黑名单"。在如下（a）、（b）和（f）的规定下，该管制将规定"灰名单"，这些条款将进入"并议程序"。"灰名单"必须进行通报，但是，如果在六个月内没有人表示反对，与之相关的协议也将被豁免。

下面是几个重要的集体豁免协议：

（a）独家经销协议

（b）独家采购协议

（c）专业化协议

（d）研发协议

（e）专利许可协议

（f）车辆分销协议

（g）特许化经营协议

（h）技术许可协议

11.8　安慰信

欧盟委员会还通过发布安慰信来减少工作中的延误和它们自己的工作量。

这些安慰信是为了表达下面的意思：在欧盟委员会看来，这些协议要么不完全违反第81（1）条款，要么虽然违反第81（1）条款但符合豁免条件。虽然安慰信不是正式决定的，但相关案例却正式封档了。权威法律观点认为，只要各方行为是善意的，就不会被处罚，也不需要赔偿那些有悖欧盟委员会的决定所带来的损失。

11.9 《罗马条约》第82条款

该条款规定："任何与共同市场的规定不符，影响成员国间贸易竞争的行为都将予以禁止。"具体行为包括：

- 直接或间接性地不公平采购或制定不公平价格或其他不公平贸易条件。
- 限制生产、市场或技术发展，损害消费者利益。
- 相同的交易采用不同的条件，从而使对方处于竞争劣势。
- 因为要求另一方接受一些本质上或者是根据商业用途与合同标的没有任何关系的附加条件而导致合同终止。

第82条款未规定豁免权，为此，相关当事方不能公开通报并得到豁免。第82条款和第81条款之间的区别主要表现在程度而非类别。居于主导位置使得交易者的行为可能造成更严重的危害，这也是为什么在第82条款下不存在豁免可能的原因。但是，交易双方为了获得它们的行为并不违反第82条款的裁定，可以申请负向清除（negative clearance）。

第82条款禁止的行为包含以下三个主要构件：

- 有一家或多家企业滥用这一行为；
- 在共同市场或者是共同市场的一个重要子市场上占有主导性地位；
- 滥用承诺的行为影响到了不同成员国之间的贸易行为。

该条款后面还给出了一个滥用禁止性行为的案例清单，当然这只是一部分例子。

第82条款主要针对那些由于个体行为所引起的威胁共同市场竞争以及因为市场影响力而引发的特殊问题。这里的"企业"和第81条款中的含义相同。

第82条款的适用对象并不局限于那些拥有巨大市场势力的垄断者，同样包括许多公司组织和那些与子公司相关的母公司。第82条款同样适用于那些即便存在很高的合作程度但依然相互独立的企业行为。这一点和第81条款的规定相互重合。

在联合商标公司案中（1976年），欧盟委员会将主导势力定义为"一定程度上独立于消费者、竞争者的阻碍市场有效竞争的行为所享有的市场力量"。在后来的案例中，欧盟委员会还进一步补充说明：那些妨碍市场有效竞争的力量并不总是源于竞争因素的缺失，也包括消除或削弱现有的竞争对手或阻碍潜在竞争对手进入市场的做法。判断企业是否处于主导地位可从以下几个方面着手：

- 识别相关产品市场，包括对临时性因素的识别；
- 判断该市场是否在地理上属于共同市场或是共同市场的重要部分；
- 判断企业是否在该市场中处于主导地位。

□ 11.9.1 相关产品市场

在任何情况下，相关产品市场都可根据经济学术语"产品替代"来判定。此外，影响产品替代机会的季节性因素可能也是决定相关产品市场的因素。

□ 11.9.2 相关地理市场

根据第82条款的规定，企业必须在共同市场或共同市场的大部分地区中处于主导地位。为此，相关地理市场必须进行明确定义，从而确定相关地理市场是否构成共同市场的大部分地区。

□ 11.9.3 在相关产品市场占据主导的证据

有关主导市场地位的问题需要对相关行为进行广义的经济学分析并对其所在市场进行分析。在联合商标公司一案中，欧盟委员会认为，一家企业的市场份额，无论是份额本身还是与某种知识技能、原材料与资本的可得性，抑或其他重要优势如商标权等相结合，都将成为主要考虑因素。因此，市场份额并不是唯一考虑要素。从欧盟的判决和判例法角度，我们给出下述指导：

1. 市场份额

这是首先需要考虑的，但是市场份额高并不是决定性的。当市场份额少于50%时，市场结构将成为重要考虑因素，特别是相对于接下来最大的竞争对手的市场份额来说。当市场被高度分割后，即便是20%～40%的市场份额也足以被认为占据市场主导地位。

2. 市场力量持续时间

公司不是市场主导者，除非它在一段时间内一直处于主导地位。

3. 金融和技术资源

这两个因素将让公司改变自身的市场策略，以求在竞争中获胜。例如，为了击败对手，采用低价销售形式。技术资源将使得一家公司在潜在竞争者中拔取头筹。

4. 能获得原材料

垂直一体化程度越大，企业独立于市场运作的能力越强。

5. 行为

如果企业在采取行动时不考虑市场反应，那么它一定处于主导地位。歧视性的返利行为将被欧盟委员会视为市场主导地位的象征。

如果第82条款成立，那么企业一定存在某些滥用主导地位的行为。第82（a）到（d）条款给出了一系列滥用市场主导地位的行为的例子。

在第82条款下的滥用行为被分为剥夺性滥用和反竞争性滥用。

6. 剥夺性滥用

当企业采用压制性或不公平条件与贸易伙伴进行交易来获取主导地位时，该行为就属于剥夺性滥用。

（1）不公平价格。

欧盟将超额价格（即过高价格）定义为：与产品经济价值没有太大关系的价格。这里主要涉及如何定义经济价值的问题。虽然很多经济学家和会计并不赞同这种做法，但欧盟法庭采用这一定义来考虑上述问题。

（2）歧视性对待。

不是根据客观准则，而是根据市场承受程度。在共同市场的不同子市场制定不同价格，这种行为构成了对贸易伙伴的歧视性对待。

（3）拒绝供货。

拒绝供货往往被归类到反竞争性滥用行为。

7. 反竞争性滥用

它本身是公平或无压制性的，但会具有破坏性。因为这种做法会限制或降低市场竞争。

11.10 滥用行为将影响成员间贸易

和第81条款相似，在应用第82条款的过程中，也将会对成员国之间的贸易产生影响；而且事实表明这种影响很容易就产生了。在英国，如果决定根据《公平贸易法案（1973）》对垄断行为、根据《竞争法案（1980）》对反竞争行为展开调查，那么法庭有自由决定权，不会侵犯相关企业的权利，也无须对后者做出补偿。但是第82条款则是直接生效的，需要对企业做出补偿。

11.11　欧盟法律有关并购问题的规定_____

1990 年 10 月 30 日《并购条例》开始执行。该《并购条例》主要适用于共同体维度的企业集中，具有以下特征：

- 并购
- 兼并
- 合资企业，可以产生自主经济权益的公司
- 发生在企业间
- 全球利润总额在 50 亿欧元以上
- 在欧洲市场上至少有两个企业可以产生 2.5 亿欧元的利润
- 但在单独哪一个市场上获得的利润不能超过总利润的 2/3

符合上述最后三点所界定的门槛范围的企业集中具有共同体维度的特征。符合《并购条例》的企业集中行为必须告知欧盟委员会，欧盟委员会具有独一无二的司法权。那就是说，本国法庭没有任何司法权，也不能根据欧盟或本国法律做出判决。欧盟委员会将具有独一无二的司法权，从而产生一站式服务来提升商务往来中的确定性。

如果并购案涉及的企业在共同市场或共同市场的大部分地区占有的市场份额不超过 25%，它们会认为自己没有违背《并购条例》。《并购条例》是一个非限制性的并购指南，但是要求必须做说明。

在《并购条例》适用范围外的企业集中行为主要受以下法令约束：

- 本国在相关领域的法律
- 第 82 条款，该条款是由成员国国内法院实行的。该条款规定企业集中程度会影响成员国间的贸易。国内法院将把欧盟法律中较难的部分委托给欧盟委员会。国内法院依欧盟法所做的任何决定都会上报给欧盟法院。

第 11 章

《欧盟竞争法》

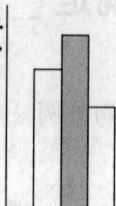

第 12 章

代理法

12.1 定义

代理人是指被委托人雇佣，并以委托人的名义与第三方签订合同的人。

代理是一种契约关系，故可以和其他契约（口头合同、书面合同等）采用类似的处理方式。

在代理的情况下，有两个合同必须执行：一个是委托人和第三方间的合同，该合同是由代理人作为委托人的代表进行商谈；另一个是委托人和代理人间的合同，又叫做代理人合同。

构成代理行为的特定方式包括：

（1）通过执行。

X 方常规地以 Y 方的名义做事，根据法律，X 方将被视为 Y 方的代理，虽然它们并未被告知是 Y 方的代理方。

（2）通过必需性行为。

这是指非代理人采取紧急的步骤来保护他人财产的行为。例如，当你邻居外出度假时，他的房子被抢劫，后门被损坏。为了对后门进行修复或更换，你就是必需的代理人，并承担保证安全的成本。

12.2 《商业代理管理条例（1993）》

1994 年 1 月 1 日，《商业代理管理条例（1993）》出台，对《欧盟商业代理指南》（EV Divective on Commercial Agents）做了补充。为了实现该管理条例的目的，商业代理人被定义为参与货物交易而非服务交易的代理人。商业代理人可以是个人，也可以是公司。

□ 12.2.1 重要的管理细则

该《商业代理管理条例（1993）》给出了如下管理细则：

·代理人的职责是服从委托人的合理性指示。对委托人来说，他需要提供必需的文件和信息来保证代理人可以正常展开工作，并在交易无法被执行时及时通知代理人。这些职责是在一般性法律职责以外的职责。在《商业代理管理条例（1993）》下，任何合同都不能排除这些职责。

·代理人对欧盟委员会的职责，其中交易是代理人行为的结果或是与之前的消费者完成的。即便代理人没有付出任何努力去争取后续订单，也需为后续订单支付相关费用。如果委托人和潜在消费者之间的合同不能继续且合同终止并非委托人的错误，则代理人对欧盟委员会的义务也就终止了。

·代理合同的完成与终止。代理合同的完成与终止较为复杂，但仍可以进行下述总结：

——无论是委托人还是代理人都要求签署一份合同，包括了代理人的条件和期限。

——如果固定期限的代理合同在到期后继续生效，将被转化成为无特定期限的合同。

——代理合同终止的最短通知时间是一年期合同提前一个月，两年期合同提前两个月和三年期合同提前三个月，依此类推。

——如果代理协议终止，代理人有权利对合同产生的任何问题要求赔偿。如果由于年龄、疾病或残疾使得代理人无法继续从事代理工作，就会出现这类问题。一个严谨的委托人有可能要求代理人必须为其疾病和委托人的利益等购买保险。但关于终止代理协议究竟需要赔偿多少并未做具体说明。

——如果由于代理人违规，委托人停止了代理协议，委托人将不进行赔偿。

12.3 代理人的权利

代理人签订合同的权力取决于代理人的类型。代理人有以下几个类型。

（1）特殊代理人。

特殊代理人只有一种行为的代理权。他们可以操作许多次，但这种操作必须在其权利范围内。如果他们超出自己的权利范围，委托人将不对代理人的行为负责。例如，如果一个职员每周去银行支取 500 欧元的工资，他就是一个特殊代理人。如果某一周该职员提取 10 000 欧元然后消失了，银行将不能从公司账户中扣除这笔费用。

（2）一般性代理人。

一般性代理人又称为商务经理，他有权利去从事一系列行为。委托人将对代理人表面上的权利范围内的一切行为负责，表面上的权利是指代理人对一个合理第三方看上去享有的权利。必须强调的是，具体情况需要具体分析，取决于关于代理人权利的证据。

（3）全权代理人。

全权代理人是指那些有权利做任何委托人可以做的事情的人。这类代理人通常是伴随着行为的产生而形成，应注意他与一般性代理人的区别。

（4）担保代理人。

担保代理人可以为外国买方找到供货商，并作为买方的代理人签订合同。但是，它们需要保证相关产品确实给了卖方，从而如果买方无法付钱，英国的担保代理人有义务对该笔交易进行负责。

（5）保付（Del Credere）代理人。

该代理人将保证：在考虑了其他职责的情况下，他们将在信用期限内向委托人支付买方没能支付的任何费用。他们有别于担保代理人，因为他们不保证交易本身。如果买方拒绝发货，他们也没有任何责任。只有当买方发货但卖方不付款时，他们才有责任。

（6）货运代理和多式联运经营人。

可以是委托人，也可以是代理人，具体取决于他们和卖方或买方签订的合同。当他们作为买方或卖方的合法承运人，他们就是委托人，并在和买方或卖方签订合同的条件下承担法律责任，即便他们通常也会和实际承运人签订协议。

当他们作为货运代理时，他们将作为买方或卖方的代表签订承运合同以及其他相关合同，担负起买方或卖方代理人的职责。当作为委托人和代理人时，他们有不同的职责与义务。

12.4　超出权限范围

在明知自己没有权利这样做，但依然自称可以代理委托人行事，即使是认为委托人最终会授权给自己，这样的代理人依然对第三方构成了欺骗。第三方可根据以下原则监督代理人：

- 如果第三方知道或有理由怀疑代理人越权，那么他们无须为违背自己的承诺负责。
- 如果代理人错误地解读了一些含糊的指令，他们无须对任何违背规定的行为负责。
- 即便代理人拿到了两个委托人中的一个的授权，也不够。
- 代理人必须为其行为所造成的损失负责。

12.5　代理人合同的效应

一般而言，合同是委托人与第三方签订的，代理人没有任何权利和义务。但是，以下情况除外：

- 如果他们为委托人的行为签订了协议，同时他们自己并未签订委托协议。
- 如果在签发汇票时，没有"由代理"或"代表……"字样。
- 代理人作为委托人签订合同。
- 海关使得代理人承担相关责任（例如，如果客户没有交付海上运输险，保险公司必须缴纳）。

□ 12.5.1　若代理人和一个匿名、信息不透明的委托人签订合同

在这种情况下，如果他们事先声明自己是代理人，代理人将不负有任何责任。

□ 12.5.2　如果代理人没有表示自己已经和委托人签订了合同

在这种情况下，委托人将可以随时表明身份。第三方也有如下选择：如果合同被违反，他们可以起诉和找到委托人。他们可以选择起诉委托人或代理人，或均不起诉。一旦第三方做出选择，将不能改变。

12.6　委托人和代理人的权利与责任

代理人主要的责任如下：

· 不透露任何私人信息或供委托人使用的信息。私人信息主要指别人不曾拥有的信息，如作为商业机密的加工过程等。

· 任何代理人所拥有的供委托人使用的信息不得外传。

· 不要让他们的利益与责任相互冲突。

· 不能服务于其他委托人。这并不意味着代理人不能拥有很多客户，而仅仅意味着在同一件事上，他仅代表一方的利益。

· 不能将自己的责任委托给其他人，以下情况除外：

——委托人允许委托；

——委托是非常关键的一环。例如，律师不能亲自完成所有工作，所以应该允许他们将部分工作委托给他人。

有时候，代理人可能会被赋予在某个海外市场上销售产品的独一无二的权利，而且是通过口头协议来传达。但是，大部分时候，这都需要签订书面代理协议。

□ 12.6.1　代理协议方面的关键规定

典型的协议必须包含如下内容：

· 相关方对协议的声明。

· 协议的目的。

· 对产品的描述。

· 对目标市场的描述（并不一定总是面对整个国家）。

· 委托人的责任，例如宣传推广、样品、培训、售前或售后服务、佣金及其支付办法等。

· 代理人的责任：

——不能处理、销售竞争性产品或在竞争性产品中存在利益关系

——不能在本国领土外销售产品

——只能按照委托人的描述销售产品

——允许委托人利用代理人的书籍、办公室、厂房等

——做好书面记录

——定期提供报告等

·佣金：计算方式与支付办法。

·例外、保留条款或限制条款。

·委托人的报价方法，代理人的采购方式，货物寄售情况，比如存货水平、存货记录、仓储成本、零售价格以及折扣等。

·成本的分摊，包括电话费、传真费、管理费和推广费等。

·权利的限制：未经允许，代理人不得进行下述行为：

——根据保证销售货物

——要求委托人给予授信

——启动法律程序

——泄露私密消息

·不可抗力。

·协议的签订、终止及持续时间。

·违反协议的情况。

·协议适用的法规和仲裁方法。

·分包：利益和责任不能擅自转给他人。

·保付条款。

第 12 章

代
理
法

第4篇

出口订单的处理

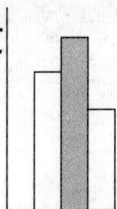

第13章

出口企业

出口企业的基本业务可以划分为以下两大类：

·销售，也就是拿订单；

·发运货物，也就是履行订单。

在这两大类基本业务的基础上，衍生出了对整个出口过程进行管理和控制的需求。整个出口部门就是在解决和完成这三大类活动。

如果我们列出不同岗位的人所承担的不同职责，或许可以更加清楚地看出出口企业内部是如何分工以便更好地完成与出口相关的活动的。具体如表13—1所示。

表13—1   出口业务部、销售部以及运输部经理各自的职责

出口业务部经理的职责

商谈预算与任务

市场选择

产品研发

定价策略

促销策略

渠道管理

成本与信贷控制

员工的招聘与培训

主要账户的控制

销售部经理的职责

　　谈订单

　　计算价格

　　报价

　　一般性的业务联系

　　处理订单

　　保存各种凭证

运输部经理的职责

　　帮助计算价格

　　检查信用证

　　商定运输事宜

　　单证的制作

　　收款

　　保存各种凭证

　　表13—1给出了销售部经理和运输部经理直接对出口部经理负责的情况下，一个简单的职责分工。当然，在公司内部有一个专门的人来担任出口总监或者是出口部经理向营销总监汇报也是很常见的职责分工形式。

　　另外，出口营销经理负责整个公司的运营，同时出口销售经理处理具体的销售事宜的分工形式也并不少见。在这方面，各个公司并没有统一的规则，因为各个公司在规模、产品线、面对的市场类型以及市场数量、分销渠道甚至是所处的发展阶段方面都是不同的。

　　特别的，一家出口企业的规模也会对其组织结构产生很大的影响。有些公司的出口业务部只有一名员工——当然，他可能会有秘书的配合，在这种情况下根本不存在职责分工。另一种极端情况是以出口为主营业务的企业，可能会有数百名员工受雇于它。此时，将职责细分到非常具体的程度就显得至关重要。

　　不管出口企业的规模大小如何，从最初的客户询盘到最后客户付款从而实现利润，背后都有一个固定顺序的任务流程，对这个流程中的几乎每一个环节，本书后面的章节都有介绍。

13.1　出口流程

整个出口流程包括以下主要环节：

　·询盘；

- 报价；
- 下订单；
- 确认订单；
- 处理订单；
- 包装与唛头；
- 订舱；
- 准备单证；
- 交通运输；
- 通关；
- 投保；
- 支付货款；
- 发货；
- 收到货款。

出口企业会制定一整套内部流程来完成上述各个环节的工作，并且根据企业业务性质以及规模的不同、发货次数的不同以及员工人数和业务人员数量的不同，各个企业的流程也会存在很大的区别。

可用来管理出口流程以及各个环节的方法非常多，其中最简单的一种做法是利用手工填制的流程追踪记录文件完成这项工作，或者稍微复杂一点的做法是，借助于可以缮制各种出口单证并且与出口企业内部的生产和库存系统挂钩的电脑软件包。

基于电脑的软件包在本书的第 9 篇介绍。本章最后的图 13—1 和图 13—2 给出了常见的两个手工填制的流程追踪记录单。

13.2　询盘

显然，所有的出口流程都是从潜在的海外客户向出口企业询盘开始的。潜在客户的来源则多种多样，有可能是私人关系、看到了出口企业的广告或者是他人推荐，也有可能是有多次业务往来的回头客。询盘的方式则跟海外客户的数量一样，数不胜数；客户可以是口头询盘，但是通常都会有一定的信件往来——可能是纸质信件，也可能是电子邮件，里面详细列出了客户的要求。当然，询盘也可以采用正式的书面文件的方式。

借助下面给出的检查事项清单，可以为企业处理客户最初的询盘提供很大便利：

- 询盘是否需要翻译成本国语言；
- 对方是新客户还是老客户；
- 政府对针对该客户的出口是否存在管制措施，比如是否需要获得出口许可证；
- 买方国家是否存在相关管制措施，比如对方是否需要获得进口许可证；

- 对方的询盘与本企业的产品或服务是否吻合；如果不吻合的话，需要做出哪些修改；

- 本企业能否在对方要求的时间内提供所需数量的产品；

- 对方提出了怎样的交货条件；

- 结算方式和条件是什么；

- 能否满足对方对交货时间的要求；

- 最适合的运输方式是什么；

- 对方市场对包装以及唛头方面有没有特殊的要求；

- 有没有特殊的单证要求；

- 对投保有怎样的要求；

- 报价中是否需要考虑附加成本（支付给第三方的成本），比如运费、保费、包装费以及与单证相关的费用等。

Export order no...... Customer's order no...... Date...............	Order approved Date............. Signature..........	Customer XYZ Imports New York, USA	Delivery date...... Confirmed..........
Product		A/C approved	
Price currency		Value	
Quantity		Credit insurance cover	
Incoterm		Agent.................. Commission...............	
Terms of payment		Bank..................	
Sub: file to works/production/stores			
Works delivery date			
Assembly and packing Completion date		Documents to bank.................. Advice to customer.................. Payment received..................	
Transportation method		Invoices: Documentation requirements	
Dispatch to port/ICD, etc		Bill of lading/waybill	
Vessel closing date		Insurance documents	
Documentation closing date		Consular invoice	
L/C expiry date		Contents note Weight lists, etc	

图 13—1　流程追踪记录单示例 A

Customer								
	Destination			Order number	Contract delivery date		L/C received...... Checked......	
Packing type					Mark-----------		Goods description	
Stores promise	Packing date	Closing date	Insurance date	Dispatch date	L/C shipping date	B/L/waybill required by		

图 13—2 流程追踪记录单示例 B

第14章

出口报价

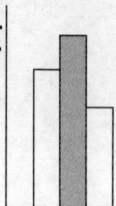

针对潜在客户的询价，出口企业可能是通过简单的口头方式进行报价，也可能非常正式，通过填制书面询价单进行报价。当然，我们更推荐企业与客户之间所有的沟通事宜都以书面形式完成并且保存相关材料这种做法。

通过加强对出口报价这件事情的本质、正确的报价过程以及报价中包含的信息可能对销售合同造成的影响等问题的认识，出口商面临的很多问题都可以回避。

在实际操作中，出口报价的格式多种多样，对此我们在本章会逐一加以介绍，但是首先，我们有必要先来看一下在一个简单的出口报价中，应该包含哪些方面的信息。表14—1列出了出口报价应该包括的主要事项。

表 14—1 　　　　　　　　　　一个典型的出口报价包含的信息

商品	带具体参数的橡胶鼓
数量	2 000 个
价格	每个 26 欧元，FCA
销售条款	如无特殊说明，本报价适用于最新版的 Incoterms
包装	每个产品都独立包装（装到强化木板制成的箱子里，每个箱子装 20 个）
发货时间	每次确认接受订单之后 12 周
付款条件	凭单证进行现金结算，具体通过纽约曼哈顿银行提示的即期汇票付款

14.1 产品

因为对产品的描述直接关系到将来它们运达目的地之后所适用的关税和非关税壁垒，所以即便是在这个阶段，出口商在报价时也必须小心自己的措辞。如果可以的话，使用一些模棱两可的词语要比对产品进行描述对出口商更有利。（关于这一点的详细介绍，可以参见本章后面的内容。）

14.2 价格

价格可能是整个报价中最重要的一个组成部分了，同时也是很多出口商经常会犯错误的地方。

首先，如果没有特定的贸易术语，比如 FCA、FOB、CIP、CIF 等做限制，单是一个表示价格的数字是没有任何意义的。另外，人们对这些术语的重要性以及含义也经常存在误解。

其次，很多出口商在实际计算准确的出口价格的过程中经常会犯很多错误，其中最严重的一个错误就是低估相关成本。大多数出口商都可以很准确地计算出工厂交货价格（EXW），但是其他的成本几乎就是靠猜测了。

14.3 交货时间

报价阶段出口商最常犯的一个错误便是它们往往对交货时间过于乐观。尽管出口商总是希望给出一个较短的生产加工期以便增强自己的报价对买方的吸引力，但是因为延期交货而导致的一系列后续问题会使得一切都没有任何意义。承诺在 12 周之内交货并且在第 10 周时发货给对方远远好于承诺 10 周交货但是一直拖延到第 12 周才交货。从纯粹的实际操作的角度来看，承运人以及信用证中给出的最后交货时间意味着，如果延期交货，那么后果可能要严重得多，而不仅仅是客户不满意。

14.4　付款条件和方式

　　出口商对与某个客户、某个市场相关的风险的估计应该体现在付款方式的选择、具体的授信条件等方面。简单说来，现在国际贸易中的信用风险要比以往任何时候都高，这一点不仅仅是针对发展中国家来说的。很多国家从严格的角度来说已经破产了，也有很多企业很早以前就应该清算了。

　　2009 年以来的银行危机使得这一局面进一步恶化，随之而来的经济衰退压力对国际贸易产生了直接的负面影响。

　　信用风险管理对于所有出口商来说都是至关重要的，而且必须从出口过程开始的时刻起就对这一问题给予足够的关注，而不是等到最后要收回货款的时候才意识到风险的存在。（具体可以参见下文关于风险评估的内容以及第 7 篇风险管理的内容。）

14.5　确认订单（接受）

　　根据很多国家的法律规定，出口商的报价并不能看做是发盘，而只能看做是希望对方做出反应的一个邀请，理解这一点是非常重要的。也就是说，卖方给出的价格仅是希望买方报价来购买的邀请。因此，买方的订单构成了一个希望购买对方产品的发盘，卖方可以通过确认或者接受该订单表示接受或拒绝。这意味着合同的相关条件和条款可以通过接受订单这种方式进行确认，从而也就是卖方的条件和条款（参见第 3 篇）。

14.6　出口报价的形式

□ 14.6.1　口头报价

　　如字面意思：很多时候，关于价格和交货时间等信息是在双方会谈时或者是通过电话的方式传递的。很重要的一点是，应该尽快通过书面方式确认口头报价，以避免可能出现的误解。不要忘了，口头约定并不等同于书面合同。

□ 14.6.2 信件/电子邮件

这也是最普遍的报价方式，不需要任何具体的格式，只要包含了我们在前面介绍的信息即可。很多公司会使用事先打印好的信件或者是模板，这样的情况下，可能就只包含价格清单，而不会包含数量或者其他具体要求方面的信息。

□ 14.6.3 标书

在和其他国家或者地方的政府采购部门做生意时，使用标书进行询盘是比较常见的做法。标书通常和大项目有关，但是并不仅限于大公司，因为小型出口商可能针对某个大型项目的一部分去投标。

下面给出了与标书有关的一系列问题：

·标书没有标准的格式，但是出口商应该提交一份完整的标书。为了做到尽可能准确，保证标书中的条件能够被对方所接受，出口商往往需要花费大量时间对招标项目本身进行调研。

·需要缴纳保证金或者是提供担保。

出口商必须随标书一起提交标书保证金。标书保证金证明由银行出具，并且承诺如果投标人在到期日之前撤回标书或者是在对方下订单后拒绝予以履行，该银行愿意向潜在买方提供一定数量的资金（往往是标书金额的一定百分比）作为补偿。这笔补偿金主要是为了补偿买方在筛选投标人这一繁杂的工作中付出的努力。另外，保证金也可以看做一个信号，表明投标人是善意的。下面的示例14.1给出了一个典型的标书样本。

当买方下订单并且被卖方接受之后，卖方有必要提供一个履约保证书，承诺如果自己不能按照合同规定的条件履约的话，将向买方作出一定的经济补偿。卖方履约保证书的样本参见下面的示例14.2。

不管是标书保证金还是履约保证书，都离不开下面这个现实情况：银行每次出具保证金文件都要收取一笔费用，它们所担保的金额并不是出口商可以利用的资金。也就是说，卖方在银行的头寸减少了。如果有人认为履约保证金是合同有效的一个保证的话，实际上这种保证作用是非常有限的。

另外，大多数外国政府都要求提供无条件的，有时候甚至是"随传随到"的担保。这意味着，哪怕没有确切的证据证明卖方存在违约行为，买方也可以要求启用保证金，而银行就必须付款。在有条件担保不被对方接受的情况下，针对这一问题唯一的解决方案便是，通过信用保险公司进行不合理要求承保（unwarranted calls cover）安排。当然，另外一种解决办法是根本不理会对方的

> **Box 14.1 Example of a tender bond**
>
> Guarantee number:
>
> We understand that (*applicant's name*) ('the Applicant') (*applicant's address*) are tendering for the (*description of goods*) under your invitation to tender (*tender/contract number, etc*) and that a bank guarantee is required for ......% of the amount of their tender.
>
> We, (*name of applicant's bank*) hereby guarantee the payment to you on demand of up to (*amount in figures*), say, (*amount in words*) in the event of your awarding the relative contract to the Applicant and of its failing to sign the Contract in the terms of its tender, or in the event of the Applicant withdrawing its tender before expiry of this guarantee without your consent.
>
> This guarantee shall come into force on (*commencement date*) being the closing date for tenders, and will expire at close of banking hours at this office on (*expiry date*) ('Expiry').
>
> Our liability is limited to the sum of (*amount in figures*) and your claim hereunder must be received in writing at this office before Expiry, accompanied by your signed statement that the Applicant has been awarded the relevant contract and has failed to sign the contract awarded in the terms of its tender or has withdrawn its tender before Expiry without your consent, and such claim and statement shall be accepted as conclusive evidence that the amount claimed is due to you under this guarantee.
>
> Claims and statements as aforesaid must bear the confirmation of your bankers that the signatories thereon are authorized so to sign.
>
> Upon Expiry this guarantee shall become null and void, whether returned to us for cancellation or not and any claim or statement received after expiry shall be ineffective.
>
> This guarantee is personal to yourselves and is not transferable or assignable.

示例 14.1　标书样本

要求，但是这样一来投标方肯定不会被对方纳入考虑范围。

□ 14.6.4　形式发票

形式发票的主要作用就是用作一种报价方式，告诉对方如果真正下了订单的话，最终的发票会是什么样子。换句话说，形式发票是最终的正式发票的提前影印件。显然这样一来，标的商品的数量和参数就必须清楚地罗列出来。既然是发票的形式，所以不可避免地就要包括对附加费用比如运费、保费等的分

> **Box 14.2 Example of a performance bond**
>
> Guarantee number:
>
> We understand that you have entered into a Contract (*tender/contract number, etc*) ('the Contract') with (*applicant's name and address*) ('the Applicant') for the (*description of goods*) and that under such Contract the Applicant must provide a bank performance guarantee for an amount of (*amount in figures*) being ......% of the value of the contract.
>
> We (*name and address of applicant's bank*) hereby guarantee payment to you on demand of up to (*amount in figures*), say, (*amount in words*) in the event of the Applicant failing to fulfil the said Contract, provided that your claim hereunder is received in writing at this office accompanied by your signed statement that the Applicant has failed to fulfil the Contract. Such claim and statement shall be accepted as conclusive evidence that the amount claimed is due to you under this guarantee.
>
> Claims and statements as aforesaid must bear the confirmation of your bankers that the signatories thereon are authorized so to sign.
>
> This guarantee shall expire at close of banking hours at this office on (*expiry date*) ('Expiry') and any claim and statement hereunder must be received at this office before Expiry and after Expiry this guarantee shall become null and void whether returned to us for cancellation or not and any claim or statement received after Expiry shall be ineffective.
>
> This guarantee is personal to yourselves and is not transferable or assignable.
>
> This guarantee shall be governed by and construed in accordance with the laws of England.

示例 14. 2　履约保证书示例

解项目，因此通常用来提供 CIF 或者是 CIP 价格。

在和发展中国家的机构打交道时，常用到形式发票这种报价方式，而且往往要和这些国家的一些特殊要求——比如提供进口许可证，以及/或者遵守这些国家的外汇管理规定等——相吻合。在正式下订单之前，买方会利用形式发票来向监管部门提供相关的详细信息。但是，并不像通常所认为的那样，形式发票并不是买方申请开具信用证所必需的单证。

几乎所有的国家都会使用进口许可证来控制本国的进口，不过发达国家更倾向于发放涉及大多数商品的开放的一般性进口许可证，针对特殊产品的进口许可证使用得比较少。相反，发展中国家则把专门的进口许可证作为一种管理手段，要求进口商针对每一批货物申领进口许可证。

形式发票上包含的信息对于买方所在国的进口许可证发放机构来说是非常重要的，许可证会严格按照发票上的数量来开具。在某些情况下，进口商拿到的是适用于特定产品的年度许可证，上面规定了一年内可以进口的产品总价值，然后从允许进口的总价值中逐次扣除每批进口产品的价值。这意味着出口方在对产品报价时必须非常准确，因为一旦发货之前成本上涨，因此而造成的所有损失都将无法转嫁。

形式发票的另一个主要作用是拿到预付货款，在某些情况下是指"随订单付款"或者是形式付款。以前，预付货款的做法非常少见，只有在可供买方选择的供货商很少或者是根本没有的情况下才会这样做。比如，优尼派特（Uni-part）公司在一些风险较大的市场上就坚持买方随订单付款，万宝路公司对于西非国家的客户也是这样要求的。

虽然大多数供应商并没有处于如此强势的地位，但是预付货款的做法却越来越常见。这是因为很多出口商认为很多国家或者地区的买方不付款或者是延期付款的风险很高，因此它们愿意和这些买方做生意的前提就是后者能够预付货款。

买方没有其他选择，只能是预付货款，而且很多时候它们并不会因此而感到不高兴。在和西非、近东和远东地区以及一些拉丁美洲国家的买方做生意时，预付货款的做法非常普遍。货物最终发运之后，出口商还必须提供实际发票，作为海关估值使用，当然也作为买方需要支付的货款全额的一个证明。

14.7　风险评估

上面提到的在国际贸易中各方越来越多地使用预付货款这种方式引出了出口商在准备报价阶段需要考虑的另一个重要问题。为了决定什么样的付款方式（如何）以及付款条件（什么时候）才是最恰当的，我们必须进行风险评估。

关于付款方式，有哪些选择？从卖方承担风险的角度，我们给出了如图14—1所示的一个风险"阶梯"。

关于每一种付款方式的详细介绍，请参见第 8 篇。在这里，我们需要考虑的是可以利用哪些信息来源，对与特定市场以及特定买方相关的信用风险——也就是国家风险和买方风险——作出一个恰当的判断。

▢ 14.7.1　国家风险

在某些市场上，某些付款方式明显要比其他付款方式更加普遍；因此，对

高风险

赊销

跟单托收

跟单信用证

预付货款

低风险

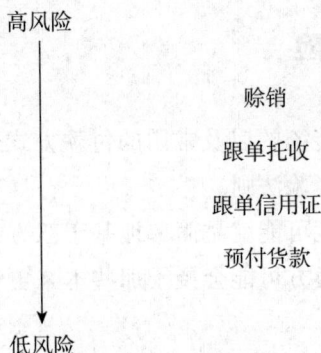

图 14—1　风险阶梯

于在某个市场上哪种支付方式最适用这个问题，出口商显然是有自己的经验法则的。根据这些法则，要求高风险的市场，比如西非国家预付货款的做法并不少见，信用证的使用也非常普遍显然就没有什么值得奇怪的了。另一方面，在一些发达国家市场上，比如德国，赊销则是最常见的做法。

有很多可以利用的信息来源，可以帮助企业对某个国家的风险以及最为适用的支付方式做出客观的判断。包括标准普尔和穆迪在内的信用评级机构会对各个国家以及一些大的企业集团，包括银行做出中长期的信用评级，从 AAA（3A）开始逐渐递减。对于那些希望在海外市场进行长期直接投资的机构来说，这些评级有着重要参考价值，不过典型的出口商往往更加关注短期风险，最长不会超过 180 天。

邓白氏是对短期国家风险进行评估的机构之一，该公司会定期发布《国际风险与支付评论》（International Risk and Payment Review）。邓白氏公司按照以下标准对不同国家进行评级：

1. DB1（a，b，c，d）：最高信用等级

2. DB2：信用良好

3. DB3：值得信任

4. DB4：信用较好

5. DB5：信用有问题

6. DB6：信用较差

7. DB7：非常值得怀疑

此外，邓白氏公司还针对不同等级的国家给出了最起码的安全支付方式。

同样，大多数出口信用机构/保险公司，比如英国的 Atradius 以及 Euler Trade Indemnity、法国的 Coface 和美国的进出口银行（Ex-Im Bank）也会提供一些国家的短期主权信用评级以及相应的建议付款方式。

□ 14.7.2　买方风险

除了针对某个国家的传统的以及常用的付款方式外，卖方对特定买方的风险的看法要优先于任何的经验法则。

卖方对买方的风险态度可能就是简单地基于双方一段时间以来打交道的经历，出于对对方的信任，卖方可能会授予那些本来更适合信用证付款的买方以赊销的权利。

但是，对于从未有过交往的买方，卖方需要借助以下信息来源：

· 他人推荐：和这些买方有过生意往来的其他企业的推荐；

· 银行报告：这些报告至少可以证明这些买方确确实实存在；

· 信用报告：由专业机构提供，需要支付比较高的使用费但是也更加详细。也可以求助于信用风险保险商，对于小出口企业来说，这些保险机构不仅能在对方无法支付货款时提供一个安全保障，而且可以为它们的新客户提供书面信用额度。

不管最终的判断是什么，一定是启用整套信用风险管理系统的结果，该系统采用一些切实有效的方法来评估各个国家以及各个买方的风险，并根据使用的付款方式推算出它们的安全信用额度。

除以上提到的之外，出口报价阶段还需要注意另外一个关键环节——它为达成各方最终认可的合同义务奠定了基础。这个关键环节就是国际货物的运输，这是我们后面要研究的主题。

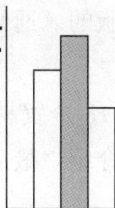

第 15 章
《国际贸易术语解释通则》

在上一章中，我们对出口报价环节的主要注意事项作了介绍，但是，显然只有给对方的报价才是这个过程中最核心的部分。

我们还会发现，如果一个出口商只是简单地告诉一个海外潜在客户，某产品的单价是 25 美元，那么我们并不清楚这个出口商的意思是说从买方仓库提取每单位产品需要支付 25 美元，还是说每单位产品送到对方仓库之后的成本是 25 美元，而且这两者之间显然是有着很大区别的。

因此，卖方的报价要想有意义，必须说明这个报价中包含哪些费用，不包含哪些费用，比如，FOB（离岸）价格是每单位 25 美元。在这里，有必要使用通常所说的交货条件或者是贸易条件，而且这种做法也是已经持续了几个世纪的惯例。事实上，随着几个世纪以来国际贸易的发展，贸易商们已经形成了足以涵盖大多数销售合同的一系列标准价格表述方式。

不过，在这方面最重要的进步可能当属 1936 年国际商会推出的第一版《国际贸易术语解释通则》（以下简称《通则》），该《通则》给出了一系列被普遍使用的术语，以及与这些术语对应的被国际社会认可的关于买卖双方权利和义务的一系列标准规定。

《通则》自推出以来几经修订、更新，截止到 2010 年中期最常用的版本是《通则（2000）》（国际商会第 560 号出版物）。读者可以登录本国当地商会网站或者是直接登录国际商会的网站（www.iccbooks.com）下载与其相关的资料。

但是，在针对《通则（2000）》及其适用性进行了两年的查验后，有人提议应该对其进行新的改进和修订。这项工作从 2010 年 9 月份开始，并且新《通则》从 2011 年开始正式实施。在写作本书的时候，最新版的《通则》正在征求各国商会的最终意见。

考虑到最新版的《通则》保留了《通则（2000）》的 13 个贸易条件中的 10 个，因此下面的内容仍然以《通则（2000）》为模板进行介绍，最后我们会对照说明《通则（2010）》与《通则（2000）》的区别。

15.1 《国际贸易术语解释通则（2000）》

《通则（2000）》对 13 个常用的贸易术语做了定义，详细地区分了在每个贸易术语下买方以及卖方各自的义务。虽然说出口商可以提出它们希望使用的任何贸易条件，但是显然使用有着标准定义的贸易条件是一个更好的选择。而且不得不承认的一点是，很难超越国际商会的工作提出更好的贸易术语，或者是出现《通则（2000）》中的贸易术语不适用的情况。

还需要强调指出的一点是，《通则（2000）》已经成为国际贸易中的全球性准则，使用这些术语足以保证贸易双方对自己以及对方的责任和义务有着清晰、准确的了解。为了强化这一点，我们建议买方在拟定合同时把《通则（2000）》作为一个主要的参考准则，比如加入下面的字句："所有的贸易和交货条件都参考国际商会出版的最新的《国际贸易术语解释通则》。"

考虑到报价阶段给出的贸易条件对于买卖双方签订的销售合同是如此重要，而且贸易条件直接关系到价格的计算，所有出口商都应该牢牢掌握每一个贸易条件的含义就显得至关重要了。《通则（2000）》中的 13 个贸易术语可以划分成如表 15—1 所示的四组。

表 15—1　　　　　　　　　　　　　《通则（2000）》分类

E 组（工厂交货）

    EXW 工厂交货（指定地点）

F 组（主要运费未付）

    FCA 货交承运人（指定地点）

    FAS 船边交货（指定港口）

    FOB 船上交货（指定港口）

C 组（主要运费已付）

    CFR（C&F）成本加运费（目的地的指定港口）

CIF 成本加保险费、运费（目的地的指定港口）

CPT 运费付至（目的地的指定地点）

CIP 运费、保费付至（目的地的指定地点）

D 组（目的地）

DAF 边境交货（目的地的指定地点）

DES 目的港船上交货（目的地的指定港口）

DEQ 目的港码头交货（目的地的指定港口）

DDU 未完税交货（目的地的指定地点）

DDP 完税后交货（目的地的指定地点）

以上所有贸易术语都给出了一个成本、货物、风险从买方转移给卖方的明确的分割点。

□ 15.1.1　成本

正如我们已经看到的，如果没有明确说明哪些费用包含在价格中、哪些没有包含在价格中，那么出口商的报价就几乎没有任何意义。在不同的贸易术语中，由卖方承担的成本也是不同的，因此可以告诉各方哪些费用已经包含在报价中，除了采购价格之外，哪些成本需要由卖方来承担。

因此，EXW 价格（工厂交货价格）意味着买方需要支付将货物从卖方那里接手之后一直到目的地的运费，DDP 价格（完税后交货）则意味着卖方在报价中包含了所有的成本。

□ 15.1.2　交货

这一条界定了买卖双方在将货物运输到某个指定地点、单证的缮制等方面分别需要承担怎样的责任。从这个角度说，出口商只是像前面的例子中给出的那样——FOB 25 美元——报价还不够，它还必须指定一个特定的地点（具体如表 15—1 小括号中的要求所示）。

因此，卖方必须明确给出"FOB 英国港口 25 美元"，因为买方可以要求将货物运到英国之外的港口，或者更进一步，卖方可以按照以下方式报价："FOB 多佛港每千克 25 美元"。交货地点一旦确定，就明确了交易各方的运输责任，以及相关单证的缮制准备工作如何分工。

在这里，一个很重要的问题是："卖方如何证明自己已经按照 FOB 多佛港完成交货了呢?"对此,答案显然不是一张司机微笑着看着自己的货物被装上船只的照片——照片的背景是多佛港。唯一的凭证是单证,在这个例子中便是运输公司提供的收货证明,即提单。对于本书涉及的很多问题来说,出口单证是履行合同的凭证这一点是极为重要的。

□ 15.1.3　风险

国际贸易中最容易引发争论的一点便是,当货物在运输过程中受损或者灭失时,相关各方应该如何进行责任分割。此时,首先要明确的一个重要问题是,货物受损或者丢失的风险是在哪个地点从卖方转移给买方的,这一点实际上也是由贸易术语规定的;接下来要做的便是明确货物是在运输中的哪个地点受损或者丢失的。

简单来说,如果货物受损或丢失发生在贸易术语规定的风险转移点之前,那么就要求卖方承担相关损失(实际上它们没有按照合同约定交货);但是如果受损或丢失发生在贸易术语规定的风险转移点之后,那么卖方就已经履行了合同义务,损失就要由买方来承担了。

《通则(2000)》中的每个术语都用标准格式界定了卖方和买方各自的职责,具体如表 15—2 所示。

表 15—2　　　　　　　　　　　　卖方和买方的义务

卖方义务	买方义务
A1:按照合同规定提供货物	B1:支付货款
A2:办理许可证、授权以及各种手续	B2:办理许可证、授权以及各种手续
A3:签订运输与保险合同	B3:签订运输和保险合同
A4:交货	B4:接货
A5:风险转移	B5:风险转移
A6:成本分割	B6:成本分割
A7:通知买方	B7:通知卖方
A8:交货凭证、运输单证或相关电子信息	B8:交货凭证、运输单证或相关电子信息
A9:检查、包装、刷唛头	B9:查验货物
A10:其他义务	B10:其他义务

关于买卖双方在贸易术语下职责义务的详细定义肯定要参照《通则(2000)》。但是下面我们对各个术语的主要内容作了一个简单的梳理,并借助图15—1 给出了根据不同术语,货物在运输过程中风险从卖方转移到买方的各

个点。

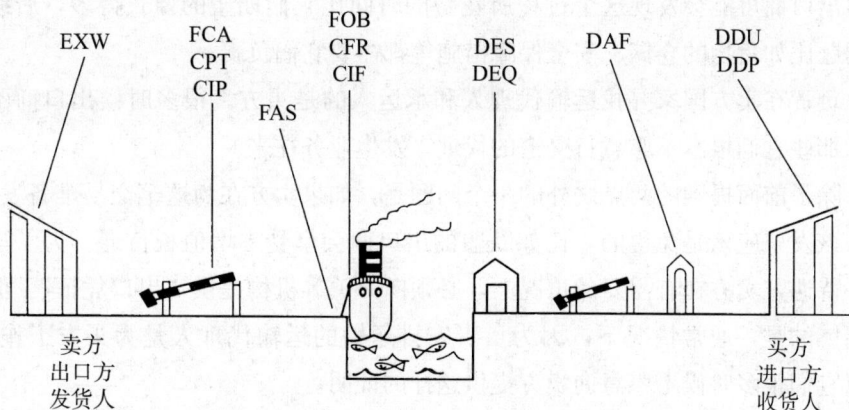

图 15—1　《通则（2000）》

▢ 15.1.4　工厂交货（EXW）

这是出口商最省事的一个贸易术语。根据这个术语，卖方要做的事情最简单，可能也是买方特别是英国国内贸易的条件下买方最愿意接受的一个术语。但是，如果和你做生意的买方认为从一个身处异国的卖方那里收取货物并安排运输的做法有很大难度的话，可能就很难使用 EXW 这个术语成交。这时，卖方就需要为买方多做一些工作。

在该术语下，买方必须"在指定的交货地点，将货物交由买方处理，但是不必卸货"。就是在这个地点，卖方履行了合同中规定的自己的义务，货物受损或者灭失的风险也由卖方转移到了买方手里。其中"指定的交货地点"则是指卖方的工厂，而且一定是在卸货地点之前。买方要负责包括收货、运输、清关等在内的所有工作并承担与此相关的成本。

卖方实际上并没有义务负责卸货，但是在现实中它们通常会这么做，因此它们还要承担一项隐含的合同义务，即安全地卸货。

即便在买方负责将货物从卖方的工厂运到某个地方的情况下，《通则（2000）》依然要求卖方承担"根据被告知的交通运输条件（比如运输方式、运输目的地等）对货物进行包装"的义务。为了避免不必要的麻烦，卖方应该了解货物要运往哪里，采用怎样的运输方式等，以便对货物进行必要的包装。

因此，工厂交货是对卖方来说义务最少的一个贸易术语，同时这也是贸易双方使用该术语的主要原因。但是，一些原因可能会导致该术语不像它看起来那样有吸引力。

当货物在卖方工厂完成交割之后，控制权就转移到了买方的手里。但是，很多出口商可能会发现这个过程所花费的时间比它们期望的要长得多，后续很多问题比如货物的仓储、安全保障措施等都需要它们负责。

负责在卖方国家寻找运输代理人和承运人的是买方。很多时候出口商不得不和那些它们根本不愿意打交道的代理人发生业务往来。

除了前面提到的两点之外的一个问题是，如果卖方在为这笔交易准备发票，那么该发票应该是免税的，比如欧盟的出口商会享受零增值税待遇。为了享受这一待遇，卖方在有需要的情况下，必须向海关等机构提供"出口凭证"。但令人遗憾的是，通常情况下，因为负责安排运输的运输代理人是为买方工作的，所以它们很多时候不愿意向卖方提供这样的证明。

如果交易采用的是跟单托收或者是信用证结算时（参见第8篇），那么采用这一术语就会导致合同自身出现自相矛盾，因为 EXW 术语下的卖方通常根本没有机会直接接触到这些运输单证。

正是因为以上提到的这些理由，导致出口商完全有理由不愿意使用 EXW 术语——但是在国内贸易中该术语还是经常被用到，反而是下面将要介绍的 FCA 等术语更加适合出口合同。

□ 15.1.5 船上交货（FOB）

FOB 是全球范围内都在广泛使用的一个术语，实际上它被用于国际贸易中已经有几个世纪的历史。买方要对货物负责，直到它们"在指定港口越过了船舷"。以船舷为界，成本、风险以及义务也就从卖方转移给了买方。

在这里，一个重要的考虑是现在的贸易商们并不是仅使用海运这一种运输方式，而是交叉使用空运、陆运、海运以及快递等方式。事实上，即便是在仅仅采用海运的情况下，货物也要装入集装箱，并运往某个散货集散中心进行拼箱运输（LCL）；或者是承运人直接去卖方工厂接货，进行整箱运输（FCL）。

另外，运输集装箱的货轮实际上并没有"船舷"，这意味着 FOB 条件的应用不管多么广泛，都并不适合大多数现代的、多式联运的运输方式，海运也不例外，因为在这种方式下，不仅不存在船舷，而且无法判断卖方是在哪个地点将货物交给了承运人。

在实际应用中，FOB 其实仅仅适用于传统的——但是用得越来越少的——海运方式（即非集装箱运输），在这种情况下，货物可能会真正越过船舷。《通则（2000）》中纳入了相对来说更加适合集装箱海运、空运、铁路运输、公路运输、快递业务等方式的贸易术语。

□ 15.1.6 CFR（成本加运费）与 CIF（成本加保险费、运费）

CFR 与 CIF 这两个术语和 FOB 一样，都有着几个世纪的历史。它们只能用于传统的海运，即存在船舷的情况，不能用于多式联运。二者的区别在于，根据 CFR 术语，卖方只需要负责安排国际货物运输的船只并支付费用，但是在 CIF 术语下，除了安排运输并支付相关费用外，卖方还要代表买方为货物购买保险。

因此，卖方需要承担的成本和职责要一直持续到货物被运到指定的目的港才能停止。但是，需要强调的是，卖方需要承担的风险在货物"在指定装运港越过船舷时"就已经转移给买方。

以货物越过船舷为界，卖方就可以准备一系列的单证，证明自己已经履行了 CFR 和 CIF 合同，这些单证包括提单、发票、原产地证书、保单等。因此，如果货物在抵达目的港之前的运输过程中发生了损失，相关责任就要由买方来承担了。海外买家就卖方投保的货物提出索赔，完全是可能的。

综上，CFR 和 CIF 这两个术语对应的合同都是"装运合同"，而不是"送达合同"。

□ 15.1.7 CPT（运费付至）与 CIP（运费保费付至）

CPT 和 CIP 可以看做是术语 CFR 和 CIF 在多式联运中的情况。和 FCA 术语类似，引入这两个术语也是为了适用于在现代国际货物运输中"越过船舷"这一点不那么重要的合同。CPT 和 CIP 的唯一区别在于货物运输过程中购买保险的成本由哪一方来承担。

因此，当货物被送达某个指定地点——通常是买方所在国的某个内陆地区——时，卖方需要承担的费用和责任就终止了。

但是，卖方承担的风险在货物"在指定地点交给第一承运人"时就终止了，这里的指定地点通常是卖方所在国的某个特定地点。这里之所以强调"第一承运人"是因为，可能还有"后续承运人"负责完成整个货物的配送，在陆路运输中这种做法格外常见。

这意味着，和 FCA 术语下类似，同时也是基于卖方准备了一整套单证，所以当卖方在指定地点将货物交给承运人后，与货物有关的风险就转移给买方了。自此之后，货物在运输过程中发生的任何损失，同样也由买方负责索赔。

因此，这两个术语对应的合同都是"装运合同"，而不是"送达合同"。

□ 15.1.8　DES（目的港船上交货）

卖方负责安排将货物运到某个指定港口的运输工作并支付相关费用，而且必须"将货物在船只甲板上的卸货地点交给买方处置"。这个术语通常仅用于大宗商品的买卖合同。

□ 15.1.9　DEQ（目的港码头交货）

卖方负责安排将货物运到某个指定港口的运输工作并支付相关费用，并且"将货物在码头交由买方处置"。同样，这个术语通常仅用于大宗商品的买卖合同。

□ 15.1.10　DAF（边境交货）

卖方负责安排将货物运输到边境处的某个指定交货地点，并且"将货物交由买方处置……无须卸货"。卖方没有义务负责安排保险，风险在边境处由买方转移给卖方。

□ 15.1.11　DDU（未完税交货）/DDP（完税后交货）

和 EXW 术语相反，DDP 术语下，卖方需要承担的成本、风险和责任是最多的。卖方必须"将货物交由买方处置……不用卸货……在目的地的指定地点"，其中"指定地点"往往是位于进口国的买方仓库。

在 DDP 术语下，卖方需要办理进口清关手续并支付相关费用——比如进口清关、进口关税、各种国内税费等等，但是在 DDU 术语下，这些属于买方的责任。但是不管在哪个术语下，卖方都没有义务购买保险，因为卖方只需要承担货物被运到指定地点之前发生损坏或者灭失的风险，但是它们没有必要一定要对该风险投保——不过，大多数卖方都会投保。因此，这两个术语对应的是"送达合同"。

关于如何选择适当的贸易术语，需要强调的最后一点与出现时间相对比较短的几个术语 FCA、CPT、CIP 的简介有关。关于这几个术语的简介反映了国际货物运输的根本特征在不断发生变化，从过去传统的港到港的货物运输方式——在这种方式下，船舷是一个非常重要的概念——转变为仓到仓或者门到门的整体化运输（通常都会用到集装箱）方式。

运输方式的这种转变带来的是关于 FOB、CFP、CIP 等术语已经过时，不再适用于主要的货物进出口业务的一些极端评论。但是，实际上，它们依然是使用得最多的贸易术语，尽管这个事实看起来有点让人感到悲哀。

15.2 《国际贸易术语解释通则（2010）》

因为国际贸易实务操作是随着时间不断发展和变化的，因此《国际贸易术语解释通则》（以下简称《通则》）也必然不断发展变化，以便适应当前国际贸易业以及操作流程的需要。

正如我们已经看到的，集装箱运输的发展给某些贸易术语的适用性带来了挑战，并且推动了某些全新的贸易术语的引入。这方面的另外一个例子——它也影响了最新版的《通则》——便是对某些可供参考的单证进行了修订，将这些单证的电子版本纳入可接受范围。在这方面，国际商会的其他一些出版物，比如《跟单信用证统一惯例》（UCP600）同样也做了相应的更新和调整。

在过去的两年里，国际商会及其在各个国家的分会加强了对《通则（2000）》实施效果的监控工作，发现了很多问题，并且最终导致了对《通则（2000）》的修订。

实际上，2010 年中，最新版《通则》也就是《通则（2010）》的修订已经接近尾声，该版本计划于 2010 年 9 月正式出版，并从 2011 年开始正式实施。

15.2.1 《通则（2000）》存在的问题

在对《通则（2000）》在实际工作中的应用进行监控之后，确实发现其中的贸易术语存在很多问题，需要在新版本中进行修正或者澄清：

·EXW：这个术语看上去用得太多了。正如我们在上面的内容中提到的，很多出口商都会倾向于使用这一术语，仅仅是因为对它们来说这个术语是最简单的。国际商会也认为 EXW 越来越不适用于国际贸易。

·FCA：这个术语用得不够，而且被（错误地）认为只适用于陆运和空运。事实上，这个术语适用于所有的整单运输。同样，"FCA（卖方的仓库）"实际应用中也很少被明确提及。

·FAS：很少使用，但是在用到该术语时基本上都是正确的。正如上面详细介绍的，当船只处在深海区，需要使用起重机或者是驳船时，该术语格外适应。

·FOB：用得非常多，而且通常都用错了。该术语根本就不应该被用于集装箱运输。

· CFR/CIF：用得非常多，而且通常用得都不够准确。该术语同样根本不能用于集装箱运输。

· CPT/CIP：用得不够，人们对它们了解得也远远不够。

· DAF：很少使用，通常都用得不对。

· DES/DEQ：很少使用，但是用到该术语的时候基本都是对的。

· DDU：用得比较频繁。

· DDP：很少使用。

□ 15.2.2　《通则（2000）》的变化

简言之，新版《通则》的变化主要包括以下几个方面：

· 重新进行分组，从原来的 E、F、C、D 四组调整为"只适用于海运"和"适用于任何运输方式"两组。

· 新版只有 11 个贸易术语，取代了原来的 13 个。

· 删去了 DES，DAF，DDU 三个术语。

· 引入了一个新术语 DAP。

· 对适用于国内贸易的术语和适用于国际贸易的术语做了清晰的区分。

具体来说，新版的《通则》将贸易术语从原来的 E、F、C、D 四组调整为"只适用于海运"和"适用于任何运输方式"两组：

· "适用于任何运输方式"的贸易术语：EXW，FCA，CPT，CIP，DAP，DDP。

· "只适用于海运"的贸易术语：FAS，FOB，CFR，CIF，DEQ。

□ 15.2.3　"适用于任何运输方式"的贸易术语

（1）EXW（指定地点）。

这个术语没有变化。该术语适用于一切运输方式，但是只能用于国内贸易，也就是说买卖双方属于同一国家的情况，因为卖方只需要"协助买方取得所需要的单证"并且没有义务帮助对方将货物装上运输工具。此外，买方在帮助卖方取得出口凭证方面也仅负有有限义务。

FCA 这个术语更加适合国际贸易的情况，新版本的《通则》也格外强调了这一点。

（2）FCA（指定地点）。

这个术语被看作是在国际贸易中卖方承担的义务最少的一个术语。和 EXW

术语比较，优势在于卖方要负责办理出口许可证以及出口清关手续，因此在提供出口证明方面不存在任何问题，同时根据该术语卖方还要负责将货物装上运输工具（实际中往往也是这样做的）。

新版《通则》重点强调应将"FCA 卖方约定"作为国际贸易合同中的一条纳入进来，如果卖方希望将自己的义务限制在将货物装上运输工具并办理清关手续为止。

（3）CPT/CIP（目的地的指定地点）。

强烈推荐买卖双方明确交货地点（卖方所在国的某个地方）以及目的地（买方所在国的某个地方），因为根据这两个术语，风险从指定交货地点开始就转移到了买方手里。

（4）DAP（目的地的指定地点）。

从原来的 DAF，DES，DDU 三个术语发展而来的一个新术语，既适用于国内贸易，也适用于国际贸易。当"货物在指定地点……处于买方的处置之下……等待买方卸货"时，卖方就完成了交货。所有的清关手续以及相应费用都要由买方来承担。

（5）DDP（目的地的指定地点）。

该术语在新版《通则》中没有变化。

□ 15.2.4　"只适用于海运"的贸易术语

（1）FAS（指定装运港）。

新版《通则》重新对该术语进行了表述。该术语只能用于海运（或者是内陆水运）。当货物使用集装箱运输时，应该使用 FCA 术语。

（2）FOB（指定装运港）。

只能用于海运（或者内陆水运）。当货物在除船舷之外的某个地点被交给承运人时——比如货物装入集装箱——应该使用 FCA 术语。

（3）CFR/CIF（目的地的指定港口）。

只能用于海运（或者内陆水运）。当货物是在除船舷之外的某个地方交给承运人时——比如货物装入集装箱——应该使用 CPT 或者 CIP 这两个术语。

（4）DEQ（目的地指定港口）。

通常用于大宗商品的运输，有时候也称为大宗商品贸易，双方约定一个卸货的地点或者港口，也就是说，卖方必须负责卸货事宜并且支付相关费用。

在同样的条件下，术语 DAP 不适用是因为卖方只需要让货物处于"等待卸货"的状态即可以视为完成己方义务。

图 15—2 对新版《通则》的 11 个贸易术语做了一个简单的总结（可以与图

15—1 关于《通则（2000）》的内容作一个对照）。

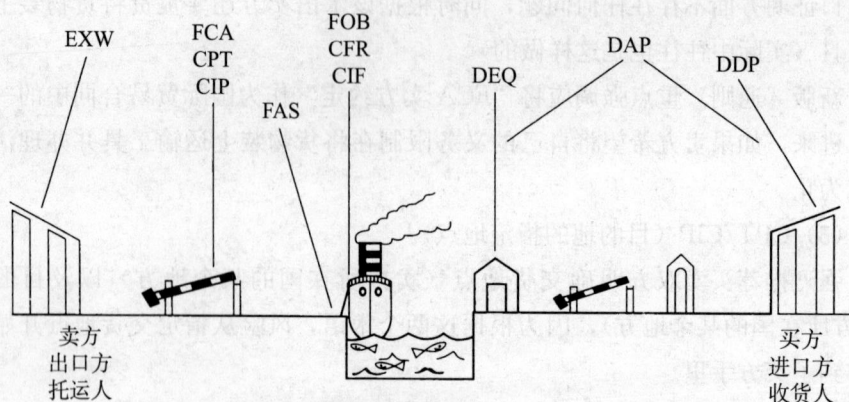

图 15—2　《通则（2010）》

□ 15.2.5　价格的计算

准确的出口销售价格的计算毫无疑问与具体的贸易术语有关，但是正如我们在前面的内容中提到的，这个过程肯定要从准确的 EXW 价格的计算开始。

贸易术语会直接影响到应该加总到 EXW 价格之上的售价的组成部分与累计方式。我们假设大多数企业都可以比较准确地计算出 EXW 价格，以成本加一定比例的利润为基础，那么最终企业的出口报价如下：

生产成本＋利润

　　　　＋EXW 出口打包价格

　　　　＋FCA 内陆运输与保险

　　　　　FAS 指定地点或港口

　　　　　FOB

　　　　＋CFR 国际运输

　　　　　CPT 指定目的地

　　　　＋CIF 保险溢价

　　　　　CIP

　　　　＋DEQ 卸货成本

　　　　＋DAP 集装箱陆地运输

　　　　＋DDP 清关

另外，还要包含以下事项：

· 固定成本附加（一般企业管理费用与支出）；

· 出口销售/促销成本；

- 信用额度/延期付款造成的成本；
- 单证相关费用——制单及成本；
- 支付给第三方的费用，比如付给货代、银行等的费用；
- 其他费用，比如仓储费、滞期费、海关罚款等。

至于诸如运费和保费这样的成本具体是如何计算的，我们将在本书的其他章节予以详细介绍。

最后需要强调的一点是，有些公司特别是一些公司的销售部门似乎有一条不成文的规矩，那就是出口需要"隐性成本"。

当然了，事实是根本没有隐性成本这回事，有的只是那些我们选择视而不见的成本。

15.3　小结

在我写作本书的时候，《通则（2010）》的具体内容已经相当明确，但是还没有最终定稿。

没有人会怀疑新一版的《通则》仍将是国际贸易合同的基石这一点，了解并且掌握《通则（2010）》对于任何从事国际贸易业务的人来说都是极为重要的。

第 15 章

《国际贸易术语解释通则》

第5篇

国际货物运输

第 2 篇

国际经济法论

第 16 章

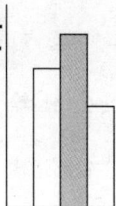

国际货物运输方式

现在的出口商不仅有多种多样的运输方式可供选择（海运、空运、公路运输以及铁路运输等等），在每种运输方式下也有一系列的专业化服务可供它们利用。它们单单是决定通过海运还是空运方式运输货物已经远远不够，而是要针对整体化系统的采用做出决定，比如是拼箱运输还是整箱运输，是使用滚装式集装箱船（RO/RO）还是使用吊装式集装箱船（LO/LO），是使用普通载驳货船（LASH）还是使用双体载驳货船（BACAT）等等。理解这些现代化的运输服务对于那些希望在国际市场上建立竞争优势的出口企业来说是非常重要的。

■ 16.1　货运代理

大多数出口商——甚至是几乎所有出口商——都会使用货运代理。有些出口商只和一家货运代理打交道，有的则和几十家有业务往来，但是不管是哪一种情况，货运代理在大多数国家的国际贸易活动中都扮演着重要的角色是一个显而易见的事实。

货运代理的基本职能是充当有货物需要发运的发货人和有运载能力的承运人之间的中介，具体如图 16—1 所示。

在传统的国际贸易中，提供货物的一方，不管是纯粹的出口制造企业还是

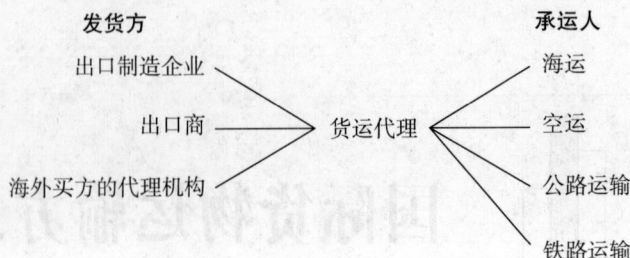

```
发货方                              承运人
出口制造企业                          海运

出口商            货运代理            空运

海外买方的代理机构                     公路运输

                                  铁路运输
```

图 16—1　作为中介的货运代理

出口商，抑或是海外买方的代理机构之间存在着明确的业务分工，货运代理则充当了供货方和各种海运、空运、公路运输和铁路运输的承运人之间的桥梁的作用。

但是，在过去的几十年里，这种区别和分工越来越模糊。出口企业越来越多地参与到自营业务中；也就是说，它们自己完成货物的运输和配送。在公路运输的情况下，这是完全有可能的，尽管对于其他运输方式来说这样做有着一定的难度——因为初始投资金额过大。

同时，随着集装箱运输的使用越来越频繁以及内陆验关货运站（inland clearance depot，ICDs）的增多，承运人向内陆拓展业务、自主提供拼货和单证服务等也变得越来越容易。

最后，也是在未来的发展中至关重要的一点是，借助可实现电子清关的计算机系统的帮助，海关得以比以往任何时候都更快速地收集和处理贸易信息。尽管货运代理的工作能力因此得到了提升，但是这也意味着越来越多的报关业务可以直接由进出口方自己通过在线方式完成，而无须借助货运代理的帮助。

所有这些发展变化加在一起，使得货运代理开始面临以下三种命运：退出该市场，变得更加强大，变得更加专业化。在大多数发达国家的市场上，货运代理的数量都比以往要少，但是它们所能够提供的服务的范围也几乎拓展到了与货物运输或者人员流动相关的每个领域。

16.2　货运代理提供的服务

□　16.2.1　提供建议

作为服务行业的一员，几乎所有代理机构的主要功能都是提供专业化的建议。具体到货运代理行业来说，它们提供的建议与国际贸易复杂的业务流程有关。一个好的货运代理应该对交通运输以及海关业务格外了解，能够帮助国际贸易的进出口方节约时间和金钱——不管是在遵纪守法方面还是在最优流程的选择方面都是如此。

□ 16.2.2 单证

货运代理日常工作的一个重要组成部分就是完成与国际货物运输有关的各种单证业务。有些出口企业只负责提供发票，其余单证都留给货运代理处理。有些则把相对专业化一点的单证业务——特别是海关单证——转包出去，其余的则自己处理。

□ 16.2.3 清关

和前面提到的业务相比，货运代理受国际贸易的进口方和出口方委托，代为办理海关清关手续这项服务要重要得多，而且清关过程中的大部分手续都是由货运代理代表进出口方来完成的。但是，正如我们下面将会提到的，这并不代表可以免除进出口商对清关业务的真实性负责的义务。

□ 16.2.4 租船订仓

出口商可以自己联系承运人并预定仓位，但是很多出口商发现通过货运代理完成这项工作要更加便捷，因为后者有可能会为运输工作提供很多的便利。此外，货运代理还可以预测某次特定运输业务的确切费用。

□ 16.2.5 拼货

"统一"（unitization）一词的含义是货物按照标准的包装规格进行运输，这方面最典型的一个例子便是国际标准化组织规定的 6 米（20 英尺）和 12 米（40 英尺）集装箱。因为很多出口商做不到整箱货出口，但是为了利用集装箱运输具有的优势，它们会把散装货物发给货运代理，由后者把不同出口商的货物拼成一整个集装箱。关于集装箱运输和拼货的详细介绍，请参见本章后面的内容。

除了上面介绍的几项服务之外，一些大型货运代理还会参与其他工作，这包括但不限于以下业务活动：

·货物打包和刷唛；

- 仓储；
- 私人和商务旅行；
- 提供人脉；
- 商品展览；
- 特快专递。

鉴于大多数出口商都会不同程度地借助货运代理提供的服务，它们显然还是为国际贸易活动的开展创造了价值的。

16.3　使用货运代理的优势

□ 16.3.1　更专业

如前所述，货运代理属于服务行业——针对特定领域提供专业化的知识和技能的行业——的范畴。所有的货运代理都精通国际贸易的基本业务流程，而且能够在很多方面给出专业化的建议，而不仅仅是货物运输。有些货运代理熟知某些市场的情况（它们和这些市场联系密切或者是在当地设有办事处），有些能满足特殊的运输要求（需要冷藏的货物、不可分割的大件货物等），有些则擅长处理特殊货物（比如有毒产品、粮食、牲畜甚至是古董等）。

□ 16.3.2　更广的人际关系

货运代理在母国市场和海外市场上拥有的业务联系可能是和承运人、海关、主管机关、仓库等本领域的机构有关，但是更重要的是它们可能会有一些非正式的私人关系，这些私人关系有时候甚至会构建成一个私人关系网。为了避免一些不必要的麻烦以及在出现问题之后更快地解决，绝对不能低估这些私人关系的重要性。

□ 16.3.3　便利条件

很多货运代理可以为进出口商提供或者联系相关方面提供很多实实在在的便利，比如货物的仓储、包装和再包装、分拣以及搬运。货运代理提供的越来越重要的一项便利服务是计算机设备，有了这些电脑便可以充分利用清关时用得越来越多的"贸易商直接输入"（direct trader input）业务所具有的优势。

□ 16.3.4 更便捷

尽管借助货运代理带来的便捷性看起来算不上什么特别突出的优势，但是我们不得不承认，对于很多贸易商来说，这确实是它们选择货运代理而不是亲力亲为的主要原因。问题的关键在于很多进出口商都倾向于做自己擅长做的，也就是制造或组装产品并且在海外市场上销售，因此它们非常愿意将货物的运输等事项分包给第三方来做。

16.4 使用货运代理的弊端

公平地说，我们不得不承认，借助货运代理也很有可能会带来一些问题。

□ 16.4.1 成本增加

因为有了第三方的参与，特别是这个第三方还是以盈利为目标的，对于贸易商来说成本自然要比它们亲自完成相关业务时要更高。虽然有人可能会认为货运代理节约的成本足以弥补它们所收取的费用，但是毋庸置疑的是，如果贸易商可以很好地处理由货运代理承担的工作，那么一定会带来成本的节约。

□ 16.4.2 控制力下降

有些出口商很难接受第三方介入甚至是对自己的业务有很强的控制力，因此它们更愿意把一切活动都交由本公司亲自完成。但是慢慢地，它们会碰到瓶颈，因此相当大部分贸易商还是会选择货运代理。

关于使用货运代理，有很重要的一点需要特别强调。进出口商绝对有权利选择将货物运输及相关单证业务授权给货运代理来完成，但是绝对不能忘记的是货运代理仅仅是代理人，在任何时候进出口商都是委托人。在履行遵守海关相关规定的义务方面——这是不能转嫁给代理人的，这一点显得格外重要。海关永远都要求贸易商对报关事项的真实性负责，即便报关业务是由代理人代替贸易商来完成的。

16.5 国际货物运输方式

□ 16.5.1 海运

表16—1给出了货物海运的两种基本方式。

表16—1	货物海运的方式
班轮运输	租船运输
一般性货物和乘客	通常是大宗商品
固定船期	没有固定船期（根据需要安排）
固定航线	没有固定航线
固定运费	运费由谈判决定
提单	租船合同

班轮运输和租船运输之间的区别是由运输服务的性质而不是船只类型决定的。租船运输（也叫"非固定的班轮运输"）之所以叫这个名字并不是因为这些船很杂乱，而是因为它们没有固定的航期航线等。对于这两种运输方式，最恰当的一个比喻可能是，班轮运输类似于货运领域的公共汽车，而租船运输则类似于出租车。

班轮运输有固定的船期、固定的停靠港口，而且会事先通知船期，承担了国际海运的大部分业务（当然是从委托人的数量角度来衡量的）。租船运输通常来说则可以将大宗货物从地球上的任何地方运输到任何其他地方，具体费用则由托运人和船公司协商确定。

很多在同一个航线上运行的班轮公司会自愿团结起来，组建航运公会。它们会在运费和船期等方面达成共识，而且通常来说这种行为是非法的——特别是按照《欧洲工会竞争法》和《美国反托拉斯法》的规定。但是，尽管班轮公司在收费方面不存在竞争，但是它们在船期等方面的协调合作还是使得托运人受益了，出口商基本可以享受到时间有保障的服务。和公交车类似，如果从提高效率的角度看，那么每个目的港每个时刻都将只有一般船，每天接收待运货物，而不是有时候是三艘船同时收货，有时候却一艘船也没有。

可能也会有一些没有加入航运公会的船公司在同样的航线开展业务，从而和加入工会的船公司形成了竞争关系，这意味着出口商基本上可以有三个选择：

- 航运公会的班轮；
- 非航运公会的班轮；
- 租船运输。

在这三种运输方式中，单位费率最低的毫无疑问是租船运输，但是通常来说只有很少的出口商才有足以引起哪怕是小型船务租赁公司的兴趣的大量货物。至于如何在航运公会的班轮和非航运公会的班轮之间选择，则会受到下面这个事实的影响：航运公会向那些签约承诺只使用该公会班轮的出口商提供95折的优惠。和航运公会合作较长时间的客户则可以享受到更大的优惠，通常是9折。另外，非航运公会的班轮在某些航线不提供服务，或者是被认为没有航运公会的班轮那么可靠也是两个现实问题。

自然而然，这就导致大多数出口商都将自己的海运业务委托给航运公会的班轮公司来负责处理。

在空运方面，与此类似的两种可用来比较的运输方式是班机运输和包机运输；另外，"不定期运输"（tramping）也用来指代跨国境的无轨运输。

□ 16.5.2 租船合同

在讨论可供出口商利用的班轮服务之前，有必要先来简要地了解一下它们和船务租赁公司之间的一些协定，这对于大型贸易商来说格外重要。出口商和船务租赁公司之间的租船合同可以分为以下三种类型：

（1）程租船合同。

即在固定港口之间按照固定航线签订的租船合同。船只可能会在多个港口停靠，但是航线是固定不变的。

（2）期租船合同。

即针对一段固定时间的租船合同。在合同期内，承租人对于船只的使用有一定的自由度，也可能是只允许在几条重复航线之间往返。

（3）光租船合同。

在前两种租船合同中，都是由船公司负责船只的维护、运营以及船员的招聘和管理，船主处于控制地位。光租船合同的含义不言自明，承租人接管船只——通常会长达15年的时间，并且像自有船只一样进行使用和管理。比如，在石油行业这种做法就非常普遍，帮助石油公司运油的航船都是由石油公司亲自管理的，但是租赁合同到期之后必须把这些船只归还给船公司。

不管是哪种租船方式，都要以租船合同为基础，也必须签发租船合同提单。需要强调的是，这类提单是不被那些根据信用证规定，要求提供承运公司签发的提单的银行所认可和接受的，因为这些银行根本不了解运输合同的有关情况

（关于这方面的详细介绍，参见第26章）。

综上，虽然一般来说出口商在大多数——即便不是全部——海运中都会选择班轮运输，但是除此之外它们依然可以有其他的选择。

□ 16.5.3　海运的类型

（1）传统货运。

这是传统的但是现在不那么普遍的一种运输服务，主要是负责杂货运输，即非统一化的货物运输。过去40年来集装箱运输的发展大大减少了传统货运在实际操作中的应用。

（2）集装箱运输。

这是目前一般出口商使用最多的海运服务。这一做法诞生于20世纪50年代，最初的想法是按照标准化的包装尺寸运输货物，即统一装入。这种运输服务有时候也被称为"吊上吊下运输"（LO/LO），因为集装箱通常要在不同运输工具之间换来换去。

大多数集装箱都是按照国际标准化组织的规格生产的，但是有很多不同的设计方式可供选择，具体包括：

·隔热/冷藏集装箱；

·开顶集装箱；

·侧帘集装箱；

·液体/粉末罐式集装箱；

·半高集装箱；

·有毒物品罐式集装箱。

除了大型不可分拆的货物之外，很少有哪些货物是不能用集装箱来运输的。

另外，需要强调的一点是，标准集装箱适用于所有的地表运输，而不仅仅是海运，虽然它在这种运输方式下的优势最为突出。

（3）多式联运。

在这种运输方式下，货物受损或者灭失的风险大大降低了，因为在从一种运输方式变为另一种运输方式时——比如从公路运输到船运——并没有实际进行货物的交接处理。这样一来，那些符合整箱货运的出口商就可以直接安排门对门运输，从而省去货物的交接。

（4）联运单证。

因为集装箱通常是门对门或者场对场进行货物运输，所以相应的单证覆盖的也不仅仅是海运环节。这样一来，就要使用所谓的"联运运费费率"，将大部分运程的费用包含进来。

(5) 船舶的效率。

对于船舶公司来说，集装箱运输有诸多优势，其中最重要的一个方面便是可以很方便地把那些需要和其他出口商的货物区分开来的货物隔离出去；另外一个是大大缩短了船舶的周转时间，也就是船舶收货和卸货所用的时间，因为装卸集装箱的速度大大提高了。

16.6　集装箱的安全性

《集装箱安全倡议》（Container Security Initiative，CSI）是美国海关边防总署（CBP）——美国国土安全部下属的一个机构——在 2002 年发起的，主要目的是提高运抵美国的集装箱货物的安全性。正如 CBP 所说，通过这个倡议，希望"向外拓展安全边界，从而让美国边境成为最后一道防线，而不是第一道防线"。

16.6.1　倡议的合理性

集装箱运输是国际贸易的重要组成部分。根据 CBP 的统计：

· 全球贸易的 90％是用集装箱来运输的；

· 美国进口贸易的一半（按照价值计算）是通过船用集装箱来运输的；

· 每年，大概有接近 700 万个集装箱通过船运抵达美国并在美国的港口卸货。

随着恐怖组织越来越多地将目标转向摧毁一国的经济基础设施从而对各国产生影响，伴随国际货物运输而来的风险也日益不容忽视。根据《集装箱安全倡议》，可能发现恐怖主义行为的针对集装箱的扫描工作将交由 CBP 的工作人员和他们在东道国的同行共同完成。

最开始这一倡议针对的是美国前 20 大港口，运达这些港口的集装箱数量大概占运抵美国的集装箱总量的三分之二。但是，在相关方面的鼓动下，那些稍小一些的港口也加入到了该项工作中来，并且任何在运载量、设备、流程以及信息分享等方面能够达到要求的港口都可以申请加入该项目。未来，该项目还计划根据运载量、位置以及战略考虑等，进一步扩大被纳入进来的港口的范围。具体到英国来说，费里克斯托、利物浦、泰晤士、蒂尔伯里以及南安普顿都已经获得美国海关边防总署的首肯加入该项目。

□ 16.6.2　国际影响

《集装箱安全倡议》项目使得那些加入其中的国家有同样的机会来提升运抵该国的货物的安全性。加入该倡议的国家可以派遣海关人员到美国各大主要港口，监督那些从美国运往本国的远洋集装箱运输的货物。同样，美国边防海关总署也会和这些成员国共享相关信息。日本和加拿大便是利用这一便利的两个范例。

2002年6月，世界海关组织一致同意，要求它的171个成员国（截止到2010年）参照美国的《集装箱安全倡议》模式，形成自己的一个类似的项目。2004年4月，欧盟和美国国土安全部签署协定，希望在整个欧盟地区推广该倡议。

美国政府将《集装箱安全倡议》制定的规则看作是它持续不断地努力提升国际货物供应链安全性这项工作的一部分，所以即便是进口商、零售商以及最终消费者要为因此而提高的成本买单也是值得的。

□ 16.6.3　"10＋2"新规

2008年11月末，美国海关边防总署发布进口商安全归档规则（也被称为"10＋2"，因为第一次报关时需要提供10类数据，第二次清关时还要补充两类信息）。根据该规则，进口商品到美国的进口商以及负责这些进口商品运输工作的船运公司从2009年1月开始，必须向海关提供与进口货物及其运输有关的一系列额外信息。

实事求是地说，考虑到企业界的反应，美国海关最终出台的规则和原始版本相比已经宽松了很多。并且这些规则在2011年之前并不会全面开始落实，从而给企业留出了一年的时间学习、提升自己在相关方面的能力。另外，具体到有些信息什么时候提供、初始归档时这些信息的准确度如何等问题，也还是有比较大的灵活性。

即便如此，新规则对于美国的进口商来说依然构成了一项很重的负担，特别是对中小企业来说，它们可能会经历一段比较艰难的时期才能获取所需要的信息。不管是否通过代理报关机构或者其他中介来完成这项工作，进口商都要对信息的准确度和及时性负全责。违规者可能会被处以高达5 000美元的罚款，而且不能将货物从船只的甲板上卸下来。

进出口贸易实务

16.7 其他运输方式

□ 16.7.1 专门的驳船业务

现在，使用专门设计用来运载驳船的航船的情况越来越多，特别是在欧洲内陆地区以及美国大部分地区。这些驳船就像浮动的集装箱，但是可以装载多达 600 吨的货物，而且最大的优势在于它们可以利用内陆水运系统，这也是成本最低的内陆运输方式。这些驳船进入主要港口的深水区，然后装上远洋航船运往各地。这方面最重要的三种做法是普通载驳货船（LASH）、双体载驳货船（BACAT）以及海蜜蜂（Sea Bees）。

尽管我们还没有穷举所有的海运方式，但是其他方式确实更加适合铁路运输或者公路运输，对此我们将在下面的内容中予以介绍。

□ 16.7.2 公路运输

国际陆路运输承运人在国际贸易中发挥的作用越来越重要，因为它们不仅提供了一种有效的跨境——比如跨欧洲大陆——运输模式，更重要的是它们使得货物经陆路运输中转站到达海外目的地的方式多了一种选择。

不管是像北海沿线这样的短距离海运，还是跨大西洋到美国的深海运输，公路运输都高度依赖滚装船服务（RO/RO）。负责某个航段运输工作的司机可能会协助完成装货，但是也可能他们不提供任何帮助，而是由下一个承运人接过拖车，并将货物运往下一个内陆目的地。

□ 16.7.3 铁路运输

尽管铁路运输在很多国家的对内贸易中非常重要，但是在国际货物运输中它所起的作用相对要小得多。很多国际铁路运输的承运人通常会提供铁路版滚装船服务，即火车轮渡服务。但是，公路运输的使用越来越频繁这个大环境意味着在很多发达国家，国际铁路货运也有着很大的发展潜力。

多年来，欧洲和美国的铁路运输公司一直都在提供公路—铁路货运服务——这也被称为"背驮"（piggyback），即用专门设计的铁路拖车搭载着挂车运送货物。另一种用得越来越多的做法叫"起吊装置的可交换箱"（swapbody），这也是一种平板货车，但是没有轮子，用铁路拖车来运载。

□ 16.7.4　空运

用空运方式来运送价值高、占地面积小的货物的传统做法将来肯定会一直延续下去，但是还有另外一个明显的发展趋势是，其他很多类型的货物也开始越来越多地使用空运。

快捷、安全、比较合理的收费以及人们逐渐认识到应该考虑整个配送过程的全部成本而不仅仅是运费（正如我们后面要讲到的），所有这些因素加在一起，让很多出口商感觉空运是一种实实在在可行的选择。

大部分空运货物都是选择班机运输而不是包机运输。另外，联运方式在实际操作中也用得越来越多，即联合使用海运或陆运与空运等方式，当然此时用到的也是联合运输单证。

就像很多船运公司会组建船运公会一样，80%的班机运输公司也是空运公会即国际航空运输联合会（IATA）的成员。IATA的成员和船运公会一样也会在收费方面进行合谋，但同时它也致力于提供安全的、常规化的、经济的空运服务。和IATA处理的是航空业务在商业领域的问题不同，国际民航组织（ICAO）作为联合国的一个分支机构，负责处理各成员国之间的关系。

□ 16.7.5　拼箱

这种做法适用于所有的运输方式，指的是将不同出口托运人的货物进行组合后装入一个统一的运输工具的做法。其中最典型的统一运输工具便是符合国际标准化组织要求的集装箱——可以用它来运输拼箱货（LCLs），但是挂车和铁路拖车也是对运载量有一定要求的统一运输工具。

在空运中，更常用的说法是"拼仓"（consolidation），标准化的统一运输工具则被称为集装器（ULD）——有时候也会因为其独特的形状而被称为冰屋（igloo）。这些服务可能是由承运人提供的，也可能是由专门负责拼箱/仓的企业——它们通常也是货运代理——完成的。

□ 16.7.6　快递

快递业是一个正处在快速发展中的行业，该行业瞄准的是那些货运量相对较小的委托人——通常不超过40千克，利用自身庞大的航空和陆路运输网络，保证在约定的时间内将货物送达。有人可能会把快递和专递服务联系起来，后者专门从事一些单证或者是比较轻的物件的配送，但同样也要保证配送时间以及专人送货上门。

到目前为止我们已经清楚，面对不同承运人，国际贸易商们有很多运输方式以及不同性质的运输服务可供选择。那么，在做出如上选择的时候，需要考虑哪些因素呢？

16.8 运输方式的选择

□ 16.8.1 目的地

货物的最终目的地显然会直接影响到运输方式的选择。对于某些市场来说，某些运输方式已经成为默认的首选，除非有充分的理由可以说明其他运输方式更加适用。

80%以上从英国出口到西欧国家的货物是通过公路运输的，对于发展中国家来说最普遍的运输方式是海运——尽管空运在这些国家的使用正越来越流行，这些恐怕都没有什么值得大惊小怪的。

□ 16.8.2 容易获得

考虑到前述种种，通常的情况是，出口商最容易获得的运输服务——从服务数量、常规性以及质量等方面来衡量——往往也是针对某些目的地使用得最普遍的运输方式。

□ 16.8.3 货物的类别

待运货物本身的很多方面都会影响到运输方式的选择，具体包括：

·尺寸/规模：大到不可分割（即无法拆分）的货物要求进行专门处理。有些密度特别大的货物可能也无法满载运输，因为这样一来便会超出法定运载量。

·要隔离：有些货物很容易污染其他货物，或者是自身很容易受到污染。也就是说，它们必须和其他货物隔离开来，或者是单独运输，香味或臭味都不能有。这样一来，就排除了常规的拼箱做法。

·易碎：运送这样的货物不仅需要特殊的打包方式，还必须选择那些尽量减少不必要的货物交接，同时速度又最快的运输方式。

195

·价值：与前面提到的类似，价值高的货物往往要求尽量减少交接，同时运输速度也要尽可能快速。有些运输方式，比如特快专递的安全性以及工作人员处理货物时的细心程度都要比其他方式更高。

·易腐烂：易腐烂的货物往往要求最快的运输速度，而且通常要求进行特殊保存。

·有特殊要求：除了上面提到的几种情况外，有时候选择的运输方式还必须满足其他很多特殊要求，比如冷藏、有良好的通风效果甚至是能加热等。此外，运送有毒害的货物时还必须考虑到对包装、唛头以及封存等方面的要求。

□ 16.8.4　运输速度

不仅仅是易腐烂以及高价值的货物适合快速的运输方式，而是所有紧缺的东西都对速度有要求。这包括用来替换坏设备的零部件以及在路边抛锚的汽车灯。还要提醒大家牢牢记住的一点是，更快的运输速度显然会使得结算时间提前，从而带来显而易见的经济收益。对此，我们后面还会详细论述。

□ 16.8.5　成本

这是制定任何商业决策时都必须要考虑的一个因素。具体到国际货物运输来说，不同运输方式下承运人收取的运费肯定也是不同的，速度越快的运输方式即空运也是最贵的运输方式，速度最慢的运输方式——通常是海运——往往也是收费最低的。出口商可以比较准确地估算出运输成本这一点是极其重要的，因为这不仅可以帮助它们选择更适合的运输方式，同时也可以保证它们的发盘价格足以抵补所有成本。

16.9　运费的计算

一个很不幸的事实是，很多出口商计算运费的方法是打电话给货运代理，让后者代为处理。有些出口商对于国际货物运输的真实成本只有一个很含糊的印象，根据一些粗糙、过时的数据来做决策。将货物价值的一定百分比视为估算到不同目的地的运费的做法也并不少见。这样做并不是完全行不通，但是如果过去几年都没有对相应百分比进行调整的话可能就会存在一些问题。"估算"一个没有考虑当前关税的单位运输成本也是一种取巧的做法，同时也是一种可能导致出口商赔钱的做法。

□ 16.9.1　海运费用的计算

如果你询问船运公司某个航段的运费，那么很有可能会收到如下回复："每运费吨 285 美元……重量或体积"。

"每运费吨"或者说"重量或体积"的确切含义我们在后面很快就会讲到，这里我们首先来看一下影响基础运费报价的几个准则。

承运人给出的运费报价是基于以下几个方面：

（1）目的地。

显然，针对不同目的地提供货运服务的承运人根据最终送货地的不同，给出的运费报价也是不同的。通常来说，班轮公司固定（船期）在几个目的地之间往返运输，而且会专门瞄准某个区域市场。

毫无疑问，到目的地距离越远，费率很有可能也就越高，但是距离并不是唯一一个会影响运费的因素。承运人还会考虑与特定目的地相关的其他一些运营成本，比如路由费（运河以及内陆水运的转运地）、港口使用费、停靠费、吊钩使用和/或货物交接费用，以及与特定航线、特定目的地有关的其他一些费用。

因此，很多承运人制定收费标准时，会根据自身的船期以及具体的目的地，将很多和货物运输相关的基本费用考虑进来。

（2）商品类型。

除了不同目的地收费不同——这一点也完全符合逻辑——之外，承运人对不同性质的商品收取的运费也是不同的，这一点听起来似乎有点难以理解。船运公司对运往统一目的港的商品按照多达 22 个分类收取不同费用的做法并不少见。

对此，部分可以用高价值商品导致承运人在货物发生毁损或灭失时要承担更大责任来解释，但是最主要的是与适合海运的商品的类型有关。设想一下承认人对所有货物不加区分地收取相同费用的情形。那么用运费占货物总价值的百分比来衡量，显然高价值货物的运费只占一个很低的比例，而低价值货物的运费则要占其总价值一个很大的比例。

针对不同商品收取不同运费的另外一个原因是承运人需要考虑不同性质商品的积载因子（stowage factor）。这个概念是指商品的重量与体积之比，即商品的密度。显然，不同商品的积载因子差别很大——比如对比相同重量的钢板和泡沫板所占的体积，这会影响到承运人的运载能力。

正如下面在计算特定运次的运费时所要看到的，运费的计算方法和商品的重量以及体积直接相关，但是也有一些承运人使用的费率不考虑商品自身的性质，而是根据商品的重量与体积之比将收费分成八大类。

（3）集装箱费率。

考虑到集装箱运输在现代海运中占据着越来越重要的地位，承运人开始按照一个标准集装箱的运载量而不是根据实际运载重量或体积来计算运费这个新趋势也就没有什么值得奇怪的了。具体来说通常的做法是：承运人列出一系列商品类别清单，然后按照一个标准集装箱计算"总价"（lump sum）。根据定义，这种整箱费率只能适用于货物可以装满整个集装箱的出口商，但是实际上，那些发货量不足以装满一个集装箱的大型发货人也可以通过和承运人谈判争取一个比较优惠的价格。

所谓"包箱费率"（freight for all kinds）在实际操作中也可以看到。这具体是指下面的情形：一次托运相对较多的集装箱——里面装的是各种不同类型的商品——的做法。这时，承运人可能会收取一个"平均"费率，而不是对不同商品收取不同运费。尽管这种计费方式不是很普遍，但是在整批发货的情况下则是比较常见的，此时的费率通常是由负责拼箱的中介公司而不是出口商和承运人进行谈判。

（4）从价运费。

在个别情况下，承认人可能会按照商品价值收费。承运人在按照运费吨给出的报价后面通常会加上诸如此类的补充："或按照3％从价收费"，这样一来如果商品总价的3％高于按照重量或体积收取的运费，那么就要按照"3％从价收费"。这种方法体现了承运人责任和义务的增加，但是在实际操作中很少用到。

不管是采用哪个计费标准，承运人在计算得出的运费低于某个特定数额时，都会按照最低运费收取。这种做法显然更加适合托运量较小的情况，而且免去了出口商借助拼箱公司的帮助的麻烦。

但是，找到适合特定商品的适当的费率并不意味着出口商完成了任务，因为很多时候它们还要根据各种考虑对基本运费做出调整。

常见的一些调整包括：

·折扣或者返利。要么当即享受95折（对于现场签约者），要么享受10％的后期返现。

·货币贬值附加费（currency adjustment factor，CAF）。因为大多数班轮公司都使用美元作为计价货币，因此它们会不定期对收费做出调整以便反映美元与实际收取的货币之间汇率的变化。实际收取的用英镑或欧元计算的运费要根据发运当天的汇率确定。

·燃油附加费（bunker adjustment factor，BAF）。这一调整反映的是承运人燃油成本的变化，通常是上调。

在考虑了上面所有内容之后，我们现在可以得出每运费吨的基本费率，并用它来计算每笔托运货物的具体运费。正如我们在前面曾经看到的，这通常会表述为"285美元每运费吨……重量或体积"。

船务公司或者根据所运载货物的重量，或者根据其体积收费，二者从高收取。有时候这也被表示为"重量/体积选择"。这种做法是完全合理的，因为承运人的运载能力同时受限于可供使用的运载空间以及船只的法定最大载运重量。

一艘装满钢铁的船只可能还有富余空间，而一艘装满泡沫的船只虽然远没有达到最大载重量但是却没有了空间。计算运费时必须考虑到不同类型商品的积载因子。

在海运中使用的货物计量单位是公吨（1 000千克）或者立方米（CBM或M^3）。其中，重量单位即1 000千克通常被称为公吨，而且重量指的是每单托运业务的总重量，也就是说，在计算运费的时候包装的重量（皮重）也要考虑在内。

举例来说，如果某次托运的是两个4 000千克的箱子，那么计算运费时使用的总重量便是8公吨。

体积单位是立方米，等于长乘以宽乘以高。因此，如果上例中提到的两个箱子的大小为200cms×200cms×150cms，那么每个箱子的体积是6CBM，合计是12CBM。

你可以通过将三个用厘米计算的尺寸相乘然后除以1 000 000（1CBM＝1 000 000cm³）得到上述结果，也可以先将厘米转换成米后再相乘。因此，在上面的例子中，两个箱子的尺寸分别是2m×2m×1.5m＝6CBM。

假设这两个箱子的运费费率是285美元/CBM，那么运输成本为：

    12CBM×285美元/CBM＝3 420美元

而不是

    8公吨×285＝2 280美元

也就是说承运人将按照体积而不是重量收费。

□ 16.9.2　公路/铁路运输运费的计算

这两种运输方式下运费的计算和计算水运运费时类似，即也是按照重量或者体积计费，但是适用的费率可能没有那么详细，特别是在高度竞争的公路运输中。

同样，在这两种运输方式下重量—体积之比也是经常变化的，通常适用的计费单位是1 000千克或者3.3立方米。有时候，因为平均每单托运货物的量可

能会小于 1 000 千克，所以承运人会按照稍微小一点的计价单位比如 100 千克或者 0.33 立方米来报价。

□ 16.9.3　空运运费的计算

和水运运费的计算类似，同样的重量/体积原则也适用于空运运费，但是承运人的费率结构会存在差别。

典型的航空公司会根据以下费率来计算运费：

· 一般货物运费（general cargo rate，GC）：适用于非整箱托运的散杂货。

· 特定货物运费（specific commodity　rate，SC）：在特定航线运送较大数量的某种商品的发货人可以申请特定货物运费，会比一般货物运费低。

不管根据上述两种费率中的哪一个计算运费，航空公司通常都会对业务量达到一定水平的客户提供一些优惠政策：

· 分类计费：有些类型的货物，比如活禽、牲畜等会在一般货物运费的基础上给予一定的折扣或者是收取一定的附加费。

· 集装器运费：这里的集装器相当于国际标准化组织所说的集装箱。这种计费方式不考虑货物的性质，而是对不超过特定重量的一个集装器收取固定数额的费用。这有点类似于海运中的"整箱货运费"。

· 包箱费率：这种计费方式用得越来越多，因为按照这种方式可以简化航空公司的收费结构，避免使用特定货物运费。在这种方式下，航空公司在设定最低重量要求的前提下按照实际重量计费。

实际计算空运运费时，也要以重量—体积之比为基础，但是具体标准与水运时存在区别。最常见的是以 1 000 千克或者 6 立方米为单位报价。

显然，在空运中，除非货物体积极大，否则航空公司根本不会按照体积计价。因此，虽然大多数海运都是按照体积计费，但空运货物按照重量计费的情况则更加普遍。

在实际操作中，1 000 千克或者 6 立方米对于大多数空运的托运人来说都太大了，因此航空公司通常会以每千克或者是每 6 000 立方厘米为单位报价。这里的 6 000 立方厘米被称为体积单位或者是计费重量。

这里我们给出一个示例：假设某个箱子的重量为 50 千克，尺寸为 100cms×100cms×50cms，按照每千克 9 英镑的价格收费。

那么这个箱子的运费不是

50 千克×9 英镑/千克＝450 英镑

而是

83.33 体积单位×59＝5 750

其中，83.33＝(100cms×100cms×50cms)/6 000(cm³)。

综上所述，每一种运输方式都有自己的计费标准，具体取决于目的地、商品性质、价值以及标准单位等。承运人按照计费标准和重量或者体积的乘积中较大的一个收费，从而在最大载重量或者是可用载货空间的约束下最大化自己的收益。不同运输方式适用的重量—体积之比也是不同的，但是 W/M 原则适用于所有的运输方式。

16.10　总运输成本

假设我们现在要计算总运费，那么我们必须承认的一点是，在比较不同运输方式的优劣时，运输成本并不是唯一需要考虑的因素。正如我们在前面已经提到的，总运输成本概念的提出基于以下事实：除运费之外，还有很多其他和运输相关的因素也需要量化，以便托运人更加准确地选择适合自己的运输方式和运输线路。

如果仅仅是比较运输成本，那么会发现空运要比水运昂贵得多，但是如果把其他成本也考虑进来的话，答案可能会发生变化。

除了运费之外，总运输成本还可能包括以下几个方面：

·包装费：运输时间越短以及商品交接次数越少的情况下，对于商品的保护要求也就越低。

·单证相关费用：简化的单证管理制度——空运时的单证管理最简单，公路和铁路运输次之——会节省管理成本。

·内陆运输费用：离港运输成本和到港运输成本之间通常会有很大的区别，具体取决于运输方式以及起运地和目的地。

·保费：不同运输方式下货物的保费也是不同的，这也是空运和水运之间一个重要的区别。

·拆包和翻新费用：有些货物在水运之后需要大量翻新以及再包装服务。但是在更加快捷的运输方式比如空运下，就不需要这笔费用。

·运输速度：从前面的内容中我们不难发现空运相对于水运来说有很多优势，其中最显著的一点便是运输时间短、运输速度快。更快的运输速度带来的一个最明显的优势是，不管买卖双方采取怎样的付款方式，卖方都可以更快地收到货款。出口方面临的利率越高，由此带来的成本节约也就越大。

在综合考虑以上所有因素的基础上，出口商就可以进行总运输成本分析了，从而得出针对某次托运业务最适当的运输方式是什么。

表 16—2 说明了如何在海运和空运之间做一个简单比较。

表 16—2	海运和空运总运输成本比较	
	空运	海运
EXW 价值	26 000	26 000
运费	1 170	220
包装费	190	530
内陆运输：国内部分	50	200
内陆运输：国外部分	130	430
保费	60	70
合计	27 600	27 450

如果我们假设空运和海运之间的运输时间差是 28 天（对于运往任何发达国家的货物来说，这一假设都是非常符合逻辑的），利率是 5%，那么因为更快结算货款而带来的费用节约参见表 16—3。

表 16—3	利息调整后的总运输成本比较	
	空运	海运
运价	27 600	27 450
节约利息	−106	
总成本	27 494	27 450

尽管这个例子并不是对于所有托运都具有代表性，但是它确实说明了综合考虑在实际运输过程中所有可以量化的因素，和仅仅考虑运费的情况相比，可以帮助托运人更加客观地选择适合的运输方式。所有出口商在尝试进行综合比较后都会发现，空运成本和水运成本之间的差别会比它们想象的小。

准确计算总运输成本对于所有出口商来说都是非常重要的，会使得它们的整个运输管理环节更加专业。这包括货物实际运输过程的各个方面，从收到原材料到内部交接处理的整个过程，再到货物的仓储以及实际送达最终使用者。

详细介绍物流管理的内容并不是本书的重点，但是丰田公司在这个领域取得的成功可以带给我们一些启示。通过在实际生产过程中采用即时生产法（JIT），丰田公司在物流管理方面做到了极致。据称，丰田公司做到了零库存，也就是说没有任何存货。供应商提供的零部件即时到达，即时检测，即时组装，即时分销，即时装运，即时抵达目的地，（丰田公司也希望）即时销售。

所以，是时候反思并且改进英国版的 JTL（Just Too Late!）了。

第 17 章

出口包装和唛头

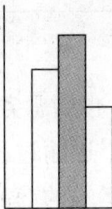

很多公司对于出口货物的适当包装和刷唛重视不够，即便它们在出口过程的其他环节付出了很多的努力。这种做法相当的短视，特别是考虑到在所有出口贸易中，出口货物的包装和正确刷唛都是出口方的责任时尤其如此。

包装和刷唛不仅是计算价格时需要考虑的一部分重要成本，更重要的是，如果货物送到消费者手中时看起来破烂不堪或者数量不足，或者是虽然货物本身状态良好但是被送错了地方等，那么卖方就要花费大量的时间和金钱来进行补救，甚至可能会因此失去客户的信任。

必须承认的一点是，出口货物的包装和刷唛是一项非常专业化的工作，适合国内运输的处理方式往往并不足以保证国际运输的可靠性。

和国内运输相比，有很多因素决定了进行国际运输的货物会面临更大的失窃以及毁损风险。

17.1 运输距离与搬运

从统计数据看，运输距离越远，货物受损或者失窃的可能性也越高。大多数货物受损或者失窃都发生在搬运环节。出口货物不仅搬运次数要更多，而且在搬运过程中发生不希望看到的事情的概率也更高。

17.2　外界条件

和国内运输时相比，国际运输过程中面临的外界条件也要恶劣得多。

最后，出口商还要认识到的一点是，商品必须为整个运输过程而不是最简单、最安全的那一段运输做好准备。即便是采用集装箱运输的商品最后也要被拆箱，在运往最终目的地的过程中所处的条件可能要比开始阶段水运的条件差很多。一个理性的出口商应该针对运输过程中最恶劣的条件做好准备，而不是针对条件最好的运输环节做准备。

那么，包装应该起到哪些作用呢？具体包括以下几个方面：

· 保护；

· 容纳；

· 识别。

包装必须足以保护商品免遭损毁或者偷窃，能够将商品容纳进来从而便于交接，甚至即便是包装的保护作用不那么重要的时候，上面也必须包含足以让商品被识别出来的标识。

虽然关于出口包装必须具有帮助识别托运商品的作用这一点各方没有什么疑问，但是在实际操作中商品应该包装到什么程度，确实是一个很难做出的决定。一个越来越严重的问题便是可供出口商选择的方法实在是数不胜数。

17.3　包装方法

□ 17.3.1　纸箱

目前，纸箱是最常用的外包装，可以有各种做工，其中最常见的是两层或者三层硬纸盒。很多情况下，这种包装方式在起到保护作用的同时，还兼具成本低、轻便等特点。

□ 17.3.2　包装箱/木箱

过去这种箱子多是用木头制成的，但是因为木材成本的不断上涨现在比较少见了。其中包装箱就是一个完整的大盒子，而木箱则往往是用一个一个的板条钉在一起做成的大框架。除了原材料成本以及额外增加的重量（因此会导致运费增加）之外，可能还需要对木头进行除虫，某些国家会对此有专门要求。

□ 17.3.3 打捆

在标的货物可以压缩然后捆绑起来的贸易中经常会用到这种方式。通常使用带状麻布打包，有时候也被称为"构架"（truss），特别是在不是带状的情况下。

□ 17.3.4 桶

除了传统的铁桶之外，还有很多材质的桶可以利用。桶适合装运液体以及粉末状的货物。

□ 17.3.5 袋子

同样，袋子也可以有各种各样的材质，从塑料袋到纸袋等等。当包装的主要目的是将商品归集在一起而不是提供保护时，可以使用袋装方式。

除了上面提到的各种包装方式之外，在出口贸易中针对某些特殊类型的商品还有一些非常专业化的包装方式，比如用于腐蚀性商品的运输的玻璃罐、针对容易失窃的商品的铁箱、针对易受潮的商品的塑料包装膜等等。

出口商要想了解适合自己的包装材料的信息，当然可以征求制造商的意见，但是不能忽视的一点是，这些制造商可能是有偏见的。一个好的承运人在这方面也可以提供很多帮助。英国标准协会（British Standard Institute）专门设有一项服务叫"针对出口商的技术帮助"（Technical Help for Exporters），纸和纸板印刷与包装行业研究协会（Paper and Board Printing and Packing Industries Research Association，PRIA）也可以提供专业意见。

17.4 影响包装方式选择的因素

在了解了可供出口商使用的包装方式之后，一个自然而然的问题便是，究竟哪些因素会最终影响到出口商对包装方式的选择呢？

□ 17.4.1 商品的性质

商品自身的特殊要求必须要考虑在内。商品的体积可能很大，很容易受损，价值很高，或者是对于包装、交接、仓储有着特殊的要求，可能还会要求防潮防污。在第18章我们还会详细介绍危险品在包装方面的特殊要求。

□ 17.4.2 目的地

这涉及商品的运输距离、交接工作的细致程度以及商品在运输过程中所经历的气候条件等等。另外，目的国政府可能还会对包装方式有特殊要求。通常来说，它们可能会坚决要求对有机包装材料进行杀虫处理，更有甚者可能会完全禁止使用这种包装材料。这一规定不仅会影响到木制包装材料，而且会影响羊毛和草制包装的使用。

□ 17.4.3 运输方式

在不同运输方式下，对商品保护的要求特别是针对商品包装的规定都会有很大的不同。例如，通常来说空运对包装的要求要比海运低一些，因为在前一种方式下运输时间更短，商品交接环节的工作也更加精细。

□ 17.4.4 客户的要求

在某些情况下，原本由出口商决定包装方式的惯常做法会被客户的要求取代。如果买方会承担因此而导致的成本上涨，那么出口商通常会顺从对方的意愿。如果买方为了节省费用，对于包装材料的要求低于通常做法，那么一定要小心，务必要确认卖方无须因为商品在运输过程中遭遇的损失而承担责任。

□ 17.4.5 成本

如果在商品包装环节不需要考虑成本因素，那么恐怕大多数商品都会用木板箱装运。因为这样做的成本很高，所以出口商必须找到更加便宜同时也能起到同样作用的可替代的包装方式，比如纸箱。还必须牢记的一点是，运费是根据托运货物的总重量来计算的，这包括包装材料的重量——也被称为"皮重"。因此，包装材料很重不仅本身就要花费更多成本，而且会导致运费的上涨。

使用二手包装材料以便降低成本是可行的，但是出口商一定要确保这样的包装足以实现应具备的功能，而且此前包装上带有的一些标识已经彻底抹去。如果承运人认为包装工作不到位的话，它们签发的收货单上可能会附带一些说明（参见第18章）。

17.5　出口唛头

商品打包完毕之后，出口商还必须确保对它们做出了足够明确的标识或者说唛头，以便这些商品可以顺利地运抵最终目的地。从这个角度说，唯一适用的便是那些与危险品唛头有关的规则，对此，我们会在后面的内容中详细介绍。

到目前为止，关于非毒害商品的运输唛头问题，唯一可参照的便是简单贸易程序（Simple Trade Procedures，SITPRO）和国际货物装卸协调协会（International Cargo Handling Coordination Association，ICHCA）推荐的做法。

不管是空运、公路运输还是铁路运输，在商品外包装上写上收货人详细地址的做法都并不罕见，在这种情况下，地址就代替唛头充当了商品的标识。相关各方必须借助关于商品性质的可能标识，认真考虑并且判断收货人地址中是否包含了任何安全隐患。

与前面几种运输方式不同，在海运中，更普遍的做法是在商品外包装上刷上一些标准的运输标识——唛头。这些标识具有简洁、不会与其他无关紧要的信息混杂等优点。SITPRO建议，这些标识应该"在商品运输过程中是充分的并且必要的"。

图17—1给出了一个典型的标识范例。

17.5.1　导航标识

给出关于收货人的信息，或许还会包含订单号等信息。

17.5.2　港口标识

这个标识很重要，因为不仅要包含最终目的地的名称，还要清晰地标出卸货港的信息。

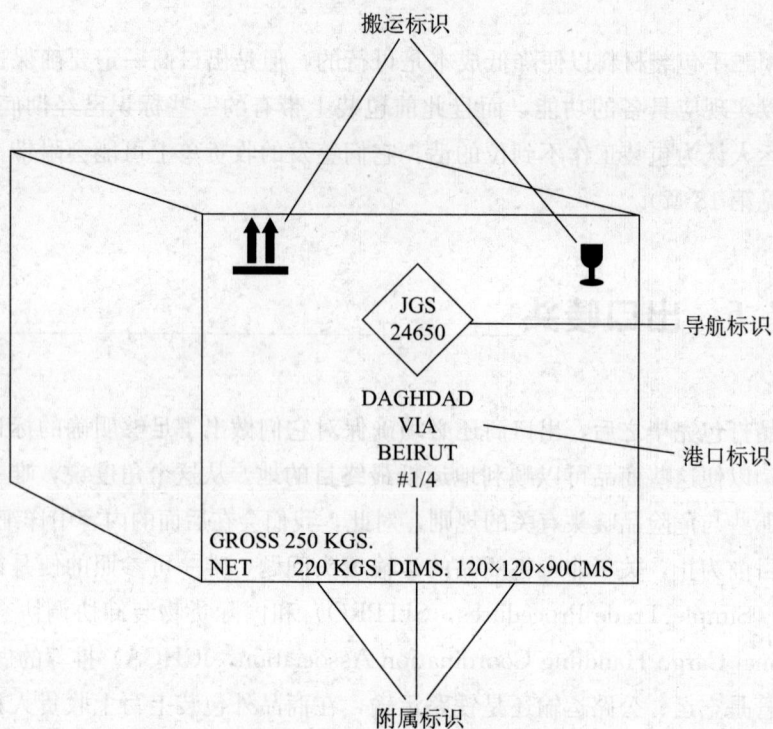

图 17—1　简单编码运输标识

□ 17.5.3　附属标识

这个标识包括诸如用千克、立方米等表示的商品的总重（体积）、净重（体积），以及托运总数的流水号码等信息；比如，4/8 就表示一共托运了 8 个箱子，这是第 4 个。

□ 17.5.4　搬运标识

国际标准化组织设立了一系列图状的搬运标识，这些标识给出了与商品搬运有关的详细指令。另外，这些标识在全球范围内都是被认可的。

图 17—2 给出了一些常用的图状搬运标识。

另外，关于这些标识，出口商还需要考虑到以下问题：

·识别度高：导航标识和港口标识至少要 7.5 厘米高，附属标识至少要有 3.5 厘米高。另外还要注意打包带不能挡住任何标识。

·不容易磨灭：显然，在任何条件下，这些标识都必须可以保留下来。淋雨之后变得模糊不清甚至完全看不见的标识不符合这个要求。

由此吊起　　　　　易碎　　　　　禁止钩吊

此面朝上　　　　　防晒　　　　　防潮

重心点

图 17—2　常用的图状搬运标识

·注意位置：相关各方很容易就可以看见这些标识是非常重要的，这就要求至少要在商品外包装的两个甚至是三个不同侧面上都刷上这些标识。

第 18 章

运输单证

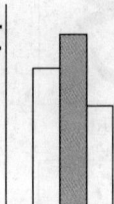

对于很多从事国际贸易的企业来说，最大的困难之一当属对于出口合同的履行至关重要的海量"各种文件"（bits of paper）。这句话的意思是说，它们海外业务中会用到的各种单证数量巨大、性质各异，似乎是为了阻碍而不是帮助它们开展商品出口活动。

尽管这种看法有一定的合理性，但是我们必须要指出的是，很多企业之所以感觉处理单证很麻烦，甚至是痛苦，是因为它们在理解需要它们处理的这些单证的目的和作用方面，付出的努力实在是不够。这通常是因为出口企业管理上的疏漏所致，特别是在人员培训方面做得不够，这导致它们不得不面对没完没了的各种单证错误，有时候甚至会带来灾难性的后果。

下面的例子或许就是对我们这个观点最好的佐证：在跟单信用证付款方式下，提交给银行的单证中接近 70％在第一次提交时因为不符合单证一致原则而被银行拒绝。

一个悲惨的现实是，很多从事贸易单证缮制与处理工作的人所接受的训练几乎都是师傅带徒弟式的。那些经验丰富的员工将具体的操作步骤教给那些刚刚入行的人，结果就是后者通常知道要做什么，但是至于为什么要这么做，他们大多一知半解。

这样一来，不仅仅是处理单证的员工会感觉自己的工作非常枯燥，而且工作过程中极容易犯错，因为他们根本不清楚自己工作的真正目的是什么，只是

210

机械地完成所有的单证工作。同样，这种工作方式会导致整个流程缺乏灵活性，无法应对任何意外事件。另外，有些事能发挥作用却并不代表它就是对的，整个团队都犯一些根深蒂固的错误——仅仅是因为大家都这样做，尽管这么做是错误的——也是常发生的情况。

一定程度上我们承认，随着货运代理的介入以及计算机的应用，理解单证工作的真正目的和作用对于现代贸易企业来说显得没有那么重要，但是有时候它们需要对货运代理下指令、监督后者的工作，以及最重要的向后者支付报酬；计算机系统也需要在充分理解流程要求的基础上进行设计，所有这些在对单证知识有更清晰了解的情况下都可以运行得更顺畅。

因此，在本章中，我们会关注单证流程中的"为什么"，而不仅仅关注"是什么"，并且在介绍完单证的作用之后，向读者展示单证流程背后的逻辑。

18.1 出口单证概览

正如在前面曾经提到的，出口商要处理的单证数量之多令人望而生畏，性质各异令人常常迷惑不已，那些直接处理单证的人员则会发现自己甚至对上一步的工作都知之甚少，换句话说，只见树木不见森林。

我们可以把这座不折不扣的单证"大山"进行分类，分成四座"小山"，这样一来我们就可以根据来源和用处把所有与出口贸易相关的单证划分到这四个类别中的其中一个。这四个大类分别是：

- 运输单证；
- 海关单证；
- 保险单证；
- 结算单证。

国际贸易中的所有单证都可以不太严格地归入这四个类别。下面列出的是在接下来的章节中我们会详细加以介绍的单证：

（1）运输单证：

- 提单；
- 空运单；
- 公路运输单据；
- 铁路运输单据。

（2）海关单证：

- 国际贸易统计申报单（intrastat）；
- 单一管理单据（SAD）；

- 出口发票；
- 原产地证；
- 身份证明；
- 临时进口证（ATA carnet）。

（3）保险单证：

- 保单；
- 保险凭证；
- 保险陈报书。

（4）结算单证：

- 指示书；
- 汇票；
- 信用证。

如果上面提到的某些单证或者是其名称的简写你们不太了解或者不够熟悉的话，也不用担心，在后面的内容中我们会有详细的介绍。

国际贸易涉及的往往是上面列出的单证中的几种的组合。例如，最简单的一套单证可能会包括提单、出口发票、原产地证、保单以及单一管理单据。

另外，根据交易标的物的特殊性质，国际贸易中可能还会用到其他一些更加专业化的单证。

18.2　运输公约

关于国际贸易有一个问题是如此显而易见，以至于它经常被忽略。这个问题便是，在国际贸易中至少有两个国家的当事方会参与进来。对于买卖双方属于不同国家的销售合同来说，这一点格外明显，因此，必须建立相关法律法规对合同进行规制与管理。

国际贸易中的承运人通常来自第三个国家这一现实则使得上面的问题变得更加复杂。

所有这些问题交织在一起，可能会给出口方带来以下两个方面的影响：承运合同和运输单证。

一个很基本的问题是，承运人是否把承运条件施加给发货方来承担（依承运人国籍而定）？如果答案是肯定的，那么出口方在无形之中就被隐性地牵扯到了各种不同的承运合同中；反过来则是，发货人是否向承运人施加了一系列条件？同样如果答案是肯定的，那么为来自不同国家的出口商服务的承运人就面临和前例中的出口方同样的难题。

同样的问题在运输单证中也存在，因为根据发货人和承运人的国籍不同，所需要的各种提单以及运单也是五花八门。

在实际操作中，有一系列国际公约可以帮助解决承运合同中存在的当事方来自不同国家和地区的问题。不管是哪种国际运输方式都要受到这些国际公约的约束，这些公约对单证以及运输合同做出了标准化规定，从而使得出口方通常并不需要考虑承运人的国籍问题。

主要的国际运输公约如下所示：

· 海运：《海牙—维斯比规则》或者《汉堡规则》；
· 空运：《蒙特利尔公约》（此前是《华沙公约》）；
· 公路：《国际公路货物运输合同公约》（CMR）；
· 铁路：《国际铁路货物运输合同公约》（CIM）。

以上给出的是已经被很多国家——包括英国的《货物运输法》——认可的主要国际运输公约，它们对承运条件和单证做出了统一要求和规定。在实际操作中，这意味着出口商可以和来自各个不同国家的承运人打交道，但是需要处理的单证都是统一的和标准化的（参见下文给出的具体合同条款）。

18.3 提单

□ 18.3.1 流程

出口商或其代理人填写出口货物船运说明（Export Cargo Shipping Instructions，ECSI），据此就可以从船运公司的电脑打印提单。

货物和装货通知单一起被运到指定港口或者场站。

登记货物明细，和仓储计划以及仓位预定情况对照，列入船公司舱单。

一旦货物被置于承运人的掌控之下，就要以船东的名义出具提单，并且将其交给出口商或其代理。电脑打印的提单可能会有复本，但是不管怎样都是以船东的名义出具的。

尽管不同承运人提供的提单看上去并不完全相同，但是现在使用的大部分提单都差不多是 A4 纸大小，上面的内容也大同小异。具体来说包括：

（1）当事各方名称（发货人、收货人以及需要被通知的各方）；

（2）装货以及卸货港口或场站名称；

（3）船名以及航次；

（4）原始提单单号；

(5) 标识和数字；

(6) 货物描述；

(7) 包装类型；

(8) 总重量以及总体积；

(9) 收货和/或发货时间；

(10) 运费支付情况说明，即是预付费还是以后再付费。

此外，在原始提单上当然还必须有船东出具的重要签章。所有提单几乎都会包含这些项目，而且它们发挥的作用也大多类似。

□ 18.3.2　作用

提单主要有以下三个作用：

· 收货凭证；

· 承运合同的证明；

· 物权凭证。

□ 18.3.3　收货凭证

提单上通常都会印有"外表状况明显良好"字样，因此承运人有义务按照同样的状况运输并交付货物。这样的提单也被称为"清洁提单"，同时也是货物的清洁收货凭证。

但是，有时候船运公司并不认为货物"外表状况明显良好"，而且会将自己的这一看法标注在提单上。这一批注的效力要高于"外表状况明显良好"。这样的提单也被称为"不清洁提单"，会给出口商带来很多麻烦。

这类批注可能是印在提单上的，也可能是手写的，通常的理由包括："包装不符合要求"、"二手包装"、"短一箱货"、"短五箱货"，甚至是"预计要运送五箱货，如果装船的话就负责承运"，或者"有三个桶漏了"。

这些做法体现了船运公司严谨的态度，它们会严格履行它们在承运合同中的义务，并且如果可能的话赚取应得的运费，但是它们并不会因为发货人的疏漏而让自己承担本不应该承担的责任。

对于出口方来说比较麻烦的一点是，不清洁提单显然不能作为它们已经履行对买方的义务的凭证，事实上，恰恰相反，在采用跟单信用证结算的情况下，银行根本不会接受这样的提单。

但是，因为统一的运输工具比如集装箱的使用，不清洁提单的出现在过去几十年大大减少了。事实上，很多时候船运公司根本不看货物，仅仅是从拼货公司的场站或者是船运公司自己的仓库里接手代运的集装箱而已。

由此造成的一个负面影响是，船运公司通常签发的提单上会注明"据说装有……"——也被称为 STC（said to contain）提单——即发货人声称装有特定数量的某种商品的集装箱收货凭证。尽管这类提单仍然属于清洁提单范畴，但是一旦集装箱内的货物出现部分损失，却很难追讨船运公司的责任。

□ 18.3.4　承运合同的凭证

首先需要说明的一点是，提单并不是承运合同本身，而仅仅是承运合同的一个证明。承运合同是发货人订舱时达成的口头协议，提单是部分履行这一协议的结果。在实际操作中，提单中列明的条件与承运合同的条件不一致的情况非常罕见。

因为承运合同是订舱时达成的口头协议，这意味着承运人可以向所有被预定的舱位收取运费，即便订舱人根本没有发货。这就是通常所说的沉没运费。如果承运人收取了其他人的货物，占用了这一舱位，那么沉没运费应该减收。

我们要说明的第二点是，提单上的条件代表的是承运合同，因此在提单的后面通常会包括一系列的合同条款。正如我们在前面已经提到的，大部分海运合同所涉及的船运公司所在国家都认可国际货物运输公约（不管是《海牙规则》还是《汉堡规则》），在这些公约下制定的合同条款是首要条款。因此，承运人要遵守一系列标准规则，如果存在冲突的话，这些标准规则的效力优先于承运人的合同条款。这些规则得到各国法律认可这一事实也意味着承运人不能脱离这些义务的约束来履行合同。

示例 18.1 给出了一个典型的首要条款的例子。

示例 18.1　　　　　　　　　　典型的首要条款

《海牙规则》——是为了统一与提单有关的规则而制定的诸多国际公约中的一个，于 1924 年 8 月 25 日在布鲁塞尔签署——以及作为 1868 年 2 月 23 日签署的《布鲁塞尔协议》的一部分的《海牙—维斯比规则》应该适用于所有的海运货物，在没有强制性的国际或国内法律适用的情况下，也要适用于内河水运，而不管货物是在甲板上运输还是在甲板下运输都是如此。

目前，大多数拥有商业船队的国家都已经开始实施《海牙—维斯比规则》，并且赋予其合法的地位。作为替代选择的《汉堡规则》接受度则没有这么高，也很少会用到。为了让这种局势更加合理化，联合国曾宣布，到 2009 年末，将用针对部分或全部海运的《联合国国际货物运输合同公约》——即我们熟悉的

《鹿特丹规则》——取代以前的公约，特别是与集装箱多式联运有关的货物运输，要启用新规则。

但是，新规则遭遇了严厉的批评，或者更实事求是地说，遭到了国际承运人联合会（FIATA）这类组织的激烈抵制。其中备受批评的一点便是新规则过于复杂。争论一直持续到 2010 年还没有结束，而且看起来《鹿特丹规则》即便能够被主要的贸易国接受，也还需要等上相当长一段时间。

□ 18.3.5 物权凭证

可以用作物权凭证不仅是提单最重要、最独特的特征，而且从提单在实际应用中起到的作用来看，也有着重要的含义。

首先要说明的一点是，提单都是成套签发的，通常包含两到三份正本以及若干份副本。正本由船东签发，是"可以议付的"，因为正本提单代表了对货物的所有权而且是可以转让给他人的。

提单副本上没有船东的签名，也不能议付，仅仅起到传递信息的作用。至少有两份提单正本意味着可以分次将它们寄往目的地，以便保证至少有一份提单可以供对方使用。

至于这一点为什么非常重要，以及对提单在实际操作中的重要性的一个解释便是，货物运抵目的地后，必须将有签名的可议付的正本提单交还给船运公司之后，后者才会放货。

提单可以直接寄给收货人，也可以通过银行完成这项工作，而且一旦一份提单生效了（提示给船运公司），其他提单正本自动作废。复印件或者影印件不具有同等效力。

这一规定对卖方所具有的意义不容低估，因为它们可以通过拒绝寄送提单来阻止买方在目的港提取货物。因此，在制定支付条款时可以规定买方不是对货物而是对单证付款，同时这一规定也给卖方提供了一定的安全保证。

关于单证和支付方式之间关系的详细论述，可以参见第 8 篇。

提单是否可以议付要受到其填制方式的影响，其中提单的抬头可能会专门强调是某个收货人。这样一来，提单就不是可以自由议付的了。在这样的情况下，受托人可以先在提单的后面背书，然后就可以转让其所代表的物权了。

更常见的做法是，提单上注明的是"凭指示"而不是某个指定的收货人，然后由出口商背书（在提单背面签字），并且指明一个被通知方，以便承运人在货物送达后通知后者。在这种情况下，提单就成了"可议付工具"，如示例18.2所示。

示例 18.2	提单的填制	
	或者	或者
发货人	出口商（或其代理）	出口商（或其代理）
收货人	进口商	凭指示
被通知方	……	进口商或其代理或银行等
	抬头指定为特定收货人	抬头空白
	不需要背书	需要背书
	指定收货人可以背书并转让提单	

显然，对于出口商来说在处理提单时必须小心谨慎是非常重要的，因为一个"凭空白背书指示的提单"意味着将货物的所有权转交给了提单持有人。

提单表面通常都会注明有几份正本，而且银行会要求提示整套提单，具体表述如下：2/2（也就是说，有两份正本提单，两份都要提示给银行）或者 3/3。

从纯粹的实际操作的角度看，显然保证提单顺利送达目的地以便在货物运达之后及时提货是非常有必要的。如果货物已经到港，但是提单却没有到，那么提单就成了过期提单，显然会导致清关延误。

有时候，由于延误清关可能会产生一些额外的费用，这被称为滞期费，而且可能会是一笔不小的支出，特别是对于比较繁忙的港口或者场站来说更是这样。

采用跟单信用证结算的条件下，如果提示提单的日期晚于信用证要求的单证提示日期，银行也会将提单看做是过期提单。信用证规定的单证提示日期通常是签发后 7～15 天，如果没有特别说明的话，银行则假设是签发之后 21 天之内。

□ 18.3.6　与提单相关的术语

1. 收货单

确认货物处于承运人的控制之下，但是还没有被装上船。使用集装箱的"站到站"运输越来越多使得收货单的使用也越来越多，只要货物被运抵内陆的集装箱场站，就要签发收货单。

货物被装船之后，收货单上会加盖"已装船"的印章以及装船时间，这时收货单也就变成了船运提单。

2. 联合运输提单

联合运输是指对通常意义上的集装箱海运进行延伸，从起运地的某个场站到目的地的某个场站的整段航程都要包括在内。整个运输过程都受提单所代表的同一份运输合同约束，因此，实际上是公路运输——海运——公路运输。集装箱运输公司所签发的大部分提单都"可以作为联合联运提单"。以内陆某个地方为目的地的提单也被称为"全程联运提单"。

3. 转运提单

转运是指货物不是被直接运往目的地，而是要通过第三方港口，使用两条不同的货船，但是提单可能是对两条船都有约束力的。这里提到的两条船也可以被称为短程运输船和海运船，而且和起运港、目的港一样，转运港的名字也要体现在提单上。

使用信用证结算的条件下，可能不允许转运，但是只要提示给银行的是同一套运输单证，它们就不会认为是转运。

4. 拼货提单

对于那些发货量不足以装满一个集装箱或者是公路运输的一辆拖车的出口商来说，向拼货公司求助是很普遍的做法。拼货公司会把几个出口商托运的货物进行分类归置并一次发运，此时船运公司签发的是一套拼货提单。

拼货公司可能会签发装船凭证，它所起的作用类似于货运代理的收货单或者叫货代提单，也就是通常所说的"无船承运人提单"（non-vessel owning common carriers bill，NVOCC），这种提单的效力要排在船公司签发的提单的后面。

5. FITA 提单

国际承运人联合会签发的提单，在信用证结算的条件下，可以视为海运提单同等对待。这种提单被认为是由船公司的代理人签发的。

6. 通用提单

在简化贸易流程委员会（SITPRO）的支持下推行的，通用提单（common bill of lading）旨在取代由船公司签发的五花八门的各种提单。承运人的名称事先并不会印在提单上，而是留出一定的空白供事后填写。颇为遗憾的是，通用提单的使用并不普遍。

7. 简式提单

提单背面的详细条款都被省略了，而是改为参考承运人的"标准承运条件"，并且与提单正面的首要条款相一致。

不管是通用提单还是简式提单，都是信用证结算方式下可以被银行接受的，除非信用证中明确表达了拒绝接受这些提单的意思。

8. 遗失/损坏的提单

在这两种情况下，延误是不可避免的了，但是可以通过赔偿信来尽量降低延误程度。这样一来，即便没有提示正本提单，也可以提货。晚些时候再补签提单正本和副本。赔偿信必须由银行辅签，而且如果没有发货人同意的话，在目的地是不被接受的。

18.4 运单

运单可以用于包括空运、公路运输和铁路运输在内的多种运输方式，它和海运提单有很多相似的特征，但是也有一个非常重要的区别，具体如表 18—1 所示。

表 18—1　　　　　　　　　　海运提单和运单的对比

海运提单	运单
收货凭证	收货凭证
承运合同的证明	承运合同的证明
物权凭证	物权凭证
提示提单正本后提货	货物交给指定的收货人

运单签发后，承运人会在目的地放货。没有必要再为了获得货物的所有权而缮制运输单证。这样做的优势是便捷，因为承运人在目的地放货和获取某种单证没有直接关系。

但是，需要认识到的一点是，运单并不是物权凭证，不能用来转让对某种货物的所有权。在这方面，最容易出问题的是那些空运到高风险市场的货物。

18.4.1 空运单的签发流程

出口商或其代理商向航空公司发一封指示信。在相当大一部分情况下，空运业务是通过航空公司的代理机构完成的，而不是直接和航空公司打交道。因此，空运分提单——由空运代理公司签发的提单——和航空公司签发的空运单不一致的情况并不少见。但是，只要航空公司辅签了空运分提单，那么在信用证结算方式下，就被视为航空公司的收货凭证。

空运单也是成套签发的，可能会包含多达 12 份副本，至少 3 份正本：

（1）航空公司保留一份；

（2）寄给收货人一份；

（3）返回给出口商一份。

除了 3 份正本之外，空运单还会包含若干份副本，供内部交接和信息传递使用。空运单本身并不是物权凭证，但是在某些国家和地区，凭空运单可以货到付款。

在出口商认为存在一定风险，希望获取一定保障的情况下，也可以指定其他当事方而不是买方作为收货人。如果你并不完全信任买方的话，那么就不要把它作为收货人；选择一个你充分信任的人或机构作为收货人，比如银行。在空运、公路以及铁路运输中，把银行作为收货人的情况并不罕见，在这种情况下，就不再是根据单证，而是根据特定指令来提货并结算货款。

不管是人还是货物的空运都要受《蒙特利尔公约》（该公约自 2009 年开始取代了《华沙公约》）的管制。

□ 18.4.2　公路运单

在《国际公路运输合同公约》（CMR 公约）的制约下，公路运单是全球大多数国家的国际公路运输承运公司都会使用的一个标准的、不可议付的托运单。

□ 18.4.3　铁路运单

在《国际铁路运输合同公约》（CIM 公约）的制约下，铁路运单是国际铁路运输承运公司的一个标准托运单。

不管是公路运单还是铁路运单，都可以作为承运人收货的凭证以及承运合同的证明，但是它们都不能作为物权凭证。

《蒙特利尔公约》、《国际公路运输合同公约》以及《国际铁路运输合同公约》的条款分别是空运单、公路运单以及铁路运单的首要条款。

□ 18.4.4　海运单

正如我们在前面已经看到的，提单是海运中的一种专门化的运输单证，而且独具特色的一点是它也充当了物权凭证。从保证出口商拥有对货物的实际控制权的角度来说，这种做法具有明显的优势，但是在提单晚于货物送达目的地的情况下，这种做法又显得很不方便。

在近距离海洋运输中这一问题显得格外严重，因为这时很难在货物运达目的地之前将提单送到。在这些情况下，船运公司签发海运单或者班轮运单的情况就比较常见了。海运单和班轮运单可以起到收货凭证和承运合同证明的作用，但是它不是物权凭证。

这类海运单在经过远洋运输，供货给低风险客户以及像美国、澳大利亚、南非这样的市场时用的比较多，有时候也被称为快递单，因为不需要提示提单就可以快速提货。

18.5　承运人的义务

在本书中我们并不打算讲授运输公约那些复杂的条款，但是我们有必要强调一个问题，即货物在承运人控制下的整个过程中发生损失或者毁坏后，承运人需要承担怎样的责任。

运输公约对承运人"义务"给出了一个基本的规定，即"及时、足值地将货物运到目的地"。但是，需要注意的是，这一规定给承运人提供了最大限度的保护。不同公约为承运人提供的保护的下限是不同的。但是现在这些公约基本都使用一个统一的计量单位，即"特别提款权"（SDR），其价值在各国国内财经媒体上公布。

类似地，在目前公约下，承运人需要承担的最大限度的赔偿义务是（2010年时 SDR 是用英镑标价的）：

· 海运：《海牙—维斯比规则》每包 660 英镑或者是每吨 2 000 英镑；《汉堡规则》每包 840 英镑或者是每吨 2 500 英镑；

· 空运：《蒙特利尔公约》每吨 17 000 英镑；

· 铁路运输：（CIM 公约）每吨 17 000 英镑；

· 公路运输：（CMR 公约）每吨 8 330 英镑。

18.6　危险品的运输

危险品的出口商需要采取图 18—1 中列出的所有行动。

□ 18.6.1　国际规则

联合国危险品运输专家委员会（Unites Nations Committee of Expert on the Transport of Dangerous Goods）每两年会修订一次关于危险品运输的指导意见，通过业内熟知的"橙皮书"（Orange Book）的形式对外发布。随后，这

商品的识别 ——————→ 全名

商品隔离 ——————→ 参照各种运输手册

海运　　公路运输　　铁路运输　　空运

商品分类 ——————→ 危险级别，联合国商品编码

商品合规处理 ——————→ 包装和标识规则

危险声明 ——————→ 海运
　　　　　——————→ 空运

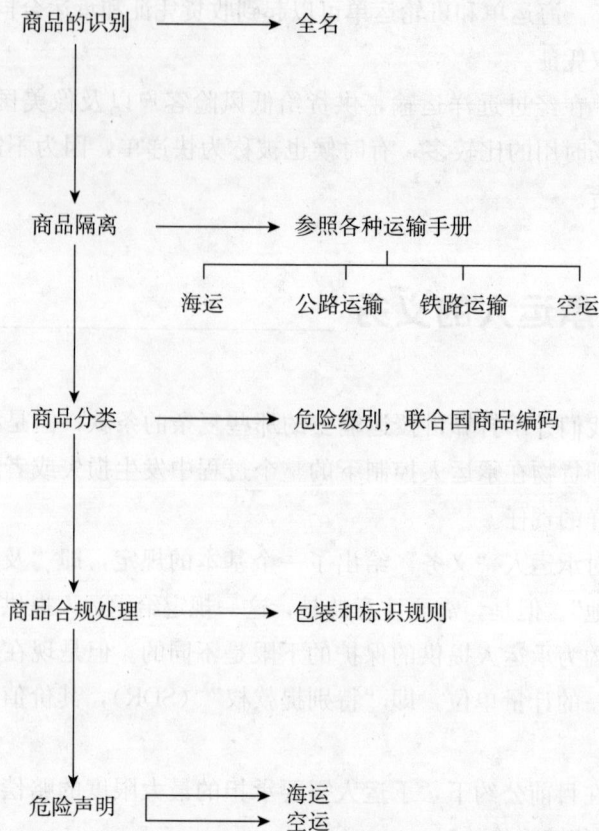

图 18—1　危险品的处理

些指导意见在加以适应性调整之后，会在针对各种国际货物运输方式的权威机构发布的监管规则中予以体现。这些权威机构以及它们制定的监管规则包括：

·海运：国际海运组织（International Maritime Organization，IMO），《国际海运危险货物规则》（International Maritime Dangerous Goods Code，IMDG）；

·公路运输：欧洲经济委员会（Economics Commission for Europe，ECE），《危险品公路运输规则》（Accord Dangereux Routier，ADR）；

·铁路运输：国际铁路运输总办事处（Central Office for International Rail Transport，OCTI），《国际危险品铁路运输规则》（Reglement International Dangereux，RID）；

·空运：国际民航协会（International Civil Aviation Organization，ICAO）。

□ 18.6.2　技术说明

在处理待运的危险品的过程中，以下规定是基本的要求：

· 商品的识别标志；

· 包装以及标识方面的要求；

· 在单证上作出必要声明。

□ 18.6.3 商品的识别

应该使用商品准确的化学名称而不是使用品牌或者是所有人的名称。因此，"2 000 升 Gramoxone"这种说法是不符合要求的，因为这是一个品牌名称；正确的说法是"2 000 升稀释后的二氯化物"。

但是，文字描述有时候并不足以详细地揭示危险品的所有细节，因此还需要更加准确的分类标准。目前用得最多的是《联合国商品分类目录》，它把所有商品包括危险品都纳入了进来。在货物运输中，必须把联合国四位商品分类编码写在相应位置作为一种声明。另外，危险品又被分成了九个危险等级。这是《国际海运危险货物规则》（IMDG）以及其他分类标准（针对空运做了适当的调整）的基础，并且形成了一个标准化的危险品警示标签制度。

具体的九个危险等级是：

1. 易爆品；

2. 气体：

    2.1　可燃；

    2.2　不可燃；

    2.3　有毒；

3. 可燃液体：

    3.1　燃点低于18°；

    3.2　燃点介于18°～23°之间；

    3.3　燃点介于23°～61°之间；

4.

    4.1　可燃固体；

    4.2　易自燃；

    4.3　遇水会产生可燃气体；

5.

    5.1　氧化剂；

    5.2　有机过氧化物；

6.

    6.1　毒害品；

    6.2　传染性物品；

7. 放射性物质;

8. 腐蚀性物质;

9. 其他。

以上每一个分类都有一个专用的全球通用的危险品警示图形。

18.6.4 包装与标识要求

根据对商品的危险性分类,联合国对危险品的包装要求也做了一个简单的划分,分别是:

· 包装级别 1:高度危害;

· 包装级别 2:中度危害;

· 包装级别 3:低度危害。

在国际公路以及铁路运输中,分组级别的代码分别改成 a、b、c。

每种运输方式针对不同危险品分类,都有自己独特的也更加详细的包装要求。大部分包装要求还必须得到纸和纸板、印刷与包装研究协会(PIRA)的同意。

18.6.5 单证声明

任何发运危险品的出口商出具一个书面的声明,说明危险品被准确分类、包装并做了相应标识以及可以发运是非常有必要的。在海运中针对危险品运输使用的是危险品托运单(Dangerous Goods Note,DGN)。危险品托运单上不仅会注明所托运商品的确切性质,而且会取代普通的不适用于危险品运输的托运单,作为一个书面的订舱申请而不是通常那种口头订舱方式。

对于空运来说,相关单证不再是危险品托运单,而是发货人按照国际航空运输联合会(IATA)的规定所做的声明。前面讲到的技术性要求适用于所有的运输方式,但是每种运输方式都会根据自身特点对这些要求做一些调整,对相关操作做一些拓展。

18.6.6 危险品的海运

《国际海运危险货物规则》(IMDG)目前已经被大多数贸易国承认——在英国则体现在《商品(危险品以及海洋污染物)运输规章》(Merchant Shipping (Dangerous Goods and Marine Pollutants) Regulations)中。除了四位编码之外,还包括应急处理程序、紧急医疗救助指南、报告程序以及关于货物包装的指导原则等内容。

这意味着出口商需要提供的信息还要包括 EmS 号（紧急处理程序代码）以及 MFAG 号（紧急医疗救助指南代码）。最后，出口商任何时候都不能用《国际海运危险货物规则》（IMDG）的页码作为危险品的标识，因为国际海运组织的出版物有不同的语言版本，它们在同一页的内容可能是不同的，而且修订可能会导致各个页码对应的内容发生变化。

18.6.7　危险品的公路运输

《危险品公路运输规则》（ADR）同样也得到了很多国家的认可。它针对汽车运输货物提供了一个指导规则。其中附件 1 是和商品分类、包装与标识有关的内容。附件 2 则与车辆类型、装货、储存、安全设备以及司机的专业训练等有关。

《国际海运危险货物规则》（IMDG）的九大分类基本上仍然适用，但是《危险品公路运输规则》（ADR）没有对不经过起运国交通运输官方机构特殊处理不能进行运输的"限制性货物"和"非限制性货物"作出区分，只要货物符合《危险品公路运输规则》（ADR）的规定即可进行运输。在每个大类下面，《危险品公路运输规则》（ADR）又用 1°、2°、3°等等做了更细的分类，比如根据该规则，苯属于"3.3°（b）"。

《危险品公路运输规则》（ADR）也接受标准化的危险品警示图标，但是，除此之外，运输车辆还必须刷上橙色的方形标志（有时候也被称为 Kemler 盘（Kemler plate）），上面不仅要有毒害物品的标志，而且要有提供专业咨询服务的电话号码。在欧盟地区内部，《危险品公路运输规则》（ADR）的最后一个也是非常重要的一个要求是，需要随货物一起提供用途经各个国家的语言书写的交通运输紧急状况卡（Tremcard）。

18.6.8　危险品的铁路运输

《国际危险品铁路运输规则》（RID）是铁路版的《危险品公路运输规则》（ADR）。这两个规则的要求非常类似，因为国际货物运输经常同时用到这两种运输方式。在大多数国家，通过签署《国际铁路运输公约》（Convention Concerning the International Carriage by Rail，COTIF），《国际危险品铁路运输规则》（RID）获得了法律效力。

□ 18.6.9 危险品的空运

作为与国际海运组织（IMO）类似的组织，国际民航协会（ICAO）发布的《危险品安全空运技术指南》（Technical Instructions for the Safe Transport of Dangerous Goods by Air）已经得到很多国家的认可。

但是，在实际应用中，真正作为操作指南的却是国际航空运输联合会（IAYA）发布的《危险品监管规定》（Dangerous Goods Regulation），该规定每年发布一次，在某些方面可能比 ICAO 的规定要更加严格。另外，书面的声明也不是危险品托运单——这是海运专用的声明——而是 IAYA 的"发货人关于危险品的声明"（Shipper's Declaration for Dangerous Goods），而且发货人必须亲自在声明上签字，不能由代理公司代签。

前面提到的危险品的九大分类同样也适用于空运，除此之外还增加了磁性材料，并对可以用客机空运的货物和只能用货机运输的货物做了区分。《危险品监管规定》还对包装以及标识要求做了具体说明，特别是对单件货物的尺寸做了限制性规定。

国际民航协会相关规定的一个重要特色是，经常通过航空方式发运危险品的发货人必须接受由国际航空运输联合会（IAYA）认可的一个官方培训。培训包括为期三天的课程，最后参加一个资格考试。另外，被培训人每两年必须重新接受一次培训，以便保持资格证书处于有效状态。

空运方式有一些自身特有的问题，特别是货物在空中时所面临的温度以及压力可能会发生较大变化。这就意味着在海运方式下没有危险或者是危险较低的货物如果使用空运的话，可能也要申报，因为对空运来说它们可能就是高危险性的。这类商品包括气压计、血压计以及其他一些涉及水银的电子设备、固体碳（干冰）甚至是用一些纤维材料制成的玩具等。

与空运有关的另一个问题是安全。自洛克比空难以来，英国针对货物的安检工作在《1990 年航空与海洋安全法》（Aviation and Maritime Security Act 1990）的支持下，大大加强。相关方面不仅收紧了对"已知"和"未知"发货人的定义，而且要求提供针对发运货物安全性的证明。另外，《1992 年航空安全法规》（Aviation Security（Air Cargo Agents）Regulations 1992）出台后，相关机构根据一些经常空运货物的发货人以及它们的代理机构的安全保障体系的可靠性，列出了一个白名单，名单上的发货人可以避免不在清单上的发货人可能会遇到的严格的检查以及因此造成的延误等问题。

后来发生的一些事件，特别是 2001 年的"9·11"事件也对所有运输模式下货物的安检问题提出了越来越大的挑战。与运输安全有关的问题可以参见第 6 篇。

第 6 篇

海关管理

第19章

出口流程与单证

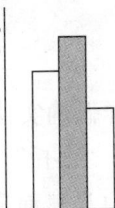

所有的出口商和进口商都必须遵守海关的规章制度，并且不得将这一职责和义务交由第三方代为履行。不过，这并不意味着它们不能使用代理，事实上，大部分清关业务都是由代理代表出口商完成的；但是，出口商和进口商要对所提供信息的真实性负责。正是这一要求，加上要给代理商下达指令并对其支付报酬，使得出口商通常至少对海关的要求有一个起码的了解。

牢记遵守海关的各项规定是一个强制性要求，违反海关规定可能要付出沉重的经济和时间代价这一点是非常重要的。要知道，"没有引起足够重视"从来都不能作为违反海关规定的理由，因此，显然所有出口商都应该了解与自己有关的事项。

也许看上去很难理解，但是海关的管理工作确实有着自己的逻辑。没有哪个单证或者是哪一个步骤是为了给你增加麻烦而设置的。它们的存在都有很好的理由，而且很多时候，完成这些工作往往非常简单而不是像你想的那么困难。事实上，对海关的业务流程有一个更好的理解可能会给你提供一个机会，减少你为了遵守海关规定而花费的时间和金钱。有时候，海关甚至会返还一些费用给你。

▮ 19.1　海关管理概述

正如我们可以把出口单证分成四个基本的大类一样（参见第 18 章），我们可以把一系列涉及范围广泛、烦琐的海关流程分成三大类，具体如下所示：

- 出口（起运地）；
- 转口；
- 进口（目的地）。

这个分类方法可能看上去有点过于简化了，但是这样做确实让我们可以比较合理地把犹如一座大山的海关业务归集成三个比较小的"山丘"。另外，这样做也可以让我们看到一个很重要的——虽然可能看起来也是显而易见的——结论：那就是参与国际贸易的货物在整个运输过程中都处在海关的监控之下。

货物从出口国起运地的海关出发（可能需要出口报关手续），经过转口国的海关（如果有的话），抵达目的地海关（可能需要进口报关手续）。某些货物的进出口仅仅涉及起运地和目的地的海关，比如两个机场或者港口之间的空运和海运。但是在公路运输和铁路运输中，货物从起运国出发，很有可能会途经若干个国家才能抵达目的国，因此就需要在这些国家办理海关转口手续。

那么，在这个过程中究竟存在哪些管制措施呢？

19.1.1 出口

所有国家都对离开本国边境的产品感兴趣，但是无一例外地这不过是因为它们希望知道这些产品的数量。所有发达国家都设计了一个非常复杂、精细化的系统来统计各种贸易数据，这些信息被认为对一国经济发展规划至关重要，而且这种想法本身也是对的。尽管发展中国家所采用的海关信息统计系统可能要简单得多，但是所有国家都会对出口数据进行统计和分析是一个不争的事实。实际上，绝大部分出口商品都仅仅具有统计上的意义，被海关归入"无须管制"类商品（有时候甚至被称为"无辜"商品）。

但是，有些商品的出口则不仅具有统计含义，而且要受到出口管制。因此，你不可能毫无阻碍地把台风式战机出口到伊朗，这时你需要首先获得出口许可证。对出口商施加管制的海关制度我们会在本章后面的内容中加以介绍。

19.1.2 进口

全世界所有国家都很关注进入本国国境的产品。实际上，和离开本国国境的商品相比，所有国家都更加关心进入本国国境的商品。这源于以下事实：尽管大部分出口商品都属于无须管制的范畴，但是对于进口商品来说从来都不存在无须管制这回事。进口和出口一样具有重要的统计意义，但是针对进口的管制措施可能要多得多。我们可以把这些措施分为：

关税壁垒：关税、各种国内税、许可证、配额；

非关税壁垒：即各种标准，比如技术标准、医疗卫生标准、健康与安全标准等。

此外，针对某些特定类型的商品，比如危险药物、活的动物（兽类）以及植物等，还有一系列特殊的限制性关税措施。对此我们会在后面的内容中做更加详细的介绍，但是需要记清楚的一点是，所有进口活动都会面临诸如此类的管制措施。即便产品进口享受了零关税，但是在欧盟内部也会被征收增值税，而在其他国家也会面临类似的税负。

我们还应该记住的一点是，当世界上第一支消费税征收人员被组织起来——在 16 世纪的英国——代表伊丽莎白一世女王向酒类和烟草类制品征税时，英国的海岸线被划分成了不同的"税区"。这些税务人员的主要工作就是征税，在英国，中央政府几乎 65％的收入来自针对进口商品的关税以及各种国内税。全球大多数其他国家也都是遵循类似的历史模式，来建立它们自己的基本海关制度的。

一个很清晰而且符合逻辑的进步是，英国的消费税征收工作逐渐和管理商品与人员流动的海关的工作融合在一起，并组建了英国关税署（HM Customs and Excise），并且后来又和负责征收直接税的英国税务局（Inland Revenue）合并，成为现在的英国税务与海关总署（HM Revenue&Customs）。

□ 19.1.3 转口

正如我们在前面的内容中提到的，货物从起运国到目的地的过程中，途经其他国家的海关并不是什么新鲜事。事实上，对于国际公路和铁路运输来说，这是经常会碰到的情况。这时，最好的做法是货车司机告知途经的第一个国家的海关，自己仅仅是从它们国家经过而已，并不会停留，海关工作人员则选择相信这些司机的话并且允许他们进入本国边境。这是一个很理想的状态，但是恐怕你也能想象得到，事实并不会如此简单。要记住的是，这些商品一旦留在该国，就要受到我们前面曾经提到的那些进口管制措施的限制。转口国需要一些手段来保证这些被获准进入本国的商品确实会再次离开本国，如果这些商品最后没有离开的话，就必须缴纳应该缴纳的各种税负。

另外，即便撇开这些商品不说，考虑到货车本身也是有较高价值的，所以那些口头承诺自己会离开的司机完全有可能将商品、货车都卖了，甚至有可能把油箱里的柴油也卖了，因此会有一大笔收益需要缴纳关税、消费税等。除了以上应承担的税负之外，这些商品可能还会面临其他的管制措施。正是综合这些考虑，人们才制定了商品的转口贸易流程来保护转口国的利益，对此我们会在本章后面加以详细介绍。

19.2 欧盟

在介绍这些海关程序之前，我们有必要对另外一个问题先做一个简要的介绍。英国不仅是一个自由贸易区的成员国，而且是一个关税同盟的成员国。这两者之间的区别是非常重要的。自由贸易区——比如北美自由贸易区（由美国、加拿大、墨西哥三个国家组成）——是建立在成员国承诺对从其他成员国进口的商品免征关税的基础上的。因此，原产自加拿大的商品进入美国时享受零关税，产自英国的商品进入美国市场时就要按照规定缴纳关税。但是，产自英国的商品在进入美国市场时面临的税率和该商品进入加拿大、墨西哥市场时面临的关税却并不一定是相同的。自由贸易区的成员国对非成员国的关税税率并不统一，它们只是针对成员国有特惠规定。

欧盟则不同。它的成员国之间不仅相互给予零关税待遇，而且对非成员国的同种商品也适用相同的关税税率。这就意味着成员国内部边境和外部边境是有明显区别的。成员国之间的边境属于内部边境，成员国和非成员国之间则属于外部边境，所有从外部即非成员国进入欧盟的商品面临的都是同一个海关——这意味着不管这些商品从欧盟众多成员国中的哪一个进入欧盟，都面临同样的海关管制；特别是关税税率，所有成员国都是统一的。

1993 年 1 月 1 日组建单一欧洲市场这个巨大变化显然就是基于关税同盟和自由贸易区的这一区别。现在，欧盟内部边境已经消除了，实现了"四个自由"，即商品、人员、服务以及资本的自由流动。

在未来，关于共同的外部关税会如何发展很大程度上取决于世界贸易组织成员内部仍在进行中的谈判的结果，这些谈判会进一步降低全球范围内的关税税率。"欧盟堡垒"——欧盟对非成员国商品设置极大壁垒——几乎肯定只能是历史了。

□ 19.2.1 哪些是欧盟成员国？

提到欧盟的海关制度，显然，对于欧盟贸易商们来说一个很重要的问题是区别哪些客户和供应商来自成员国，哪些则来自非成员国。

目前，欧盟的成员国包括（按照加入欧盟的顺序排列）：

·法国；

·德国；

- 意大利；
- 比利时；
- 卢森堡；
- 荷兰；
- 英国；
- 爱尔兰；
- 丹麦；
- 希腊；
- 西班牙；
- 葡萄牙；
- 奥地利；
- 瑞典；
- 芬兰；
- 捷克共和国；
- 塞浦路斯；
- 爱沙尼亚；
- 匈牙利；
- 拉脱维亚；
- 立陶宛；
- 马耳他；
- 波兰；
- 斯洛伐克；
- 斯洛文尼亚；
- 保加利亚；
- 斯洛伐克；
- 罗马尼亚。

至于那些有可能成为欧盟新成员国的国家，冰岛一直抵制加入欧盟，这主要是因为冰岛不愿意承担将自己传统的捕鱼业向来自成员国的渔船开放的风险。但是，一直延续到 2010 年的经济危机似乎正在迫使该国改变想法，因为该国银行业遇到了前所未有的难题，加入欧盟所能受到的保护似乎看起来越来越有吸引力。2009 年中，该国议会投票通过了申请加入欧盟的提议。

冰岛已经加入欧洲经济区（European Economic Area，EEA）15 年了，该组织允许冰岛以及列支敦士登和挪威享受商品、劳动力以及资本的自由流动所带来的收益，条件是这三个国家要遵守欧盟的单一市场立法。

上面提到的三个国家再加上瑞士同时也是欧洲自由贸易联盟（European

Free Trade Association，EFTA）的成员国，同时它们也都有较大可能成为欧盟的一员。

此外，欧洲议会也在持续关注其他一些候选国，比如克罗地亚、土耳其、马其顿，以及潜在候选国比如阿尔巴尼亚、波斯尼亚和黑塞哥维那、塞尔维亚、黑山、科索沃等在入盟方面做出的努力。

关于欧盟不断扩张所带来的后续影响，我们在本书第 29 章会进行详细的介绍。

欧盟与非成员国之间签署的特惠贸易协定后面也会有详细介绍，但是现在我们可以根据英国的贸易伙伴的不同，将这些协定分成三大类：

- 欧盟成员国：比如德国、比利时；
- EEA/EFTA 成员国：比如挪威、冰岛；
- 非成员国：比如日本、美国。

表 19—1 列出了针对不同贸易伙伴所适用的不同类型的海关管理程序（出口、转口以及进口）。

表 19—1 适用于不同类型贸易伙伴的管理制度

	出口	转口	进口
英国到欧盟	Intrastat		Intrastat
英国到 EFTA	SAD	SAD	SAD
英国到其他国家	SAD	TIR 或 TIF	？

上表中涉及的术语在我们介绍欧盟的海关管理程序时会加以解释——当然，我们会从国际出口贸易开始讲起。

19.3 出口程序

首先要说明的一点是，从 1993 年 1 月 1 日起，英国和其他欧盟成员国之间的贸易往来不能再被称作是出口和进口。在涉及贸易统计时，我们称之为离港和到港，在涉及增值税相关的问题时，我们则称之为提供和取得。

为了简单起见，在描述一般的出口程序时我们仍然会使用出口和进口这两种说法，但是在提到特定的增值税或者是贸易统计时，我们会使用更准确的术语。

为了说明欧盟的出口程序，最好的方式或许就是简要回顾一下其发展历史。

从 20 世纪 80 年代初开始，海关程序一直在不断发展变化，而且每一次变化都是为了减少贸易商需要做的工作（确实是这样）。

比如，我们以 80 年代中期从英国出口到意大利的一笔洗衣机贸易为例。出口商或者它们的代理公司必须填写出口报关单并提交给英国海关——这主要是为了统计需要。报关单可能是 C273 形式的——如果该商品在特定出口管制范围内，接下来就是一系列的发货单，比如 C63A、C1334、C1172 或者是 GW60。此外，为了顺利通过转口国比如法国，还要提供运输单证比如 T1 或者 T2。最后，意大利进口商或者是它们的代理还要填制进口报关单并提交给进口地海关。

这个过程中要涉及三种不同的报关单，它们所包含的信息基本上是相同的，而且都是在一个被认为共同的市场上使用。如果货物采用其他运输方式，情况也基本相同；只是意大利进口商的报关单还要多一张 T 表，加上一个英国进口报关单（C10、C11 或者是 C1）。

接下来海关程序的一个重要进步便是用一个相同的单证将三种不同类型的海关管理活动——出口管理、转口管理、进口管理——联系在了一起，这一改进显然也是符合逻辑的。

后来引入的这个单证便是我们所熟知的"单一管理单证"（Single Administration Document，SAD），它从 1988 年 1 月 1 日开始投入使用，在英国被称为 C88。很重要的一点是，SAD 不仅引入了英国一个国家，而是在 18 个欧洲国家都开始投入使用（其中包括欧盟的 12 个成员国以及 6 个 EFTA 成员国）。这个单证实际上取代了在整个欧洲大陆使用的将近 150 种不同的单证，其中包括我们在上面英国对意大利出口的例子中提到的各个单证。

最新也是最重要的进展出现在 1993 年 1 月 1 日，和其他一系列的单一市场提议一起，内部统计（Intrastat）流程被引入到实际工作中，它取代了欧盟成员国之前的贸易中所使用的 SAD，但是对 SAD 在欧盟成员国与 EFTA 成员国之间的贸易活动中的应用没有影响。因此，现在 SAD 已经和欧盟成员国内部的贸易没有什么关系了。

正如表 19—1 所示，我们现在面临的现实情况是 Intrastat 和 SAD 交叉使用，具体使用哪种做法主要取决于货物的目的地是哪里。

□ 19.3.1 Intrastat

根据出口商业务量大小的不同，欧盟内部贸易统计信息的收集工作可以通过三种不同层次的报关活动来完成：

· 所有增值税（VAT）登记在册的出口商都必须填写正式的增值税退税单，即目前的 VAT100，并分别用 Box8 和 Box9 提供针对欧盟客户的销售总额以及从欧盟供应商那里取得的所有商品的价值总额。

·在欧盟地区的业务额低于特定门槛的（2010 年，到港总值为 60 万英镑，离港总值为 25 万英镑）只需要填写欧共体销售清单（ESL），通常是按照季度进行申报（规模特别小的公司也可以按年申报），使用的表格是 VAT101，需要在上面列出它们在欧盟的业务以及每个供应商或者客户的 VAT 号码。

·业务额高于上述门槛的所有企业除了需要提供欧共体销售清单外，还必须在每个月结束后的 10 个工作日内，完成补充统计信息申报（supplementary statistical declarations，SSD）工作。

贸易企业无须申报下列活动和信息：

·临时性的出口业务；

·包装；

·样品；

·展品。

尽管申报工作看上去非常复杂，但是事实上对于规模较小的贸易企业来说（这类企业大约有 15 万家），要做的工作比看起来的要简单得多，因为它们无须再针对每一笔业务单独进行 SAD 申报。对于规模较大的贸易企业来说（这类企业大约有 3 万家），情况也并不比以前更差；仅仅是统计申报表的格式发生了变化而已。

□ 19.3.2　申报

Intrastat 系统的引入并没有影响到贸易企业对代理公司的选择，很多贸易商依然继续选择让后者代表自己完成海关申报工作。一个可能的问题是，因为现在所有的信息都体现在一个综合性的表格里，贸易企业和几家不同的代理公司合作这一事实导致信息的填写变得更加困难。当然，或许这意味着只选择和一家代理商合作可能是比较有利的做法。

但是，没有任何理由认为贸易企业无法独立完成欧共体销售清单以及补充信息申报单的填制工作。

需要说明的第二点是，海关特别鼓励贸易企业以及它们的代理提供非纸质的申报单。Intrastat 系统用到的各种表格可以通过以下两种方式中的任何一种进行提交：

·通过互联网提交：即通过在线表格或者 CSV（comma separated variable）文件的方式提交相关信息；

·通过电子数据交换（EDI）系统提交：符合 EDIFACT 标准的数据可以通过很多方式提交。

企业也可以通过在线方式来修改此前提交的信息。所有 Intrastat 系统的用户、代表 Intrastat 用户提交信息的代理机构、独立于总部单独提交信息的一些规模较大的分公司都可以享受这一便利。

具体来说，相关企业可以通过用户名和密码——用户名是注册时使用的名字——登录海关的网站来完成这些工作。具体的操作方式也可以分为两种：使用在线表格输入相关数据，使用 CSV 文件离线完成申报。

□ 19. 3. 3　增值税与单一市场

通过前面的介绍我们可以清楚地看到，欧盟内部贸易统计数据的收集工作和在该地区统一实施的增值税制度密切相关。目前的情形是，英国出口到欧盟成员国的货物仍然适用的是零关税发票，在必要的时候需要提供出口证明。另外，买方的增值税注册号码必须在发票上体现出来。

因此，我们熟知的所谓"目的地"原则依然适用，即欧盟地区统一实施的增值税将在进入进口国的时候征收。至于英国从欧盟其他成员国进口的商品，则使用递延账户，该账户使得进口商将应该缴纳的增值税计入它们增值税退税栏的"应纳税金"账户。但是，英国从非欧盟成员国进口的商品则要立刻缴纳或者是在随后缴纳增值税。

□ 19. 3. 4　单一管理单据（SAD）

正如我们已经知道的，SAD（C88）自 1988 年 1 月 1 日开始引入，取代了欧盟和欧洲经济共同体所有成员国所使用的将近 150 种海关单证，将 18 个西欧国家在出口清关、转口清关以及进口清关等三项业务方面的要求集中整合到一个单证中。

随着 Intrastat 程序的引入，从 1993 年 1 月 1 日开始，欧盟成员国之间的贸易不再使用 SAD，但是对于和非成员国的贸易来说，SAD 仍然起着非常重要的作用。这些非成员国可以划分为欧洲经济共同体国家和其他国家，因为前者从 1988 年 1 月 1 日开始也引入了 SAD，而且在欧盟成员国引入 Intrastat 程序之后依然保留了 SAD。因此欧盟成员国在和瑞士、挪威、冰岛以及列支敦士登的贸易往来中依然会用到完整版的 SAD——一个长达 8 页的单证。但是正如我们下面将要看到的，欧盟国家在和除以上四个国家以外的非成员国进行贸易往来时，只会用到 SAD 的一部分。

SAD 的作用可以按照以下方法进行整合分类：

·第 2 页和第 3 页：出口清关；

- 第 1 页、4 页、5 页、7 页：转口清关；
- 第 6 页、第 8 页：进口清关。

举例来说，一批从英国发往挪威的货物可以使用同一个完整版的 SAD，完成在英国的出口清关、途径所有国家的转口清关以及在目的地的进口清关工作。同样地，假设英国从冰岛进口一批货物，也可以通过同一个 SAD 完成所有清关手续。

在实际工作中，所谓的"按需分割"的做法更加常见。具体说来便是将一个完整的 SAD 按照业务分成不同的模块，从而出口清关和转口清关、进口清关可以分别使用不同单证来完成。把进口清关工作和出口、转口清关区分开来的做法非常普遍，因为进口商通常是在货物实际抵达目的地之前就开始着手进行进口申报的工作。

□ 19.3.5 国家出口系统（NES）

作为一个新的出口管理系统，国家出口系统（national export system，NES）从 2002 年 3 月起正式在多佛港开始投入使用，并且从 2002 年 10 月 28 日开始推广到英国的所有港口，而机场在 2003 年中以前则属于过渡期。英国和所有非欧盟成员国的进口和出口业务都属于该系统的管辖范围。

国家出口系统取代了此前的出口管理系统，尽管出口商依然可以使用 C88 纸质单证进行预报关，但是海关的工作人员在货物被放行装船之前，必须将这些单证中的信息录入到 CHIEF（下文有专门介绍）中。

所有的出口商以及货运代理都可以使用国家出口系统进行报关——与它们的货运量或者是吞吐量没有关系，而且英国海关鼓励这些公司充分利用该系统的优势。

□ 19.3.6 CHIEF 系统

CHIEF（customs handling of import and export freight，CHIEF）系统最初是用来控制和统计英国所有的——不管是海运、空运还是陆运方式——国际进口贸易活动的。该系统将海关办事处和英国的机场、港口、内陆转运站以及数千家企业联系在一起。现在，该系统也可以负责处理所有的出口清关业务。

在国家出口系统下，企业可以通过以下电子路径中的任意一种来办理申报手续：

- 通过社区服务供应商（community system providers，CSP）申报；
- 使用 EDIFACT 附件通过电子邮件申报；

- 利用 X400 电子邮件以及 EDIFACT 附件申报；
- 在线填表申报。

19.4　出口许可证

英国的《2004 年出口管理法》（Export Control Act 2004）针对在被获准离开英国运往某些目的地之前，需要获得出口许可证的商品列出了一个最新的详单。对有形商品出口的管制一直存在。但是，新的法案将管理范围进一步扩大到由英国企业负责组织协调、在第三方国家之间流转的货物，同时无形商品比如信息的流动也被纳入管辖范围。甚至对于身在海外的英国人来说，这些管理规定也是适用的：

（1）针对军用目的而设计、可用于军用目的以及/或者是出现在政府军用物资清单上——比如军用物品、安保用品、军火、大规模杀伤性武器等——的任何商品的出口；

（2）包含技术信息的物质载体的出口，比如邮件、电脑、CD 等；

（3）军事信息通过电话、电子邮件或者传真等电子手段的传递。

需要强调指出的是，即便产品的申报用途不在上述范围内，但是如果产品具有双重用途，而且其中一种用途属于受限范围，那么这些产品也要申领出口许可证。

申领出口许可证需要通过 SPIRE 向英国商业创新技能部（Department of Business，Industry and Skills，BIS，也就是以前的 DTI，更早以前叫 DERR）下属的出口管理局（Export Control Organization）提出申请。SPIRE 是一个用来处理许可证申领工作的全电子化系统，从 2007 年 9 月 3 日开始投入使用，同时取代了所有其他向出口管理局申领许可证的方法。

农产品也要受到 DEFRA 实施的类似的管制。

19.5　从保税仓库出口

所有进口到欧盟地区的商品首先都要进入保税区。这是指向海关提供一定的保证金的做法。如果仓库所有者在没有得到海关允许——通过发送"免费"信息的方式——的情况下就办理了货物交接手续，那么这笔保证金也可以保证海关的收益。但是，商品再被运出保税区进行再出口的情况很罕见。那些被运出保税区的商品如果被用于本国消费的话，则要征收关税。

消费税是针对某些进口商品征收的，而且已经有了 400 多年的历史。全球大部分国家都会征收消费税的商品主要包括以下几个大类：

- 含酒精类产品：烈酒、啤酒、白酒甚至是化妆品；
- 烟草类产品：香烟、雪茄；
- 矿物油类：汽油、柴油、润滑油。

这类商品进口到英国之后就会被征收消费税，英国本土生产的产品也要缴纳消费税；但是如果是用于出口则可以免交消费税。因此，根据这一规定，举例来说英国国内消费的威士忌酒要征收消费税，但是用于出口的威士忌则可以免交消费税。

关于这个问题，读者还需要注意的一点是，从 1993 年开始，货物在欧盟各个成员国的保税仓库之间的流转是由被获准成立的一类新型贸易商——被称为注册经销商和承运人（REDS）——来完成的，REDS 被获准接受来自其他欧盟成员国的应税商品。一个为多家进口商提供服务的代理商可能就是 REDS。

19.6　加工减免

19.6.1　进口加工减免（inward processing relief，IPR）

如果商品是从欧盟国家之外进口然后再用于出口，那么在进口时它们可以享受应纳税减免。这种减免可以通过在商品进口时暂缓征收的方式来做到，在这种情况下所有商品通常都必须在六个月的时间内再次出口。另一种做法是，先如实交税，然后在商品再出口之后再申请退税。需要强调的一点是，这里所说的再出口仅仅适用于出口到非欧盟成员国的商品，也就是说这些商品必须离开欧盟地区。这些减免做法适用于进口商品再包装之后出口的情况，或者更重要的是，再出口是进口加工的结果的情况。只要可以证明进口的商品真的是为了再出口目的，那么复杂的加工过程就可以申请减免。例如，从远东地区进口印花纺织品，制成毯子之后再出口到美国，那么就可以申请减免。

19.6.2　出口加工减免（outward processing relief，OPR）

这是和前面提到的进口加工减免类似的做法，区别是出口加工减免针对的是出口到欧盟之外的国家和地区，进行一定的加工处理后再进口到欧盟的商品。同样，在提交申请并获准之后，海关会对商品进行再加工之前的价值免征关税，只对出口后进行加工从而增值的部分征税。不难得出，这一做法同样适用于对商品进行修理或者更新，而且对进口商来说这些工作是免费的以至于没有增加值需要交税的情况。

还有一种做法叫返还商品减免（returned goods relief）。具体来说便是，对于出口后又返回出口国的商品——通常是瑕疵品，增值税和关税都可以减免。

最后需要说明的是，进口加工减免和出口加工减免完全可以实现完美的结合。举例来说，根据进口加工减免（IPR）规定，商品可以进口到一国并且进行加工，然后再出口，然后再按照出口加工减免（OPR）规定重新进口到该国。多和你所在地的海关进行沟通，是找到可以享受的减免待遇的关键。

□ 19.6.3　欧盟之外

前面介绍的详细出口流程适用于欧盟所有的成员国。与欧盟之外的其他国家和地区开展贸易的流程与此类似，但是不同国家和地区所需的单证肯定是不同的。例如，美国普查局（census bureau）强制要求贸易商必须通过自动出口系统（automated export system，AES）或者是 AESDirect——这两个系统都由美国海关边防总署负责管理——填写并提交出口信息，并且必须要通过自动出口系统（AES）在货物离境之前提交电子出口信息。

美国海关边防总署还要负责保证进出美国的所有商品都必须符合本国的相关法律法规。虽然海关边防总署会代替其他政府机构履行与出口管制有关的工作，但是与商品许可证有关的具体问题仍然由相关主管机构负责。

需要取得出口许可证的一些基本商品可以通过登录它们的主管机构——比如美国商务部工业与安全局（Bureau of Industry and Security）、国务院国防贸易控制局（Directorate of Defense Trade Controls）、烟酒枪炮及爆裂物管理局（Bureau of Alcohol，Tobacco，Firearms and Explosives）、缉毒署（Drug Enforcement Administration）、核管理委员会（Nuclear Regulatory Commission）、海外资产管理办公室（Office of Foreign Assets Control）、普查局——的网站进行查询。这些网站上还有大量来自其他承担着出口管理工作的机构的信息。

□ 19.6.4　美国：《国际武器贸易条例》

《国际武器贸易条例》（International Traffic in Arms Regulations，ITAR）由针对名列《美国军火清单》（United States Munitions List，USML）的各种防卫装备和服务的进出口的一系列规章制度组成。该条例是对《军备出口管执法》（Arms Export Control Act）的补充，由美国国务院负责解释和执行，宗旨

是保证美国的国家安全，提升美国的对外政策目标。

出于一些现实的考虑，《国际武器贸易条例》规定，与防御有关的信息和材料以及与军事有关的技术（参见《美国军火清单》）只能在美国人之间进行交流分享，除非得到了美国国务院的批准或者是可以享受特别豁免政策。如果在没有得到国务院的批准也不能享受特殊豁免的情况下，美国人（包括机构）向非美国人提供了受《国际武器贸易条例》保护的装备、服务或者技术信息，那么可能会面临严厉处罚。

关于产自美国的受《国际武器贸易条例》管制的那些装备、服务或者信息，需要特别强调的一点是，出口商应该认识到管制适用于所有此类装备、服务或者信息，包括引申出的再出口业务。所有的再转口或者再出口活动也必须经过美国国务院的批准。

对于所涉及的产品中包含受到出口管制的美国产零部件的进口商来说，这些规定同样是有效的，即便是这些产品经过了足够多的改造，已经符合原产自其他国家比如英国的要求也是一样。

同样，将关于这类产品的信息告诉在美国国内或者是其他国家的外国人，同样也会被看作是出口。因此，这就阻止了在没有得到事先批准的情况下，在英国境内将信息告知非英国国籍的人，包括美国国籍以及双重国籍的人。这并不仅仅是英国实施管制的问题。

美国对于违反《国际武器贸易条例》的人施加的惩罚也比英国更重，比如通过电子邮件一次向五个人传递受管制信息会被看作违背了相关条例五次（每违背一次《国际武器贸易条例》要被处以 100 万美元的罚金）。

19.7　转运

在介绍了与出口有关的流程要求之后，接下来自然而然就要转到国际货物运输的下一个阶段，这时可能会涉及货物在抵达最终目的地之前，与途径国家的海关打交道的一系列事宜。在这里我们之所以说"可能会涉及"是因为并不是所有国际运输的货物都要转口。

在海运或者空运的情况下，货物在行程中可能并不会发生实际的转运。装在船上或者飞机上的货物直接从起运地海关办理出口清关，然后在目的地海关办理进口清关。在运输过程中它们可能会在某个港口或者机场停靠，但是它们不会从一个国家的某个地方进入然后从另外一个地方离开，而后者正是真正意义上的转口的实质。

在运输过程中，货物从一艘船或者飞机被转移到另一艘船或者飞机上的情况是完全有可能的，但是这种做法应该被视为中转，而不是转口。中转是在海关的监督下完成的，不可避免地要经过保税仓库，而且只要商品一直保留在保税区内它们就不存在进口然后再出口的情况。这种中转操作的终极形式就是在自由港的中转，这时货物在再装运之前甚至可以进行加工处理。

因此，只有在国际公路或者铁路运输中才会出现真正的转口现象——货物从一个国家的某个地方进入然后从另一个地方离开该国。

重新回顾一下表 19—1 便可以发现，欧盟、欧洲自由贸易联盟的成员国与非成员国之间的贸易在出口清关方式方面存在的区别和它们在运输流程方面的区别一样重要。对此，通过表 19—2 我们可以看得更加清楚。

表 19—2　　　　　　　　　　　　根据目的地划分的转口流程

英国到欧盟（EU）	没有转口限制
英国到欧洲自由贸易联盟（EFTA）	SAD 转口
英国到非 EU/EEA 国家	TIR（公路）或者 TIF（铁路）

□ 19.7.1　为什么要实行转口管制？

首先，我们简单解释一下转口系统为什么会存在。在前面的内容中，我们给出了一个例子，即一批货物从英国经过公路运往意大利，途中会经过法国。这时，法国海关面临的一个由来已久的问题便是，它们可能正在允许那些应该缴纳关税、消费税、增值税等税种以及受到其他一些管制措施——比如配额和许可证等——限制的商品进入本国。货车司机关于货物不会留在法国境内的承诺很难给予法国海关的工作人员们足够的信心，从而允许这些货物不受任何管制地进入本国。

更麻烦的是，海关人员可能还会考虑到货车本身，甚至是油箱里的燃油，它们可能比货物更加值钱。对于所有海关——而不仅仅是法国的海关——来说，解决办法便是收取一定的关税保证金作为海关的潜在收入。如果货车司机可以证明货物后来确实离开了该国的话，那么海关便把保证金退还给他们。

接下来要说明的一个重要问题便是如下事实：为了估计所需的保证金的数额，海关不可避免地要查验货物以便确定对应的关税税则分类，以及适用的税率和管制措施。对于一个要经过数个转口口岸的航程来说，这样做显然是非常浪费时间的，而且货物在运输过程中受损甚至是短缺的可能性也显著增加。

自第二次世界大战以来，国际公路运输货运量的增加使得解决关税保证金以及海关查验货物这两个问题显得非常迫切。最后的解决方案便是《国际公路运输合同公约》（TIR）。

□ 19.7.2　《国际公路运输合同公约》

在很多重型货车上都可以看到的蓝白相间的圆盘状标志代表的是一个国际公约，该公约由欧洲经济委员会提议建立，已经得到全球相当大一部分国家海关的认可。英国从 1959 年开始承认该公约的合法性，美国、日本、大部分中东国家和东欧国家也已经承认该公约。那么，《国际公路运输合同公约》是如何解决上面提到的两个问题的呢？

□ 19.7.3　关税保证金

在运输过程中，必须从相关管理机构取得 TIR 通行证并且伴随货物整个运输行程。首先，所谓通行证，就是关于所有单证的一个简单说明。在国际贸易中会用到各种不同形式的通行证，包括 ATA 通行证、海关过境簿（carnet de passage en douane）（我们会在下一章进行介绍）。"通行证"本质上就是一系列凭证组成的小册子。具体到《国际公路运输合同公约》来说，其通行证在英国要么由交通运输联合会（Freight Transport Association，FTA）要么由公路运输联合会（Road Haulage Association，RHA）发放，在其他国家则是由国际公路运输联合会（International Road Trandport Union）发放的。

通过由承运人向发证机构提供担保——通常由银行或者是保险公司辅签——这种方式，《国际公路运输合同公约》就避免了关税保证金这个问题。承运人必须遵守 TIR 的所有规定。简单来说，这种担保就起到了关税保证金的作用，而且只需要在起运国缴纳，而无须在途经的每个转运国海关缴纳。转运国海关只需在货物进入和离开本国时在通行证的凭证上盖章，而不必再征收以及退还保证金。根据涉及的转运国的数量的不同，通行证上可以有 14～20 页单证不等。

□ 19.7.4　车辆查验

在转口国进行的常规的、非常耗费时间的车辆和货物查验工作也因为 TIR 要求对车辆进行审查而得以避免。在英国，这项审查工作是由交通部代表海关来完成的。审查主要基于以下两点展开，并且通过审查的车辆会拿到合格证：

·车辆是可以密封的，这样一来在不破坏密封设备的情况下无法增加或者减少车上的货物。
·车辆没有任何隐藏空间。

对车辆进行审查的目的是为了确保起运地的海关可以用一个或者是几个封条把车上的货物封存起来。转口国的海关只需要检查封条即可，而且只要封条是完好的，它们就没有义务再去查验货物。

审查合格并且取得 TIR 通行证的车辆可以通过所有的转口海关，无须接受任何其他检查，也无须缴纳任何关税保证金。

尽管对于欧盟的出口商来说，《国际公路运输合同公约》非常重要，但是需要指出的是，该公约和欧盟成员国之间的贸易没有任何关系，因为这些国家之间根本不存在转口管制。

□ 19.7.5　欧盟的转口

从 1973 年到 1992 年底，在欧盟成员国之间运输的货物要使用表格 T1 或者 T2 办理转口。但是，正如我们在前面已经学到的，从 1988 年 1 月 1 日起，单一管理单据（SAD）开始启用。SAD 不仅是欧盟成员国基本的出口报关单证，而且取代了所有的 T 类表格。实际上，SAD 的第 1、4、5、7 页就是新的转口表格，它们保留了 T1 和 T2 的内容，只是形式上发生了明显的变化而已。

□ 19.7.6　新型计算机化的转口系统（NCTs）

2003 年 1 月，欧洲地区引入了一个新的电子报关和清关系统，旨在为公众以及一般的转口业务提供更好的管理和控制服务。所有欧盟成员国和欧洲经济区的成员国以及候选国都引入了该系统（到 2010 年一共是 31 个国家）。

各国的管理机构还根据一个集中管理的架构——通过设在布鲁塞尔的中央处理器连接到其他所有国家——推出了本国的 NCTs。NCTs 将欧洲的 3 000 多个海关办公室联系在了一起，取代了以前的纸质报关系统。

□ 19.7.7　小结

显然，单一市场国家之间"四个自由"的发展、欧盟成员国之间取消转口管制、海关流程的简化以及电子报关系统的不断推广都使得海关在管理货物的日常流转方面所发挥的作用大大降低。

实际上，欧盟地区很多负责管理成员国之间的贸易往来的海关的取消使得欧盟委员会提出了一个圣马太项目，该项目旨在对那些失业的海关官员进行再培训。为什么叫圣马太项目呢？因为圣马太是既得利益者的保护神。

严肃地说，因为他们的工作发生了很大的变化，海关工作人员对进入他们管辖范围的货物的态度也必须发生转变。过去，人们假设所有的商品以及人员是不能自由流动的，除非他们可以证明自己可以自由流动。对于包括 T 类表格以及护照在内的各种单证的强制性检查对于证明商品和人员不受特定的管制来说是非常必要的。

人们可能——而且通常也确实是这样——会将这种检查看做是一个有罪推定，除非被检查的一方可以证明自己是无辜的。海关工作人员面临的一个重要变化便是，现在他们要基于完全相反的假设开展工作，即商品"应该被看做是本土化的，而且无须提供任何证明"。

随着前提假设的改变，毫无疑问，影响欧盟成员国之间大部分货物运输的边境检查工作的取消肯定会节省大量的人力、物力和时间。但是，我们不能忘了，这些新进步没有哪一个削弱了海关工作人员拦下货物或者是人员进行检查的权力，而仅仅是改变了以前会影响所有人员、货物流动的强制性常规检查。

海关完全可以充满自信地说，现在它们正在以一种更加高效的方式来使用自己拥有的资源。通过盯住那些有意识地回避管制的行为——海关可以通过内部审计系统做到这一点，海关工作人员在控制包括毒品在内的非法交易方面确实变得更加高效了，同时也没有妨碍绝大多数商品和人员的合法流动。

当然，现在全世界的海关也面临另外一个重要的问题，即安全问题。

19.8 安全问题

随着人们越来越关注国际货物运输的安全问题，欧盟以及美国都采用了一个审计系统，对企业遵纪守法的情况进行检查并且对那些合格的贸易商发放合格证，这样一来它们的货物被海关查验的可能性就降低了，可以更加快捷地通过安全控制系统进行跟踪记录。

在欧盟，通过检查的企业被称为"授权营运商"（authorised economic operator）。

□ 19.8.1 授权营运商

2008 年 1 月 1 日开始，欧盟授权营运商系统正式开始投入使用。

《欧联规章 648/2005》（Council Regulation）的第 5（a）（2）款对可能被批准成为"授权营运商"的基本要求做了说明，具体包括：

- 有良好的行为记录；
- 有一个令人满意的商业管理系统，以及适当的交通运输记录以便海关进行监督检查；

　　·提供关于财务偿付能力的证明；

　　·适当的安保措施（符合安保标准）。

　　英国税务与海关总署（HMRC）强调申请人在正式提交申请之前有必要评估自身被批准成为"授权营运商"的可能性，因为不满足上面提到的标准意味着申请人在三年之内不能再次提出申请。

　　关于申请"授权营运商"的更加详细的介绍，可以登录 HMRC 的网站，参见 HMRC 的解释性说明和指南（注意事项 C117 和 C118）。

　　在美国，类似的行动叫做美国海关商贸反恐联盟（customs-trade partnership against terrorism，C-TPAT）。

□ 19.8.2　海关商贸反恐联盟

　　C-TPAT 是始于 2001 年的一项政府和企业共同参与的行动。该行动希望通过和供应链上的主要当事方——进口商、承运人、经纪人、仓库所有人以及制造商——展开密切合作，提升整个供应链以及跨境业务的安全性。

　　企业必须通过美国海关的网站申请加入 C-TPAT。和没有加入 C-TPAT 的企业相比，加入 C-TPAT 的企业发运的货物可以更快地通过美国边境，因为海关会向后者提供一系列的便利，其中最明显的便是检查次数的减少（从而节约了在边境花费的时间）。

　　加入 C-TPAT 的企业必须签署一个协定，承诺自己会采取以下行动：

　　·根据 C-TPAT 的安全准则，对供应链的安全性进行综合性自我评估。这些安全准则可以登录海关网站进行预览，具体包括以下方面：

　　　　——流程的安全性；

　　　　——物理的安全性（physical security）

　　　　——人员的安全性；

　　　　——教育与培训；

　　　　——可控；

　　　　——清晰的流程；

　　　　——运输的安全性。

　　·向海关提交供应链安全介绍问卷。

　　·根据 C-TPAT 的安全准则，形成一个旨在提升整个供应链的安全性的系统计划并且不断加以完善。

　　·向供应链上的其他企业介绍 C-TPAT 的安全准则，并且不断努力在和这些企业的经贸往来中体现这些准则。

关于 C-TPAT 的具体要求的详细介绍可以登录美国海关的网站进行了解，在该网站上有如下一段文字：

授权运营商资格从 2008 年 1 月 1 日开始引入欧洲。取得该资格的标准和程序与加入美国的 C-TPAT 类似，企业从中可以获得的收益也是类似的（简化的海关程序以及更短时间的延误）。

授权营运商资格会如何影响到安全封条的使用者呢？

授权营运商资格的申请者和持有者应该使用符合 ISO/PAS17712 标准的封条（C-TPAT 也要求遵守同样的标准）。

另外，需要强调的是，取得欧盟授权营运商资格的企业自动成为 C-TPAT 的成员企业，而且这种做法并不仅仅局限在欧盟和美国。其他很多国家，比如加拿大、澳大利亚、中国也已经引入了类似的做法。

第 20 章

进口流程与单证

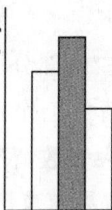

　　本章是海关管理这一部分的第二章，主要介绍最后一个海关管理领域，即对进口流程的管理。我们需要一直牢记的是，一家企业的出口便是另一家企业的进口，所有的出口商都必须熟悉货物在目的地可能面临的管制。也正是因为这个原因，我们会从出口商的角度而不是进口商的角度出发，介绍海关的进口管理流程。在实际操作中，对于现代国际贸易企业来说，这两种角度几乎没有什么区别。

　　另外，我们还会介绍通过对流程以及信息进行审慎的管理，可能可以供出口商利用以便最小化海关管制的成本和影响的机会。出口商因为认为进口清关是买方的事这个很短视的看法而错失的机会非常多。

　　但是，哪怕仅仅是为了使得我们勾勒出的出口和转口流程图看起来更加完整，也有必要对欧盟的进口流程做一个简单的介绍。

20.1　欧盟的进口

　　从其他欧盟成员国进入英国的商品并不需要马上进行进口申报。正如 Intrastat 系统通过返还增值税、EC 销售清单（ESL）以及补充性统计申报（SSD）来统计出口信息一样，进口信息即运抵英国的商品的信息也可以通过类似的方式进行统计。另外，这些进口商品应该缴纳的增值税也计入递延账户（PAS）——该账户实际上从 20 世纪 80 年代初就开始使用了，这意味着增值税仅仅计入了贸易商的增值税返还项下的"应缴税额"科目。

对于来自非欧盟成员国的进口商品，SAD 中针对进口的部分（第 6 页和第 8 页）可作为所有欧盟成员国企业的进口申报单。进口清关工作可能是由进口商亲自完成的，特别是对于大型贸易企业来说，但是绝大多数情况下都是由报关公司代表进口商完成的。在后一种情况下。可以使用贸易商直接输入（direct trader input，DTI）流程来进行报关。DTI 指的是通过代理公司的电脑直接向海关的电脑发送信息完成申报的做法。此时，对进口商品缴纳增值税的要求并没有改变，尽管实际的支付工作很有可能可以等到下个月的 15 日才需要完成。

尽管我们很难甚至是几乎不可能介绍欧盟以外其他所有国家的进口流程，但是我们可以对全球各国用得比较普遍的进口管制措施进行界定，并且分门别类地说明这些措施的本质。在欧盟地区之外，很少有——如果有的话——标准化的进口申报程序，但是不管这些国家和地区要求提供的单证是什么，它们总是为了达到同样的基本目的，使用同样范畴的管制手段。

20.2　进口管制

我们可以把所有的出口管制措施分成两大类，即关税壁垒和非关税壁垒。在这里，关税代表的是产品分类系统，这是所有国家进口管制的起点，对此我们会在本章后面的内容中予以介绍。这些管制措施包括：

·关税管制：关税、消费税以及各种国内税、许可证、配额；通常还包括技术标准、卫生与安全标准（由海关部门制定）；

·非关税管制：其他标准要求、文化壁垒、政府采购习惯等。

20.2.1　关税

关税是一种特殊的财政管制手段，各国政府都会有选择地规定不同的关税税率。我们已经知道，欧盟成员国之间的贸易是免税的，我们在本章的后面会看到，很多时候商品的原产地可能会意味着它们不需要缴纳关税。

关税通常是从价税，也就是说按照商品价格（通常是 CIF 价格）的一定百分比进行征收。近年来世界贸易组织谈判取得的显著成效之一便是全球的平均关税税率从 20 世纪 50 年代时的 24％下降到了新世纪的 4％以下。但是这并不能排除各国会对某些特定类型的商品征收较高关税的可能，特别是在政府希望保护本国制造业的情况下。

□ 20.2.2　增值税

在欧盟地区，增值税——在其他国家也有类似税种——是一种只要商品的所有权发生了变化就要支付的财政性收费，除非该商品享有增值税豁免权。目前，欧盟地区的增值税税率从 15%（忽略那些享受增值税减免政策从而为零税率的商品）到某些奢侈品需要缴纳的 38% 的税负不等。其他国家也会以采购税或者是流转税的方式向进口商收取类似的费用。

□ 20.2.3　消费税

有时候该税种也被称为收入税，这个说法更加准确地描述了该税种的作用并不纯粹是为了进口管制，而是希望增加政府的收入。在第 19 章中我们介绍了针对应纳消费税商品——主要是含酒精类产品、烟草类产品以及矿物油等——的出口管制措施，这些措施的主要目的是确保那些在本国被消费的应纳税商品都如实缴纳了消费税。显然，属于以上应纳税范围的进口商品也必须缴纳增值税，而且这些商品在进入大多数海外国家时也要纳税。

消费税税率可以非常高——在英国显然就是这样——而且通常是按照消费量而不是价格来征收的。例如，进口到英国的高度酒就是按照每 100 升多少欧元来征收消费税的。因为消费税收入占到了英国政府总财政收入的 25% 左右，所以不难想象海关有着很强的动机来征收消费税。

在像美国这样的市场上，各个州自行制定自己的消费税税率，因此你会发现每包香烟需要缴纳的消费税税额从南加利福尼亚州的 7 美分到罗得岛州的 3.46 美元不等。在某些州，每包香烟需要缴纳的消费税通常都在其零售价格的两倍到三倍不等。

□ 20.2.4　农产品税

顾名思义，农产品税（levy）通常只对农产品及其制品征收。因此，一些常见的生活用品比如食糖和淀粉以及某些食材通常都要缴纳农产品税。尽管欧盟地区设有农产品税，但是并不是所有海外市场都会征收这一税种。

□ 20.2.5　许可证

在本书前面的章节中，我们已经对进口许可证和出口许可证做了简单的介绍。很多国家特别是发展中国家和欠发达国家都会通过特定的进口许可证来控制商品贸易。在货物发运之前，贸易商必须清楚地知道需要提供哪些许可证，因为如果不能提供所需的进口许可证的话，货物将无法完成进口报关工作。

□ 20.2.6　配额

配额是指针对某种商品的进口施加具体的数量限制，这种做法通常是为了保护当地的制造商。配额的具体形式可能是规定一定数额的免税进口量，超过这一数量的商品可以进口但是需要缴纳全额关税；也有可能是规定进口的总量，特定时间内（通常是 12 个月）超过这一数量的商品将禁止进口到一国。

□ 20.2.7　标准

出口商不可避免地会面临全球各国制定的各种各样不同的技术要求。这些技术要求可能会构成贸易壁垒的原因是，出口商可能无法达到这些标准或者是这些标准提出的资格要求。另外，满足这些标准的成本——用对产品进行改进和完善、测试以及达到合格标准来衡量——可能会导致产品价格在海外市场上没有竞争力。

以上给出的是出口商通常会面临的一些进口管制措施。我们也可以把汇率管制看做是一种间接的进口管制手段，而且我们还不得不承认在某些海外市场国家，它们形成了一些所谓的"非正式"管制，这些都可能会给出口商带来高昂的成本。更加让人感到遗憾的是，在某些国家，只有向某些人行贿才是唯一重要的进口途径。

为了搞清楚需要对每批货物实施怎样的管制以及什么水平的管制，海关工作人员需要以下三类重要信息：

· 对商品的描述；

· 商品的原产地；

· 商品的价值。

尽管各个国家的具体要求肯定是不同的，但是使用一些支持性单证进行进口报关工作总是必不可少的。其中最重要的一个支持性单证总是由出口方提供的，即出口发票。此外，可能还需要其他一些单证来提供额外的证明，比如证明商品的原产地和价值，但是所有这些都是为了向海关提供上面提到的三类信息。

20.3　出口发票

根据具体的目的国的不同，出口商需要提供各种各样不同的发票，其中可能还会涉及一系列第三方的业务。因为出口发票对于其他国家的海关来说是如此重要，因此它们会坚持要求发票有一个特定的样式。考虑到出口商可以简单地将包括标准商业发票在内的几乎所有单证邮寄给买方，因此针对发票的那些更加技术化的要求就完全是进口国海关提出要求的结果了。

出口发票可以分成以下五个不同的类别：
- 商业发票；
- 带声明的商业发票；
- 要求第三方认证的商业发票：
——证明发票（certified）；
——法定发票（legalized）；
- 领事发票；
- 特殊海关发票。

20.3.1　商业发票

最简单的情形便是进口国根本没有任何特殊要求，出口商提供本公司标准的商业发票，就和将商品销售给本国买方一样。唯一的区别在于该发票对应的商品无须缴纳增值税。

20.3.2　带声明的商业发票

要求在商业发票上做一些特定的声明是非常普遍的做法。不同国家对声明的具体措辞的要求是不同的，而且通常要使用进口国的语言，但是本质上来说都是为了说明商品的原产地以及发票上标明的商品价格就是出口价格。

正如我们在后面会看到的，进口国海关很关心商品的原产地以及价格是否合法。关于这类声明的准确措辞，可供参考的资料非常多。

□ 20.3.3　证明发票

有时候，需要由第三方来佐证上面提到的声明的真实性，其中最常见的做法便是要求出口国商会证明发票是真实的。商会在这些发票上盖上自己的证明章，具体的示例可以见图 20—1。从理论上来说，商会是在证明发票以及上面的声明是准确的，但是在实际工作中，商会其实是在证明发票上的签名是由经过相关企业授权、可以代表相关企业做出此类声明的人做出的。出口企业将被授权人的签名提交给本国商会也是为了这个目的。

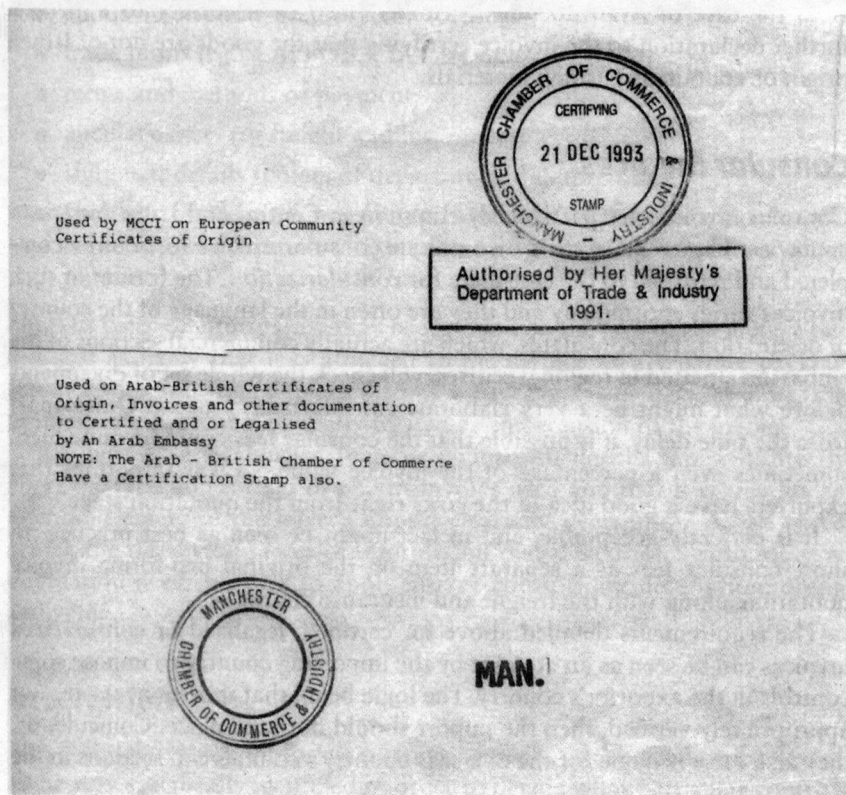

图 20—1　典型的商会签章示例

□ 20.3.4　法定发票

有些时候，特别是在和中东国家做生意时，可能还需要提供进一步的第三方证明。具体说来便是要求进口国驻出口国大使馆的商务部门为证明发票的合法性提供证明。同样，很多时候就是在发票上盖一个章，但是有时也有可能是复杂得多的证明方式。具体的操作流程就是，出口商将发票提交给本国商会进行合格性证明，然后提交给相应大使馆的商业部门证明发票的合法性。对于 20 多个阿拉伯联盟国家——所有这些国家都要求提供法定发票——来说，英国还有一个更加直接的操作流程，即当地商会直接把盖过章的发票传递给阿拉伯英国商会（Arab British Chamber of Commerce，ABCC），再由后者将发票转交给各国大使馆。整个流程平均来说需要五到七天的时间。

出口商不仅需要考虑因为第三方提供证明而导致的时间上的延误，而且要考虑因此而招致的成本和费用。例如，经 ABCC 认证一套发票大概需要花费 40～60 英镑的费用。

在提供给阿拉伯国家的单证中，可能还有必要在发票上附加一个声明，证明这些商品的原产地不是以色列，也没有使用任何原产自以色列的投入品。

□ 20.3.5　领事发票

在中美洲以及拉丁美洲国家，领事发票非常常见。这些国家要求企业填写自己独特的领事发票申领表格，然后提交给领事馆进行领事化。这些发票的格式变化多样，而且通常使用进口国的语言文字。领事馆——实际上是驻当地大使馆的商务部门——在进行精心设计的发票领事化过程之前，会仔细检查整套发票。除了因此而造成的时间延误之外，这项工作的收费可能会非常高，有时候甚至会按照发票金额的一定比例来收取费用，因此，出口商在报价阶段就必须清楚地知道相关的费用。

将因为开具领事发票而增加的成本和初始报价时形式发票上的各个项目，包括运费和保费等区分开来是完全可以接受的一种做法，而且事实上很多企业也确实是这样做的。

上面介绍的证明发票、法定发票、领事发票的具体要求可以看做是进口国试图对出口国施加的一些管制措施，这背后的逻辑是，如果不能提供符合要求的单证，那么就不应该进口商品。巧合的是，这些做法也提高了其他国家驻英国的使领馆的收入。

□ 20.3.6　特殊海关发票

这一形式的发票和前欧共体成员国密切相关，是已经过时的欧共体优先系统（commonwealth preference system）——正如我们后面将会看到的，它已经被一个涵盖范围更广的欧盟协定取代——遗留下来的产物。目前保留下来的这类发票已经比以往任何时候都少了，很多国家都已经开始使用带声明的商业发票。在特殊海关发票仍在使用的国家和地区，出口企业必须准确填写目的国的发票申领表；而且这些表格只有通过专用的打印机才能打印出来。特殊海关发票通常会采取价值和原产地证明（certificates of values and origin，CV/O）的形式，而且为了防止倾销行为，往往还会附有当前国内价格（current domestic values，CDV）参照表。出口商同时出具一份普通的商业发票作为给买方的账单的做法也并不少见。

不管出口发票的形式是什么样子的，它们所包含的内容基本上都是相同的：

· 卖方和买方的名称（并不总是和出口方、进口方名称相同）；
· 对商品的描述、商品数量以及价值；
· 贸易条件（比如 FCA、FOB、CIP、CIF 等）；
· 支付条件和方法；
· 第三方成本（比如运费和保费等）；
· 货物运输的详细信息（比如起运地和目的地）；
· 包装情况：包裹的件数以及包装的类型、每一个包装箱内装有的具体商品、包装箱大小（用厘米表示）、重量（以千克为单位的净重和毛重）、标识和编号等。

最后一类信息可能出现在发票的表面上，但是也很有可能会以一个单独的装箱详单的形式附在发票上。装箱详单有时候也被称为装箱单，基本上被认为是发票的扩展和延伸。

现在，我们已经了解到目的国会直接影响到所需要的出口发票的类型和格式，这些发票也是买方履行进口报关手续时必需的重要凭证。正如我们前面已经提到的，目的地海关的工作人员为了实施进口管制所需要的三类重要信息分别是对商品的描述、商品的原产地以及商品的价值。

□ 20.3.7　对商品的描述

这是海关实施管制的起点，因为为了确定应该对进口商品实施怎样的管制措施，首先要明确商品的类别。世界各国的海关关于描述商品所使用的措辞的规定同样也是千差万别，显然也存在使用什么语言的问题，而且有些措辞的含义可能非常含糊甚至是有可能造成误导。因此，海关用一个数字分类系统或者说代码表来对不同商品进行界定，该系统可以把那些含义模棱两可的措辞转变成独一无二的在全球都具有相同含义的数字。还需要强调的是，出口商有义务按照确切的海关编码申报出口货物，以便本国进行贸易统计。

这些数字分类系统构成了征收关税的基础，而且全球各个国家编制自己特有的代码表也并不是不可能的。幸运的是，各国并没有这样做，实际上全球各国采用了一个高度一致的分类系统。如果我们想回顾一下标准分类代码的发展历史的话，那么至少可以追溯到布鲁塞尔关税代码（BTN）。

第二次世界大战之后随着这个问题引起了越来越广泛的讨论，制定一个标准产品分类系统的工作也取得了显著的进步。这项工作不仅被看做是有助于消除各国在商品界定与分类方面存在的模糊地带，而且有助于开展对各国来说都极为重要的国际贸易统计工作。海关合作委员会（Customs Cooperation Council，CCC）于 1957 年提出了一个四位的商品分类代码，并且作为标准被推广到全球。实际上，几乎有 150 个国家使用 BTN 作为本国征收关税的基础。对于发展中国家来说，四位的代码已经足够了，但是对于发达国家来说，将代码扩展到更多位数以便对产品进行更加细致的分类的做法已经非常普遍。在后面我们会看到，代码位数越多，对产品的分类也就越详细具体。

1965 年 BTN 进行了部分修订，并且更名为海关合作委员会代码（CCCN），但是一直保留着四位数的传统，直到商品名称及编码协调系统（HS）被引入工作中。

HS 代码是世界海关组织（WCO，即此前的 CCC）对 CCCN 的彻底更新，是 80 年代提出的一个六位的编码系统。目前已经有 200 多个国家使用该系统，涵盖了全球 98％的国际贸易活动。

之所以要进行更新，是因为 BTN 是 50 年代开始发展形成的，显然它已经无法适应 80 年代海关的需要。如果仔细看一下 80 年代交易的商品就会发现其中有很多是 50 年代时根本不存在的产品，因此原有的分类代码已经不再适用了就是显而易见的了。

例如，假设有一家企业生产高端的计算机用光纤设备，那么它只能把产品划分到"第 70 章：玻璃以及其他"这个大类。但是在对分类代码进行更新后，这家企业就可以更加准确地将贸易的商品归入"第 90 章：光纤"中。对于旧的海关商品分类代码无法准确分类的商品一律划入"其他"类别这种比较稳妥的做法，在 HS 编码系统中大大减少了。同样，有些国家——比较明显的是美国，过去有自己独特的海关分类标准，现在也引入了 HS 系统，因此大大提升了全球范围内海关商品分类的统一程度。

至于欧盟地区目前的做法，则是使用欧共体联合代码，该代码以 HS 为基础，从 1988 年 1 月 1 日开始作为欧盟一体化关税（EU Integrated Tariff，TARIC）的基础投入使用，对欧盟以及欧洲自由贸易联盟（EFTA）的成员国的商品提供一个 8 位的协调分类编码。

图 20—2 给出了一个典型的商品关税代码示例。

A：六位：HS 编码；

B：八位：Intrastat；

C：多达 15 位：针对来自第三国的进口的 TARIC。

1	2	3	4	5	6	7	8	9	10	11	12	13	14	15

A   B   C

图 20—2　典型的商品关税代码示例

六位的 HS 编码在全球大多数国家都是相同的，而且欧盟成员国进一步将其扩展为八位。其中，第七位表示适用的关税税率，这在整个欧盟地区都是相同的，第八位则表示 Intrastat 的水平。对于从非欧盟成员国进口来的商品，则至少需要一个 11 位的分类编码，以便确定适用的进口管制措施。在某些特定情况下，比如农产品、酒类产品以及需要征收反倾销税的产品，可能还需要再额外增加一个四位的编码。

□ 20.3.8　找到适当的关税代码

我们前面曾经说过，不管是进口还是出口，国际贸易企业都有义务向海关提供商品准确的关税代码以便后者进行贸易统计。同样，举例来说出口发票上包含的信息也可以帮助进口国海关识别准确的关税代码。实际上，大多数海外买家都要求在发票上提供关于商品的准确描述以及海关分类代码等信息。

如果说从可能适用的关税的第一行开始查，那么要从一个厚达 2 000 页的分类目录里找到可能准确的代码，将是一件极其耗费时间的事情，因此一定有一个更加简单的方法。一种可能的做法是提供一个字母索引表，借助它就可以直接找到适用的关税。如果不这样做的话，那么另外一种比较符合逻辑的做法是从找到适合的那一章开始。HS 编码一共有 97 章，其中囊括了从最基本的商品到制作工艺和技术水平都越来越复杂的商品在内的各种不同类别的商品。

因此，对 HS 编码的一个最宽泛的分类如下：

· 第 1 章：活动物；
· 第 2～25 章：农产品；
· 第 26～38 章：化学制品；
· 第 39～49 章：塑料、皮革、羊毛、纸制品；
· 第 50～63 章：纺织品；
· 第 64～84 章：服装、陶瓷、玻璃、铁以及铜制品；
· 第 85～97 章：机器设备、火车、飞机、轮船以及家具等。

一旦找到了对应的章名，接下来要做的就是找到适用的第一个四位数字（被称为标题（heading）），接下来的两位数字（被称为次级标题（subheading）），以及正确的再次一级标题。随着分类代码的位数越来越多，对

进出口贸易实务

于商品的分类也就变得越来越准确。

下面举例进行说明。

（1）供骑行的马：

—01：活动物；

—0101：马、驴、骡子、驴骡；

—010119：（非用来饲养的马）（HS 编码）；

—01011990：（不是用来屠宰的）马。

因此，01011990 代表的既不是用来饲养也不是用来屠宰的马。显然，这并不意味着一定就是"供骑行的马"，但是除此之外你也想不出马还可以用来干什么了，不是吗？

（2）X 射线管：

—90：医疗以及手术用品；

—9022：基于 X 射线的设备；

—90223000：X 射线管。

显然，出口商需要海外买家提供建议，帮助自己评判一下最适当的海关产品分类编码是什么。

这里，"最适当"的含义是什么呢？事实上，不仅海关产品分类是一个非常复杂的系统，而且出口商可以合法地用几种不同的方式对产品进行描述。如果是这样的话，认真斟酌一下向进口国海关提供的产品描述以及哪个海关编码可能会给贸易商带来好处。但是必须要明确说明的是，使用正确以及最准确的海关产品分类编码是非常重要的，因为填错编码是非常严重的违规行为，因此而受到的惩罚对于所有当事方来说都可能是难以承受的。

因此，贸易商将拖拉机的柴油机引擎的零件定义为"农业设备以及零部件"或者是"柴油机引擎以及零部件"都是没有问题的。即便是进口国的海关拒绝接受后一种定义，而更加偏爱前一个分类方式，也不太可能因为错误申报而对相关企业实施惩罚（尽管企业从来也不需要缴纳保证金）。至于明显错误申报的行为，可以看下面的例子：把儿童在沙滩上玩耍时用的小桶和铲子归入"农业设备"这个大类的做法，显然不太容易解释清楚。

我们还建议企业尽量回避商品的商标或者是品牌名称，因为在对海关描述商品时并不需要这些。与此类似，企业可以根据商品所使用的材料来描述商品，但是产品的用途通常来说才是更加重要的。将计算机硬件描述为"塑料部件"显然是不能被接受的行为。

因此，出口商应该征求买方的意见，至少应该考虑在某个海外市场上，是否存在合法地选择对产品的不同描述的余地。但是，需要说明的是，从海关的立场来说，任何商品都只有唯一一个有效的分类编码。

□ 20.3.9 原产地

一旦国外海关接受了出口商提供的海关分类编码或者是它们自己重新对商品进行分类之后，针对每一种商品所应该适用的管制措施比如关税、增值税、许可证以及配额等也就都确定了。对于欧盟的成员国来说，管制措施实际上是和商品分类融合在一起的。根据商品原产地的不同，这些管制措施可能只有一部分是适用的。这是因为欧盟成员国和其他国家签订了很多自由贸易协定或者是特惠贸易协定。

欧盟国家的自由贸易协定或者是特惠贸易协定对象可以分成以下几个大类：

·自由贸易国家：瑞士（加上列支敦士登）、挪威、冰岛、阿尔巴尼亚、波黑、智利、克罗地亚、埃及、法罗群岛、以色列、科索沃、马其顿、墨西哥、黑山、北塞浦路斯、巴勒斯坦、塞尔维亚、南非、约旦河西岸和加沙地区、阿尔及利亚、摩洛哥和突尼斯、约旦、黎巴嫩以及叙利亚。

·特惠贸易国家：《经济伙伴协定（Economic Partnership Agreement，EPA)》的成员国（以前的非洲、加勒比以及太平洋地区（ACP))；海外属地（overseas countries and territories，OCT)；普惠制国家（GSP)。

·欧盟候选国：土耳其（ATR)。

与上面提到的国家的所有自由贸易协定均是双边的，也就是这些国家给予欧盟地区的产品自由进入当地市场的权力，同时欧盟国家也给予前者同样的权力。特惠贸易协定——赋予相关国家零关税或者是较低的关税待遇——有些情况下只适用于进口到欧盟地区的商品，而对从欧盟出口到相应国家和地区的商品则不适用。

因此，进口到欧盟的产品完全有可能因为原产自某些特定的国家而被免征关税或者是免于受到其他管制措施。所有这类协定都是以非常精确的原产地规则为基础的。

如果某种商品几乎完全是在某一个国家生产的，那么证明其原产地通常不是什么问题。但是，如果商品是在几个不同国家生产的，确定其原产地就要困难一些了。大多数国家的海关都采取的是"充分加工"（sufficient transformation）原则。简单来说便是，海关会要求将产品的零部件进行分解，只有在某个国家增加的价值达到了产成品总价值一定比例（欧盟地区对这一比例的最低要求是60%）的情况下，该国才能被认定为原产地。

原产地规则在实际应用中非常复杂，因为海关会尽最大努力控制所谓的转销贸易（deflection trade)，即商品先运往第三国以便营造一个原产地假象的做法：比如日本生产的DVD播放机可能会先运往马耳他，在那里更换产品标签并且重新进行包装，然后再运往欧盟，看起来就好像这些播放机原产自马耳他，因而可以享受零关税待遇一样。显然，重新包装不符合"充分加工"原则，这样的做法是严重违法原产地规则的。

□ 20.3.10　原产地证（CofO）

在前面我们曾经提到过，有时候需要和出口发票一起提交一些支持性单证。当仅仅在发票上声明商品的原产地还不够的情况下，根据具体的目的地甚至是商品的不同，可能还需要提供其他一系列的单证，包括：

（1）欧洲/欧盟 CofO：由商会签发，可以和发票一起由商会进行认证，也可以由出口企业自己进行认证。

（2）阿拉伯英国商会 CofO：和上面的 CofO 类似，但是只能用于和阿拉伯联盟国家的贸易往来，需要和发票一起进行认证。

（3）价值和原产地证明：在本章前面的内容中我们把它作为出口发票的一种形式做过介绍。原产地声明体现在发票上。和非洲、加勒比及太平洋地区、海外属地、普惠制国家做生意时可能会用到。

（4）状态与运输证明：在前面的章节中我们介绍了 SAD 的转运联在经过转口国海关时的作用。你可能还记得从 1993 年开始只有目的地是前欧洲自由贸易联盟成员国的商品才使用这些单证。在这种情况下，用来表示商品状态的 T2 表也已经被转口单证取代。

此外，对于上面提到的所有可以和欧盟进行自由贸易的国家，还会用到一个所谓的运输证明。该单证被称为 EUR1，一共四页，要求出口国海关或者是（英国）商会进行认证。为了进行认证，可能需要向海关或者是英国商会提交原产地证明。对于单批次价值低于 6 000 欧元（通常是这样）的货物，可以使用发票进行申报而不需要使用 EUR1。

和土耳其的贸易是一个特例，因为该国是欧盟的联合成员国，即处于向正式成员国转变的过渡期。对土耳其的出口需要提供一个特殊形式的运输证明，即 ATR。

尽管明确商品原产地的一个主要目的是享受免税待遇，但是需要强调的是，原产地和其他一些贸易管制措施比如配额等也是相关联的，同时它也会影响到贸易信息的统计工作。甚至有可能会存在对从某些特定国家采购的商品的资金支持。

□ 20.3.11 商品的价值

一旦海关明确了商品的类别以及确切的原产地，那么很有可能会对其征收从价税。在这种情况下，发票的金额也就是通常所说的交易价值（transaction value）就起到了计算应纳税额基础的作用。在应纳税是一个固定数额的情况下，也需要根据发票上的金额来确定这个数额到底是多少。另外，很多国家还要求在发票之外，单独对商品价值作出一个申明，价值非常低的商品除外。

和对产品进行描述以及确定原产地时一样，海关也会尽量避免操纵商品价值的做法，一旦发生这样的情况就要按照"公允价值"（equitable market value）处理。显然，所谓操纵商品价值，实际上就是低估商品价值从而降低应该缴纳的包括关税以及各种国内税在内的税额。例如，没有体现在发票上的货款，进口商可能已经预付过了，或者是正在想办法安排转账给对方。因此，海关可能会拒绝接受发票上的金额，这时它们会选择一种自己认可的办法来确定商品的价值。在欧盟地区，当发票上的金额被拒绝时，海关还有五种其他的方法来确定商品的价值。

尽管看起来有点不可思议，但是确实存在高估发票金额的情况。这种做法通常都会涉嫌违背进口国的外汇管制政策，也就是说，进口方通过这样的方式将坚挺的货币转移出本国。差额部分被非法存入企业在其他国家的银行账户。

通过本章介绍的内容，我们自然而然可以得出一个结论，即敏感的出口商应该密切关注目的国的进口管制措施以及自己提交的单证会对这些管制措施的适用性产生怎样的影响。三类重要的信息——对商品的描述、商品的原产地以及商品的价值——可能也是国际贸易中最容易受到操纵的信息。一个信誉良好的出口商应该认识到参与虚假申报海关信息可能面临的后果；尽管海关可能只会对进口商直接实施处罚，但是由此而给出口方在目的国市场上的口碑带来的负面影响也很有可能是其无法承受的。另外，下面的情况也是完全有可能的：那些经常虚假申报信息的出口商成为海关重点检查对象的可能性明显增加。

20.4 海关的管理

在介绍了从出口到转口再到进口的海关管理的全部内容之后，我们首先要牢记的一点便是，企业必须遵守海关的相关规定，哪怕仅仅是因为违反这些规定需要付出沉重的代价。出口商清楚地了解会影响它们的出口的海关业务流程是非常重要的。

记住，无知从来都不能成为借口。但是在遵守海关相关规定这个前提假设下，企业依然可以找到一些机会，通过提升自身的管理能力来降低海关的管制措施对自己的国际贸易业务的影响。

对此，我们给出的这个例子——虽然这个案例第一眼看上去也许和我们这里的内容并没有什么直接的关联——是我几年前在欧洲法院（European Court of Justice）亲眼见到的。当事企业因为非法申领农业补贴而被处以一笔巨额罚金，该企业也为自己进行了辩护。根据法院程序的规定，所有合法的辩护理由都必须以书面的形式写下来，然后才能当庭进行简要陈述。在这个例子中，当事企业的辩护理由主要可以分为以下三个部分：

（1）我们本意并不想违背相关规定，因此我们根本不应该被处罚。

（2）我们承认自己存在违规行为，但是罚金不应该这么高。

（3）能否给我们更多的时间来支付罚金？

结果这三条理由被归结成一个，而这在陪审团看来是完全符合逻辑的。

接下来的问题是，这个案例和出口商应该关注海关的管理流程有什么关系呢？出口商和案例中当事企业做事的逻辑实际上是一样的。你应该：

· 尽量回避海关的管制和收费项目；

· 对于无法回避的管制和收费项目，应该最小化因此带来的成本以及影响；

· 给自己争取尽可能长的时间来执行海关的规定或者是支付相关费用。

□ 20.4.1 回避

首先要澄清一对非常重要的概念。逃避海关的监管是违法行为，但是回避海关的管理则是管理水平较高的表现。现在"避税"顾问越来越多，但是却没有"逃税"顾问。在前面三章介绍的海关业务流程中，确实存在很多避税的机会：

（1）产品的描述：了解尽可能多的可供选择的产品海关分类可以降低需要向海关缴纳的费用，并且有助于回避配额限制。

（2）原产地：如实申报原产地，提供适当的单证，同样也可以降低成本。

（3）进口加工减免：如果进口商品会用于再出口，那么可以申请税收减免或者是退税。

（4）退货：在出口之后三年之内退回同一个国家的商品，可以免交关税以及各种国内税。

（5）临时性出口：通过使用 ATA 通行证，一些临时性出口的商品可以免受所有海关管制措施的限制，免交各种费用。由各国商会签发的 ATA 通行证（临时许可证）可以用于以下三类货物：

- 禁止出口的商品；
- 样品；
- 专业设备。

这三类商品都可以进入一个或者几个国家，但是稍后必须要再次离开该国。只要进入一国的商品最后都又真的离开了该国，就可以用 ATA 通行证取代所有其他海关流程。

需要强调的是，这种做法无法杜绝将禁止出口的商品或者是样品在海外市场进行出售的行为。同样，如果样品没有实质的商业价值，那么它们也无须受到任何海关管制，也无须使用 ATA 通行证。

记住，商品有没有商业价值是由海关来决定的。专业设备的涵盖范围非常广泛，从各种工具、测量设备、道具、戏服、音响和照明设备到演示和呈现设备不等。

在 1992 年底以前，欧盟地区曾经采用一个类似的单证——EU 通行证，但是随着从 1993 年 1 月 1 日开始其成员国内部边境限制的取消，这个单证也就走向了寿终正寝。从字面意思就可以看出来，ATA 通行证和欧盟成员国也没有任何关系。

☐ 20.4.2　自由贸易区

全球有很多港口或者是车站被当地政府划为自由贸易区，也就是商品的进出口不受海关管制的地区。具体到英国来说，这些自由贸易区包括：
- 希尔内斯；
- 南安普顿；
- 普雷斯特维克机场；
- 利物浦；
- 蒂尔伯里。

全球还有很多类似的港口和机场。它们通常接收各种进口商品，进行各种处理，并且有可能进行再加工；这些商品在离开自由贸易区之前都不会受到海关的任何干预。如果这些商品被用来再出口，那么它们实际上不会受到任何海关管制措施的限制。

☐ 20.4.3　最小化

如果企业无法回避任何管制或者是收费，那么它们也要想办法将管制或者是收费降低到最低水平。

□ 20.4.4　价值

通过发票体现出交易的实际金额是非常重要的，但是有些货款可以通过合法的手段避免出现在发票上也是一个客观事实。具体的做法依国家的不同而不同，但是通常来说在进口国内的运费（从商品进入一国到最终目的地的运输成本）、流转税、佣金、专利费、制单费等也应该从发票金额中剔除。

□ 20.4.5　出口加工减免

如果商品出口之后进行一定的加工处理，然后再进口到本国，那么再进口的商品可以享受部分关税减免。但是在最初的出口之前，必须得到相关部门的减免许可。

□ 20.4.6　拖延时间

在无法回避管制或者是无法免交相关费用的情况下，应该尽量为自己争取更多的时间来执行或者遵守海关规定。

□ 20.4.7　海关仓库

很多国家，包括所有的欧盟国家，都允许商品暂时保存在海关的仓库里，这时它们是不受海关管制的。在欧盟地区，商品留在海关仓库中的时间可以长达两年之久，不过可以对这些商品进行的处理是受到限制的，即可以对商品进行查验和再包装，但是不能进行任何实质性的加工。在商品离开海关仓库之前，它们不需要遵守任何海关管制措施，也无须缴纳任何费用。

□ 20.4.8　延期

很多国家都允许延期缴纳关税和各种国内税，也就是说在商品进入一国一段时间之后再缴纳相关费用。具体到英国来说，有资格的贸易企业或者是代理商可以通过缴纳一定的保证金，将缴纳关税的时间后延到进口当月的下一个月的 15 日。其他国内税比如增值税也可以通过类似的方法进行延期，欧盟地区的进口商甚至可以直接用应该缴纳的增值税冲抵应该返还的增值税。

第 7 篇

风险管理

第7篇

风险管理

第 21 章

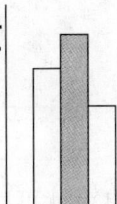

货物（海运）保险

在从事国际贸易的过程中，出口商面临着各种各样的风险，而不仅仅是买方可能没有强烈的意愿购买它们的产品这个问题。即便是假想一个只有四种产品和服务的市场，仍然有很多潜在的现实问题可能会导致企业无法足额准时收到货款。我们可以将一个典型的出口企业所面临的风险分成三大类。

■ 21.1 实际风险

商品在国际运输的过程中面临着实际灭失或者是受损的风险。这既可能是在搬运和转运过程中对商品造成的损坏，也可能是因为包装不足或者是处理不当造成的损坏，甚至有可能是因为一些偶然因素或者是人为故意盗窃造成的损失。显然，因为运输距离比较远、运输方式多样、搬运次数增加以及可能面临各种各样的条件，国际贸易中的标的物面临的风险要比国内贸易时大得多。

如果把商品在国际运输中发生灭失或者损坏的原因进行分类，那么很有可能是下面这样的结果：

·处理或者储存不当所致：44％；

·在运输过程中实际损坏所致：33％；

·失窃或者被盗：22％；

· 共同海损：1％（稍后介绍）。

对于出口商来说，以上提到的所有风险都可以通过购买保险进行承保。

21.2　信用风险

即便商品被完好无损地送达目的地，也不代表出口商就可以安枕无忧了，因为还存在买方拒绝支付货款的风险。这样一来，很有可能的结果便是买卖双方之间出现了合同纠纷，毕竟，出口商完全有可能是运送了一批垃圾给进口商。但是，我们必须得承认，不支付货款完全有可能仅仅是买方一种恶意的行为。买方拒付货款的具体做法很多，从拒绝接受货物，到收货之后故意拖延付款时间，再到根本就不付款。

出口企业也可以通过购买保险来对这种风险进行承保。

21.3　汇率风险

即便是商品被完好无损地送达目的地，一切都感到很满意的买方也如期支付了货款，那些粗心大意的出口商也依然有可能会赔钱。如果出口商提供的发票使用外币计价，那么它最终收到的货款在转换为本国货币之后仍然可能会低于它的预期，因为两国货币的兑换比率有可能在不断波动。

出口商无法通过购买保险来消除这种风险。但是，它们可以通过加强管理来降低汇率风险发生的可能性。

21.4　货物（海运）险

全球各国有各种各样形式的保险，但是毫无疑问，海运险可能是历史最悠久的一种。在英国，海运险的合理化源于 1601 年的《伊丽莎白议会法》（Elizabethan Act of Parliament），接下来则是劳埃德协会（Corporation of Lloyd's）的发展，该协会允许而且现在依然允许保险商提供保险。直到不久以前，海运险的保单上使用的措辞依然是伊丽莎白时期的表述风格，但是 80 年代对保单的更新大大提高了效率，但是有人认为这样一来少了一些味道。

"共同"（average）原则是海运险的核心，对此可以通过《伊丽莎白议会法》的一段原文来说明：

通过将未来可能的风险而不是实际的风险在更多的人之间分担，而不是由少数人来承认，损失被减轻了。

这段话给出了保险的本质特征，也是对以下事实最准确的描述：如果只有一个或者是两个人来承担——举例来说，海损——全部风险，那么他们很有可能不愿意冒险。事实上，正如该法案接下来所说的，保险鼓励了国际贸易的发展，因为风险可以在更多的人之间进行分担：

……所有的商人特别是年轻的商人们因此而更愿意冒险。

我们之所以称保险公司为风险的承保人（underwriter）是因为它们和其他共同承担风险的人一道，将自己的名字写在风险的下面。现在的做法是，劳埃德的保险商代表保险"辛迪加"承保风险，保险经纪则代表他们的公司承保风险。

需要注意的是，现代国际贸易涉及的不仅仅是海洋运输，因此更准确的做法可能是使用"货物险"（cargo insurance）这个说法，这包括了公路运输、铁路运输、空运以及现在经常会用到的各种联合运输方式等。

□ 21.4.1 共同海损

共同海损（general average）是货物险最古老的原则之一，而且直到今天依然非常重要。共同海损承保的是以下情形：

……为了挽救处于共同海险中的资产，有意地、合理地采取某些措施所造成的特殊损失或者是支付的特殊费用。

共同海损包括为了拯救船只而抛弃货物，或者是为了救火而导致货物被水浸泡，将船只滞留在某个港口以便进行修理，以及所有其他牺牲部分货物以便保全其他货物以及船只的情况。此时基本的原则是，所有当事各方，包括船东，都要为损失承担责任。船方宣布共同海损后，海损精算师则负责核算具体的损失额。通常来说，在提货的时候，货主必须签订共同海损契约，承保人则要提供共同海损担保。因为所有的标准保单都包含了共同海损理赔条款，因此其成本已经被保险商计算在保费之内。

□ 21.4.2 投保还是不投保？

出口商可以选择不对货物在运输过程中可能发生的损坏或灭失投保，而是自己承担全部风险。但是，这样做会带来一系列的问题：

· 买卖双方签订的货物买卖合同里可能会附有要求卖方购买保险的条款。比如按照 CIF、CIP 等签订的合同就属于此类。在这种情况下，卖方必须足额购买保险，并且提供相关的单证。

· 在货物发生损坏或者灭失的情况下，有可能需要对当时负责运输的承运人提出赔偿要求。但是承运人需要承担的责任是有限的，它们可能也会向专业人士求助以便保证自己赢得诉讼。投保带来的一个好处就是，出口商无须向有过失的承运人提起诉讼。

事实上，在实际工作中，绝大多数出口商都会购买保险，对货物运输过程中可能发生的全部损坏或者灭失投保。那么它们具体是怎么做的呢？

□ 21.4.3 单独（航次）保险

有货物要安排国际运输的出口企业通过保险经纪和保险公司取得联系，要求后者针对自己的货物单独设计一份保险合同的情况完全是有可能发生的。

这通常被称为航次保险，因为这个保单仅仅针对特定的一次运输活动。纯粹是出于回顾一下历史的好玩心态，我们在图21—1中给出了劳埃德公司过去使用的航次保单。需要提醒各位注意的是，这种SG（船还是货）形式的保单从1779年开始引入，但是在1983年随着使用现代语言的海运全险保单（MAR）——图21—2给出的就是一个标准的MAR保单——投入使用，它也就走到了历史尽头。

虽然我们无法找到一个清晰版本的SG形式的保单，但是仔细辨认一下还是不难发现，该保单承保的范围有点过时了，比如"遭遇战争、火灾、敌军、海盗、游击队、窃贼、弃货、武装与反武装、意外、劫持、逮捕、软禁以及国王、王子及其民众被驱逐的人"。

虽然海盗有时候确实会攻击货船，但是显然现代国际贸易要想对这一风险承保要复杂得多。有时候武装势力也劫持一些外国船只，但是反武装力量会出面阻止——比如伊丽莎白女王就曾经授意弗朗西斯·杜雷克（Francis Drake）这样做。

在相当长一段时间里，人们使用的是劳埃德公司保单上的基本条款，再加上伦敦保险商协会（Institute of London Underwriters）新补充的一些附加条款，也就是人们所熟知的协会保险条款（Institute cargo clause），简单来说就是全险、承保特定损失的水渍险（WA）以及排除部分损失的部分损失不赔（FPA）。战争、罢工、暴动与民事骚乱险（SRCC）条款以及其他一些针对特定情况的或者是特定货物的非常具体的条款有时候也会被加入到保险合同中。

1983年，SG形式的保单被一个非常简单的MAR保单取代，新保单的内容用条款（A）、（B）或者（C）的方式表述出来，此外还增加了战争条款以及罢工条款。简单来说，货物条款（A）实际上就相当于"全险"，条款（B）的承

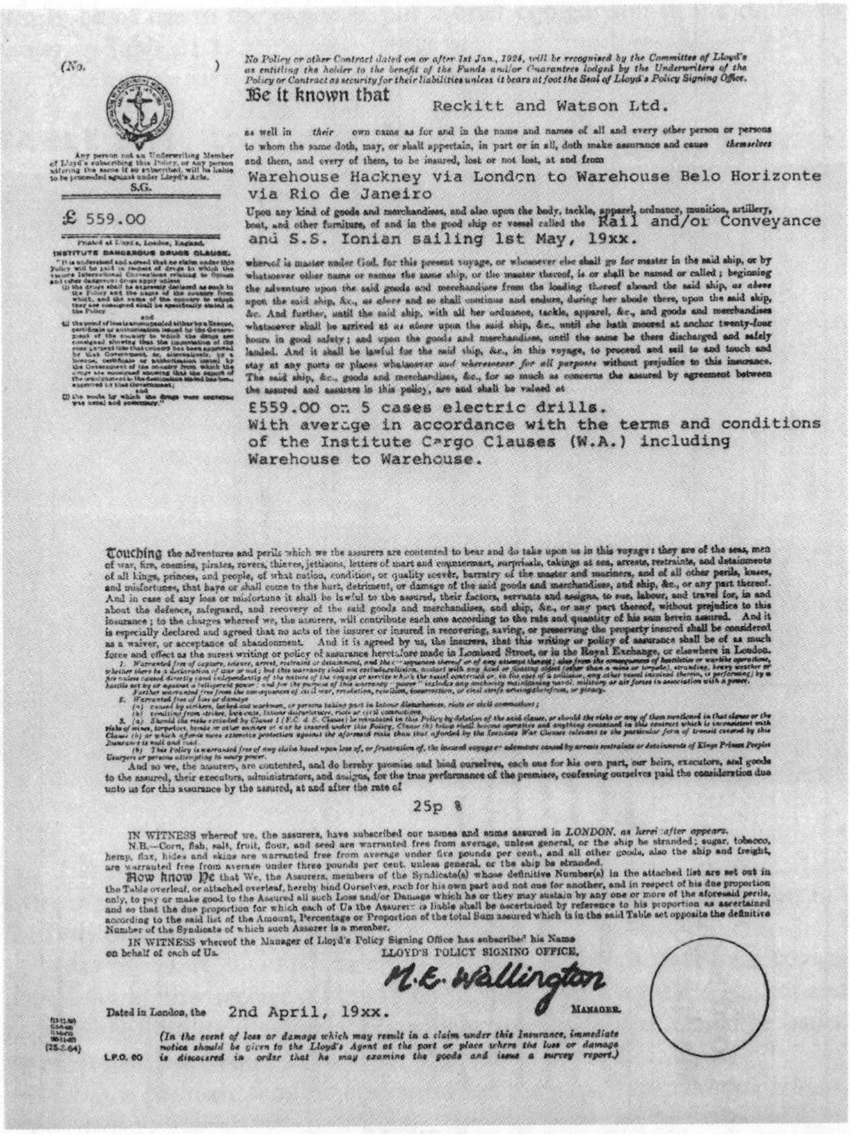

(No.)

Any person not an Underwriting Member of Lloyd's subscribing this Policy, or any person uttering the same if so subscribed, will be liable to be proceeded against under Lloyd's Acts.

S.G.

£ 559.00

Printed at Lloyd's, London, England.

INSTITUTE DANGEROUS DRUGS CLAUSE.

"It is understood and agreed that no claim under this Policy will be paid in respect of drugs to which the various International Conventions relating to Opium and other dangerous drugs apply unless

(1) the drugs shall be expressly declared as such in the Policy and the name of the country from which, and the name of the country to which they are consigned shall be specifically stated in the Policy

and

(2) the proof of loss is accompanied either by a licence, certificate or authorisation issued by the Government of the country to which the drugs are consigned showing that the importation of the consignment into that country has been approved by that Government, or, alternatively, by a licence, certificate or authorisation issued by the Government of the country from which the drugs are consigned showing that the export of the consignment to the destination stated has been approved by that Government;

and

(3) the route by which the drugs were conveyed was usual and customary."

No Policy or other Contract dated on or after 1st Jan., 1924, will be recognised by the Committee of Lloyd's as entitling the holder to the benefit of the Funds and/or Guarantees lodged by the Underwriters of the Policy or Contract as security for their liabilities unless it bears at foot the Seal of Lloyd's Policy Signing Office.

Be it known that Reckitt and Watson Ltd.

as well in *their* own name as for and in the name and names of all and every other person or persons to whom the same doth, may, or shall appertain, in part or in all, doth make assurance and cause *themselves* and them, and every of them, to be insured, lost or not lost, at and from

Warehouse Hackney via London to Warehouse Belo Horizonte via Rio de Janeiro

Upon any kind of goods and merchandises, and also upon the body, tackle, apparel, ordnance, munition, artillery, boat, and other furniture, of and in the good ship or vessel called the Rail and/or Conveyance and S.S. Ionian sailing 1st May, 19xx.

whereof is master under God, for this present voyage, or whosoever else shall go for master in the said ship, or by whatsoever other name or names the same ship, or the master thereof, is or shall be named or called; beginning the adventure upon the said goods and merchandises from the loading thereof aboard the said ship, *as above* upon the said ship, &c., *as above* and so shall continue and endure, during her abode there, upon the said ship, &c. And further, until the said ship, with all her ordnance, tackle, apparel, &c., and goods and merchandises whatsoever shall be arrived at *as above* upon the said ship, &c., until she hath moored at anchor twenty-four hours in good safety; and upon the goods and merchandises, until the same be there discharged and safely landed. And it shall be lawful for the said ship, &c., in this voyage, to proceed and sail to and touch and stay at any ports or places whatsoever *and wheresoever for all purposes* without prejudice to this insurance. The said ship, &c., goods and merchandises, &c., for so much as concerns the assured by agreement between the assured and assurers in this policy, are and shall be valued at

£559.00 on 5 cases electric drills.
With average in accordance with the terms and conditions of the Institute Cargo Clauses (W.A.) including Warehouse to Warehouse.

Touching the adventures and perils which we the assurers are contented to bear and do take upon us in this voyage: they are of the seas, men of war, fire, enemies, pirates, rovers, thieves, jettisons, letters of mart and countermart, surprisals, takings at sea, arrests, restraints, and detainments of all kings, princes, and people, of what nation, condition, or quality soever, barratry of the master and mariners, and of all other perils, losses, and misfortunes, that have or shall come to the hurt, detriment, or damage of the said goods and merchandises, and ship, &c., or any part thereof. And in case of any loss or misfortune it shall be lawful to the assured, their factors, servants and assigns, to sue, labour, and travel for, in and about the defence, safeguard, and recovery of the said goods and merchandises, and ship, &c., or any part thereof, without prejudice to this insurance; to the charges whereof we, the assurers, will contribute each one according to the rate and quantity of his sum herein assured. And it is especially declared and agreed that no acts of the insurer or insured in recovering, saving, or preserving the property insured shall be considered as a waiver, or acceptance of abandonment. And it is agreed by us, the insurers, that this writing or policy of assurance shall be of as much force and effect as the surest writing or policy of assurance heretofore made in Lombard Street, or in the Royal Exchange, or elsewhere in London.

1. Warranted free of capture, seizure, arrest, restraint or detainment, and the consequences thereof or of any attempt thereat; also from the consequences of hostilities or warlike operations, whether there be a declaration of war or not; but this warranty shall not exclude collision, contact with any fixed or floating object (other than a mine or torpedo), stranding, heavy weather or fire unless caused directly (and independently of the nature of the voyage or service which the vessel concerned or, in the case of a collision, any other vessel involved therein, is performing) by a hostile act by or against a belligerent power; and for the purpose of this warranty "power" includes any authority maintaining naval, military or air forces in association with a power.

Further warranted free from the consequences of civil war, revolution, rebellion, insurrection, or civil strife arising therefrom, or piracy.

2. Warranted free of loss or damage

(a) caused by strikers, locked-out workmen, or persons taking part in labour disturbances, riots or civil commotions;

(b) resulting from strikes, lock-outs, labour disturbances, riots or civil commotions.

3. (a) Should the risks excluded by Clause 1 (F.C. & S. Clause) be reinstated in this Policy by deletion of the said clause, or should the risks or any of them mentioned in that clause or the risks of mines, torpedoes, bombs or other engines of war be insured under this Policy, Clause (b) below shall become operative and anything contained in this contract which is inconsistent with Clause (b) or which affords more extensive protection against the aforesaid risks than that afforded by the Institute War Clauses relevant to the particular form of transit covered by this insurance is null and void.

(b) This Policy is warranted free of any claim based upon loss of, or frustration of, the insured voyage or adventure caused by arrests restraints or detainments of Kings Princes Peoples Usurpers or persons attempting to usurp power.

And so we, the assurers, are contented, and do hereby promise and bind ourselves, each one for his own part, our heirs, executors, and goods to the assured, their executors, administrators, and assigns, for the true performance of the premises, confessing ourselves paid the consideration due unto us for this assurance by the assured, at and after the rate of

25p %

IN WITNESS whereof we, the assurers, have subscribed our names and sums assured in *LONDON, as hereinafter appears.*

N.B.—Corn, fish, salt, fruit, flour, and seed are warranted free from average, unless general, or the ship be stranded; sugar, tobacco, hemp, flax, hides and skins are warranted free from average under five pounds per cent., and all other goods, also the ship and freight, are warranted free from average under three pounds per cent. unless general, or the ship be stranded.

Now know Ye that We, the Assurers, members of the Syndicate(s) whose definitive Number(s) in the attached list are set out in the Table overleaf, or attached overleaf, hereby bind Ourselves, each for his own part and not one for another, and in respect of his due proportion only, to pay or make good to the Assured all such Loss and/or Damage which he or they may sustain by any one or more of the aforesaid perils, and so that the due proportion for which each of Us the Assurers is liable shall be ascertained by reference to his proportion as ascertained according to the said list of the Amount, Percentage or Proportion of the total Sum assured which is in the said Table set opposite the definitive Number of the Syndicate of which such Assurer is a member.

IN WITNESS whereof the Manager of Lloyd's Policy Signing Office has subscribed his Name on behalf of each of Us.

LLOYD'S POLICY SIGNING OFFICE,

M.E. Wallington

MANAGER.

Dated in London, the 2nd April, 19xx.

(25.2.64)

L.P.O. 60

(In the event of loss or damage which may result in a claim under this Insurance, immediate notice should be given to the Lloyd's Agent at the port or place where the loss or damage is discovered in order that he may examine the goods and issue a survey report.)

图 21—1

保范围小于条款（A），条款（C）的承保范围小于条款（B），同时保险费也相应地不断下降。另外，新保单中也包括协会保险条款（空运），这相当于条款（A），但却明显是针对空运方式的。详细介绍保险公司或者是保险经纪人提供的保单的条款显然对于出口商来说是非常有帮助的，但是在这里我们只是给出了一个不同条款之间的简单对比，具体参见表 21—1。

SCHEDULE

POLICY NUMBER

NAME OF ASSURED

VESSEL

VOYAGE OR PERIOD OF INSURANCE

SUBJECT-MATTER INSURED

AGREED VALUE (if any)

AMOUNT INSURED HEREUNDER

PREMIUM

CLAUSES, ENDORSEMENTS, SPECIAL CONDITIONS AND WARRANTIES

THE ATTACHED CLAUSES AND ENDORSEMENTS FORM PART OF THIS POLICY

Lloyd's Marine Policy

We, The Underwriters, hereby agree, in consideration of the payment to us by or on behalf of the Assured of the premium specified in the Schedule, to insure against loss damage liability or expense in the proportions and manner hereinafter provided. Each Underwriting Member of a Syndicate whose definitive number and proportion is set out in the following Table shall be liable only for his own share of his respective Syndicate's proportion.

In Witness whereof the General Manager of Lloyd's Policy Signing Office has subscribed his Name on behalf of each of Us.

LLOYD'S POLICY SIGNING OFFICE
General Manager

This insurance is subject to English jurisdiction.

MAR

图 21—2

表 21—1　　　　　　　　条款（A）、条款（B）与条款（C）之间的对比

	(A)	(B)	(C)
可合理归于以下原因的损坏或者灭失：			
意外受损、偷窃、恶意损坏	√	√	×
火灾或者爆炸	√	√	√
船只搁浅、故障、沉没或者翻船	√	√	√
被除水之外的其他外部物体冲击	√	√	√
在有问题的港口卸货	√	√	√
地震、火山喷发或者闪电	√	√	×
失窃	√	×	√

	(A)	(B)	(C)
因为以下原因导致的损坏或灭失：	√	√	√
共同海损	√	√	√
抛弃货物	√	√	√
浪击落海	√	√	×
被海水浸泡	√	√	×
在装卸货物时因为包装破损而发生的全部损失	√	√	×

在本章后面的内容中，我们还会介绍一些看上去更加重要的内容：不在这些保险条款的承保范围内的风险。

因此，现在如果出口商希望通过劳埃德公司的保险经纪人购买航次保险，那么它拿到的很可能是该公司的一个带有附加条款的 MAR 保单，并且支付相应的保费。其他保险公司也会提供类似的航次保单。

一家出口企业每个月发运一次或者两次货物是完全有可能的，这样一来，如果每次发货都去找保险公司，那么对于一个平均来说会发送成百甚至是上千次货物的出口商来说，显然是极其浪费时间的一件事。应该有一个更好的解决办法，而且当然有更好的解决办法。

□ 21.4.4　预定保险单

出口商——实际上是国际贸易商——最普遍的做法是通过保险经纪人和保险公司发生关系，购买的保险也是针对发运的几批而不仅仅是一批货物的。这样的保单也被称为"总保险单"（floating policy），它有一个固定的总额度，并且从中逐次扣除每次发运货物需要缴纳的保费，直到额度用完重新购买新的保单为止。

但是现在这种保单和过去相比已经不是那么普遍了，这主要是因为被保险人通常需要预付一个平均的保费。到目前为止，最常见的形式的保单被称为"永久性预定保单"（permanently open policy），之所以这么说是因为该保单通常针对一个固定的时期，到期后需要更新，但是在有效时间内可以承保无限次货物运输。对此，常用的一个说法是，该保单"无须申明，就总是有效的"。这样的保单针对的是某个特定贸易商运输的所有货物，不管是进口还是出口，其具体的措辞可能如下：

每一：任何运输方式或者是暂予承保，但是空运和邮政快递需要额外支付费用。

航次：全球均可/全球任何航线均可，包括转运。

关于：电子材料以及/或者其他材料。

这类保单很难进一步扩大覆盖范围，它已经包含任何材料的运输、从任何一个地方运到任何另外一个地方，任何航线，任何交通运输方式。保单上可能会包括一个依目的地不同而不同的保险收费明细，也可能对所有运输业务收取一个相同的费用并且注明承保范围，同时通过协会货物条款来详细说明具体的承保事项。预定保险单有时候也被称为"通知保险单"（declaration policy），因为保险公司对于贸易商发运的货物一无所知，直到后者通知自己，而贸易商每隔一段时间才会通知保险公司一次。但是首先，出口商要解决单证的问题。

按照我们前面介绍的由出口商来负责安排购买保险并支付相关保费的合同，显然有必要提供一系列的单证作为证据，证明卖方已经履行了自己应该承担的购买保险的合同义务。问题是，出口商只有一份预定保险单，将这份保险单作为整套单证的一部分邮寄给买方显然是不现实的。卖方公司的秘书有可能保存着保单的电脑打印件，但是更有可能的情况是，它很有可能是以虚拟文件的形式保留在保险公司的网站上。

对此，解决办法是出口商在每次发运货物的时候提供一个"保险证书"（insurance certificate）。为了提供该证书，出口商需要填写保险公司提供的电子模板，其中保险商已经事先在电子模板上签字了。

图21—3给出了一个示例，显而易见的是，这个例子中只包含与货物运输有关的基本信息。这样一来，缮制与货物运输保险有关的单证这项工作就变成了填制一份简单的保险证书，这显然是可以做到的。

21.5　保险的原则

出口商对保险背后的一般原则有一定程度的了解是非常重要的，特别是它们需要了解这些原则对于货物保险来说具有什么样的现实意义。

□ 21.5.1　保险利益

保险利益这一表述给出了第15章介绍的FCA、CIP等贸易术语的一个重要作用，即指定运输途中的某个地点，自此之后货物灭失或者受损的风险从买方转移给卖方。从技术角度说，通常货物的保险利益会发生实实在在的转移。

保险利益原则对于任何形式的保险来说都是非常重要的。为了取得保单，保单持有人首先必须通过投保行为获取保险利益。在货物险的情况下，这意味

CERTIFICATE OF INSURANCE

© Zurich International/Salpro 1992

Exporter	CERTIFICATE NO. ZINT	
	Exporter s reference	
	Forwarder s reference	

Consignee

CONDITIONS OF INSURANCE

☐ Institute Cargo Clauses (A)

☐ Institute Cargo Clauses (B)

Setting agent

☐ Institute Cargo Clauses (C)

☐ Institute Cargo Clauses (Air) (Excluding sendings by Post)

Other UK transport details

Further subject to Institute War Clauses and Institute Strikes Clauses (Cargo) (Air Cargo)

Institute Classification Clause

Institute Radioactive Contamination Exclusion Clause

Vessel	Port of loading	Other Special Conditions (see reverse)	
Port of discharge	Final destination	Insured value	Premium
Shipping marks, container numbers	Number and kind of packages, description of goods	Gross Weight	Cube (m³)

PROCEDURE IN EVENT OF CLAIM

1 It is the duty of the Assured and their agents to take such measures as may be reasonable for the purpose of averting or minimising a loss and to ensure that all rights against Carriers Bailees or other third parties are properly preserved and exercised

2 Follow the procedures stated overleaf.

3 Apply immediately for survey of damaged goods to the Agent stated below or if none stated to the nearest Institute of London Underwriters or Lloyds Agent or to Zurich International Head Office as shown on reverse

Claims Payable at.

By

For Zurich International (UK) Limited

Dennis W White, Managing Director

ZURICH INTERNATIONAL UK

This is to certify that Zurich International has insured the above mentioned goods for the voyage and value stated on behalf of

Under Policy No

This Certificate is not valid unless counter-signed
This Certificate requires endorsement by the Assured

Signatory's company

Name of signatory

Dated

Signed

图 21—3　保险证书

着它们必须"能够从货物完好送达目的地中获益，或者是不用承担损失"。

　　如果没有这一原则的话，那么任何人都可以基于自己能够想象到的任何结果来投保。例如，保单可能会规定，如果一个足球运动员在比赛中弄伤了自己的腿，那么保险公司就要负责赔偿。如果该保单被这名运动员的老板得到了，后者显然是有保险利益的；但是如果任何人都可以拿到这样一份保单，那么无疑就成为了另外一种形式的赌博，赌金就是如果这名运动员确实弄伤了腿，保单持有人可以获得的赔偿。但是，人们设计保险这种东西并不是为了提供一种新形式的赌博工具，因此，保单持有人需要证明这个既得利益（vest interest）。

为了索赔，还需要证明保险利益的存在，如果是非保单受益人提出索赔的话，这可能还会导致一系列的问题。在根据 CIP 或者是 CIF 条件成交的合同中，就会出现这样的问题。正如我们在第 15 章介绍过的，这两个术语意味着卖方要负责购买保险，而且正如我们前面所说的，这肯定是通过以卖方名称为投保人的预定保险单来完成的。但是，保险利益要么像 CIP 规定的那样在第一承运人接管货物之后就已经发生转移，要么像 CIF 规定的那样在船舱或者是装运港发生转移。

因此，一旦货物发生损坏或者灭失，索赔工作就要由买方在货物抵达英国某个机场或者港口时展开，即便卖方购买的是一直承保到最终目的地的保险。

得益于以下两个条款，买方可以使用卖方的预定保险单提出索赔：

（1）国外领取赔款（claims payable abroad，CPA）。

不管是在保单签发地还是在海外某地提出索赔——通常会通过距离最近的劳埃德保险公司或者是其代理人，保险公司都会受理。它们所有的要求就是，必须有足够的单证来支持相关当事方的索赔，因为原始单证只可能出现在一个地方，所以不存在重复索赔的可能性。因此，买方向卖方支付 CIP 或者是 CIF 价格，然后持相关单证向保险公司提出索赔这种做法是完全可行的。

（2）保险利益由保险单证明（policy proof of interest，PPI）。

简单来说，这意味着只要持有保单，就足以证明保险利益的存在。在实际操作中，通常是由保险证书和辅助性的索赔文件来证明当事方存在保险利益。保险证书需要背书给另外一方以便完成保险利益的转移，这就类似于提单需要背书之后才能使得其所代表的物权发生转移一样。

□ 21.5.2　赔偿

大多数保险都是建立在保险公司承诺会对被保险人作出赔偿这个事实的基础上：也就是说，保险公司承诺令被保险人的状况维持在损失发生之前的水平上。显然，人寿保险不在这一承诺的适用范围之内。

在实际工作中，对被投保货物的赔偿通常表现为一定数额的金钱，即货物的被投保价值。尽管保险公司可以用完全对等的价值来替代灭失或者受损的货物，但是显然根据定制保险单（valued policy）给货物投保是不现实的。

1906 年的《英国海洋保险法》（UK Marine Insurance Act）作为其他大多

数同类法案的范本，明确规定了货物的投保价值必须等于"主要成本加上运输过程中发生的所有费用再加上保险费用"；在实际工作中，通常的做法是在 CIP 或者 CIF 价格的基础上加上 10% 的溢价作为投保价值。

之所以要额外增加一个 10% 的溢价是为了体现买方的潜在利润。毕竟，卖方的利润已经体现在出厂价格里，而只有在货物被完好地送到买方手里，后者在同意支付的 CIP 或者 CIF 价格的基础上加价出售商品之后才能获利。保险公司实际上是对买卖双方都做出了赔偿。

如果你考虑一下买方提出索赔的情况，这一切看起来就会更加符合逻辑。买方的索赔金额通常是它们支付给卖方的 CIP/CIF 价格，再加上一定的比例以便弥补它们损失的利润。从这个角度说，只要投保价值是前后一致的，保险公司完全可以接受对在 CIP 价格的基础上加价 20% 或者 30% 的货物承保，因为保费也是按照投保价值来收取的。

也有可能各方会达成一致意见，对货物价值规定一个免赔额（excess），即出口商也要承担一部分的损失，低于免赔额的损失不能提出索赔。一种替代做法是，各方一致同意对货物价值规定一个特许额（franchise），即当损失低于该额度时也不在赔偿范围——这与免赔额的做法类似，但是高于该额度的损失可以全额得到赔偿；也就是说，只要损失的价值超出了特许额，出口商就不需要承担任何损失。

□ 21.5.3 坦率诚实（uberrimae fidei）

同样，这个原则也适用于所有形式的保险。保险公司几乎是完全依靠被投保人来提供所有与被投保的风险相关的信息。因此，一个购买了人寿保险但是隐瞒了自己的严重疾病的人可能会发现保单被保险公司宣布作废。货物保险常用的预定保险单也是坦率诚实原则的一个重要体现之一。

假设有一个出口商在 6 月初的时候通过公路运输一批货物到德国，并且在当月的第二周顺利送达。到了月底，卖方将本月货物发运情况告知保险公司以便计算运费。但是，因为货物已经被顺利送到德国了，因此卖方可能会不向保险公司通报这次发货，毕竟这批货物根本没有要求投保。

这种做法显然严重违背了诚实守信原则，而且如果是故意瞒报的话，可能会导致保单失效，也就是说被保险公司取消。显然，对于已经知道被安全送达的货物，被保险人逃避缴纳保险费的做法显然是有失公平的。在提交给保险公司的发货通知单中，货物是按照"安全或不安全，损失还是没有损失"来分类的。

诚实守信对保单上的双方都是有约束力的。假设货物在被运往德国的途中，因为车祸而报废了。对于保险公司来说诚实守信的做法是，在 6 月底它们接受对方的索赔要求，即便是货损发生在被保险人提出申明之前，比如在保险公司知道这次发货之前。

□ 21.5.4 代位求偿 (subrogation)

当货物因为承保范围内的风险而受损或者灭失时，被保险方就要向保险公司进行索赔。如果索赔过程很顺利的话，被保险方就可以认为事情到此结束了。但是，也有可能是没有任何承保范围内的事情发生，而仅仅是承运人需要对货物受损或灭失负责，但是后者却逃避了自己应该承担的责任。

代位求偿原则可以保证杜绝这一状况的出现，因为根据该原则，保险公司可以以被保险人的名义向承运人提起诉讼。出口商和进口商可以通过避免出具清洁收货单以及尽快——最理想的状况是在三天内——申明货物受损或者灭失，来保留对承运人提起任何诉讼的权利，但是一旦保险公司对这些损失作出了赔偿，代位求偿权就转移给了保险公司。

必须首先对被保险人的损失作出赔偿这种做法也是相当公平的。保险公司不能先对承运人提起诉讼，并且只有在赢得诉讼的情况下才对被保险人做出赔偿。不管承运人有没有承担自己的义务，被保险人的求偿权都必须得到补偿。同样，当保险公司从承运人那里得到的赔偿高于它们给予被保险人的赔偿时——虽然这种情况不太可能会发生，差额部分也要归被保险人所有。

让问题变得更加复杂的是，针对自己应该对货主承担的义务，承运人通常也会购买保险。这就是我们所知道的在运货物 (goods in transit，GIT) 保险，相应的赔偿责任将由承运人的投保公司承担。这意味着，针对承运人提出的索赔要求通常也是由保险公司来履行的，所有的争端最后可能就变成了在两家保险公司之间进行解决。

□ 21.5.5 或有事项 (卖方利益) 保险

很多出口商可能会发现，有时候虽然是它们负责安排发货，但是购买保险却是买方应该承担的责任。最明显的例子便是根据 CPT 或者 CFR 术语成交的合同，但是根据 FCA 和 FOB 术语成交的合同也同样存在这样的问题。在某些国家和地区，以 CPT 或者 CFR 价格成交似乎是非常普遍的做法，因为进口方所在的国家可能会要求必须通过本国的保险公司进行投保，这时候就不能选择卖方所在地的保险公司。

这种情况下存在的一种风险便是，货物有可能受损或者灭失，买方可能会拒绝接受货物和单证，甚至买方根本没有对货物投保的状况也是完全有可能发生的。如果买方故意逃避了投保的义务——此时法律行动通常毫无意义——很有可能会给卖方造成巨大的损失。卖方利益保险有时也被称为或有事项保险，针对的便是在买方需要负责购买保险的条件下货物受损或者灭失，但是买方却没有履行自己的投保义务的情况。在这种情况下，只需要缴纳一笔不多的保险费，卖方就可以提出索赔。不要将购买了卖方利益保险的事情告诉买方通常是非常重要的。

□ 21.5.6　近因原则

保险公司要求提出索赔时，造成货物受损或者灭失的原因在保险单的承保范围之内是完全合理的。实际上，很多损失无法提出索赔仅仅是因为造成损失的原因不在承保范围内。被保险方的那些损失不在承保范围的情况我们会在后面介绍，在这里我们首先来解释一下近因原则。

当发生损失时，往往不是哪一个单一事件而是一系列的事件不断累积共同导致的。保险公司要做的工作便是找出导致损失的实际原因，对此它们的定义是"实际的、有效的诱因"，也就是所谓的近因。

举例来说，假设一辆汽车在运输过程中撞车了。如果货物在撞击过程中受损了，那么就可以提出索赔，因为撞车显然在保险公司的承保范围内。但是，如果货物没有受损，但是货车出现故障需要修理，并且因此而导致送货时间被延误了，圣诞贺卡直到圣诞节次日才送到批发商手中，那么就不能提出索赔，因为送货时间延误不在被保险的范围内。因此，重要的是调查清楚导致货物发生损失的整个过程，找出近因，并且确定这个近因是否在保险公司的承保范围内。

和列出哪些风险在承保范围内相比，给出哪些风险不在条款（A）、条款（B）、条款（C）的范围内相对来说要简单得多：

1. 延误

正如我们在前面已经看到的，因为送货时间延误而造成的任何损失，都不能提出索赔。在这种情况下，相关当事人可以向承运人提出赔偿要求，运输公约也对不合理延误做出了界定，但是不能向保险公司索赔。

2. 磨损

出口商必须将可以预期将导致货物出现损失——可能是货物的价值下降——的因素考虑在内。正常磨损不在保单的承保范围内，举例来说，出口商需要为可能出现的艰辛的海运航程做好准备。实际上，因为"正常的风浪"所造成的后果不在保险公司承保范围内。毕竟，在大西洋上航行时碰到一点风浪也没有什么好大惊小怪的。

3. 内在缺陷

内在缺陷是指货物本身可能发生的一些事情，因此也是可以事先预知的。比如，显然，钢铁容易生锈，特别是在潮湿的环境下，因此出口商必须采取措施避免这样的事情发生，比如刷上一层底漆或硅胶，或者是用塑料薄膜热塑包装，而不能完全依赖保险公司。与此类似，棉花易燃、鱼粉肥料容易发酵、混凝土容易凝固、易腐的东西容易腐烂等等，所有这些出口商都必须考虑在内。

4. 漏损

这也是内在缺陷的一种表现形式，只不过是只有液体才会发生这样的状况。具体到货物保险来说，漏损指的是液体因为挥发而导致的损失或者是"重量或体积的正常泄漏或损失"。这些损失同样不在保单的承保范围之内。

5. 故意的不端行为

因为故意的不端行为而造成的损失不在保单的承保范围可能是显而易见的道理，但是极其重要的一点是，当持有相关单证进行索赔时，索赔人必须能够证明自己采取了审慎的行动，损失并不是因为它们的行为或者是它们的疏忽所导致的。一个显而易见的例子是，针对因为包装不够充分而导致的货物连带提单一起受损提出索赔。如果有证据表明货物包装不够充分或者是包装不当，那么因此而导致的损失就不能提出索赔。

21.6　索赔单证

假设确实是因为在承保范围内的风险而提出索赔，那么最后却索赔不成功的第二个原因便是没有足够的单证支持。保险公司并不会要求提供过多的单证，也不会要求提供与索赔无关的东西。在索赔时通常会用到的单证主要有：

1. 保单或者保险证书的正本

需要牢牢记住的一点是，保单是保险利益的证明，是极其重要的。保单上还包含保险标的、投保价值以及适用的条款等信息。

2. 发票以及装箱单

在货物部分损失的情况下，需要凭借这些单证来评估损失的比例，并且明确受损或者是灭失的货物装在哪里。

3. 提单或者是其他运输单证的正本

这些单证可以证明货物在装船时状态良好，同时如果后续需要对承运人提起诉讼的话，这也是承运合同的证明。

4. 调查报告或者是其他关于货损的证明

比较理想的做法是，通过委托授权机构，比如劳埃德公司的保险代理来提供一份关于货物损失性质以及程度的独立调查报告。

5. 在目的地的卸货单/货运重量单

货物到达目的地之后，承运人或者是仓储代理人出具的货物溢短残损记录。这些单证可以用来确定货损具体发生在哪里，是发生在集装箱还是船上，又或者是公路运输过程中。

6. 与承运人或者是其他当事方相关的任何证明

显然，保险公司总是希望保留对其他当事方提出索赔的法律权利，而且一定会要求被保险人不能放弃这一权利。

可见，保险公司要求提供的单证并不是一个不合理的要求，而且每一个单证都有一个明确的、可以理解的用途。

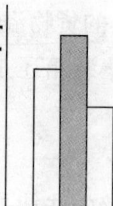

第 22 章

信用保险

假设出口商可以在应该的时间和地点得到应得的货物，且货物完好无损，但是即便是这样，也不代表问题就到此结束了——因为进口方出于各种各样好的或者是坏的理由，可能不会付款给它们。对于出口企业来说，为了解决这类信用风险问题而花费的时间和精力越来越多，因为全球范围内的信用风险是在不断增加的。

国际贸易商面临的信用风险比以往任何时候都高这一点并不会引起太多争议。在很多国家和地区，特别是在第三世界国家，延期付款甚至是根本不支付货款的行为非常普遍。实际上，如果可以把国家看作是企业的话，那么世界上有 75％的国家已经破产了，因为它们的负债超过了它们的资产。

这是不断发生的世界经济衰退所导致的结果，而不能仅仅归因于 90 年代末期发生的银行倒闭危机，后者给发达国家和发展中国家都带来了负面的影响，特别是导致第三世界国家的债务不断增加，很多都达到了不可维持的程度，也就是说连支付利息都无能为力了，更不用说是偿付本金了。此外，除了偶尔短暂的反弹之外，世界范围内大宗商品价格的下跌也使得发展中国家的问题进一步恶化，这些国家主要是依赖初级产品以及矿产品的出口来创汇，因此显然国际贸易面临严重的支付问题。

简要地探讨一下信用风险大范围蔓延——特别是在发展中国家的蔓延——的根源可能会有所帮助。像美国和英国这样的发达国家的贸易企业将很多事情都看作是理所当然的。

一家希望从海外供货商那里购买产品的英国企业毫无疑问会选择用英镑进行结算。如果供货商不希望使用英镑，那么不管是出口商还是进口商都可以很方便地将英镑兑换成美元或者是欧元。美国企业在贸易过程中也希望使用类似的"硬币"进行结算。

但是对于——举例来说——加纳的贸易企业来说，事情则往往不是这样。很有可能的是，那里的供货商更加愿意得到加纳本国的货币塞地（cedi），因为它们拿到的塞地无法兑换成其他硬通货，塞地是一种不可兑换的软币。

那么加纳人如何购买并且支付你作为出口商提供给他们的商品呢？如果他们幸运的话，他们可以通过出口赚取硬通货。如果不是因为拥有丰富的自然资源的话，很多国家都将成为欠发达国家，因为这些资源给它们带来了硬通货。中东地区就是最好的例子，那里的国家都是因为拥有丰富的自然资源才变得富裕。

其他一些发展中国家——它们一度也可以按照一个不错的市场价格出口商品——发现世界商品价格的下降趋势导致它们的收入水平严重下降。

最后，有很多国家要么没有有价值的资源，要么无法对这些资源进行开采，结果就陷入了无法生存的境地。在这种情况下，它们获取可以用来支付进口的资金的唯一途径便是借贷，而第三世界债务问题是信用风险问题的核心所在。我们现在正处在很多国家都没有能力偿付债务利息的境况，西方国家的银行对这些国家所欠的数百万美元的债务只能是一笔勾销。

在这样的情况下，出口商必须格外小心谨慎地处理自己可能拿不到货款的风险。

在第 8 篇，我们将介绍可供出口商利用的具有不同程度的安全系数的替代性付款方式，从最安全可靠的预付货款到最不安全的赊销方式等等。通过合理方式控制信贷，包括适度使用信用信息、针对单个客户设置信贷额度限制以及可操作的黑名单等，出口商可以进一步提升自己享有的安全性。而所有这些都可以通过使用信用保险保单得到进一步的简化。

我们可以将基本的信用保险分成以下两大类：

• 买方风险：违约、不诚实、没有偿付能力、拒绝接受货物。

• 国家风险（主权风险）：政府行为，比如拒绝兑换货币。

出口企业在进行风险评估的时候必须将这两类风险都考虑在内。

信用风险保险是由一些专门机构提供的，其中最重要的一个便是英国出口信用机构（export credit agency，ECA）的出口信用保险部（export credit guarantee department，ECGD）。这是英国的一个政府机构，主要负责处理信贷期限在两年以上并且通常附有项目融资的合同。这往往会涉及一系列的装船前检查以及针对供货商的信贷安排，甚至有时候会涉及非常复杂的与海外项目有关的偿付方案的设计。

每个国家都有自己的出口信用机构，比如：

- 进出口银行：美国；
- 科法斯（Coface）：法国；
- 裕利安宜信用保险公司（euler hermes）：德国；
- 瑞士出口风险保险（SERV）：瑞士；
- 加拿大出口保险公司（EDC）：加拿大；
- 日本贸易保险（Nexi）：日本。

有越来越多的私人企业也开始提供国际信用保险服务，而且只要保险费合理的话，它们几乎可以提供任何类型的信用保险。这些私人企业有些还成为了本国的出口信用机构。安卓信用保险公司（Atradius）便是其中的一个。该公司是英国最大的保险公司，主要提供综合性的短期——信贷期在两年以内的——保险。不管是买方风险还是国家风险都可以通过该公司投保，保险公司可能会给予出口企业一个固定的信用额度，也可能是根据该公司的交易记录来授予信贷额度。

信贷额度显然会受到所使用的支付方式影响。通常来说，安卓信用保险公司会根据出口商的业务要求一个合理的信用价差，但是也会针对某些合同具体谈判保险费用，其中也包括装船前以及装船后的风险的承保。安卓公司还坚持要求卖方承担一定比例的损失，80%～90%的损失则由该公司负责进行赔偿。提出这一要求的重要目的是为了给卖方追回债务留下一定的空间。就像针对货物的或有利益保险一样，卖方购买信用保险一事也不应该透露给买方。

其他提供短期出口信用保险的企业还包括：

- 劳埃德保险公司；
- 裕利安宜信用保险公司；
- （美国）苏黎世信用与政治风险保险公司（Zurich Surety，Credit and Political Risk）；
- （德国）苏黎世保险公司（Zurich Versicherung）；
- （法国）科法斯；
- AIG英国有限公司；
- （瑞士）丰泰保险公司（AXA Winterthur）；
- （西班牙）CESCE公司；
- （比利时）Ducroire Delcredere公司；
- （加拿大）GCNA公司；
- （日本）三井住友保险公司；

- 中国人民财产保险股份有限公司；
- （意大利）SACE BT；
- 日本财产保险公司（Sampo Japan）。

通常来说，信用保险保单发挥作用的方式和我们在第 21 章介绍的针对货物的预定保险保单非常类似，尽管每家保险公司都会设置一些独具自身特色的条款和管理方式。双方一般会预先商定保费，而且保险公司可能会要求预先支付一笔固定的费用或者是预付一定比例的保险金。

■ 22.1 保险与出口企业

通常来说出口企业既会投保货物险也会投保信用险，因此它们在开展业务的时候很清楚一旦发生不在它们的控制范围内的糟糕的事情，它们的利益也是有一定保证的。但是，理解以下两点也是非常重要的：

- 只有在出口方没有过错的情况下，保险才能够生效。我们在前面已经介绍过，很显然，如果损失是因为出口企业的错误行为所造成的，保险公司将不予赔偿，但是很多时候事情没有办法区分得那么清楚。例如，可能发生的一种情况是卖方认为自己已经完全履行了合同规定的义务，但是买方并不这样认为。一个最典型的例子就是双方对产品的质量存在争议的情况。这时出口企业并不一定就是过错方，但是保险公司不会受理索赔，除非买卖双方已经解决了合同争端。但是，如果卖方可以令人信服地向保险公司证明，买方的不满只不过是它们不希望付款或者是想要延期付款的借口——这在实际生活中并不少见，卖方已经很好地履行了合同规定的义务，那么保险公司就会受理索赔。原则便是出口企业需要维持一个较高的管理水平，并且有足够的证据来证明这一点，从而确保它们可以证明自己履行了合同规定的自己应该履行的所有义务。
- 保险公司希望被保险人不仅要降低损失发生的概率，而且在损失发生的情况下也要尽量降低损失的程度。一个例子便是我们在前面的内容中曾经提到的，针对承运人提出的索赔越早越好，而且无论如何一定要在三天之内。一个基本的也是非常重要的原则是，被保险人必须"像没有投保的人一样审慎行动"——这个术语准确地描述了保险公司对被保险人的期望。保单并不是粗心大意的卖方的安全网，所有的被保险方都必须像没有购买保险时那样小心谨慎地开展业务。

第 23 章

汇率风险管理

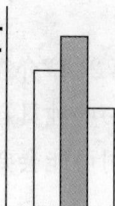

发达国家的企业在和其他国家的买方做生意的时候，越来越多地使用的是非它们本国的硬通货。当然，所使用的一定是发达国家的可以自由兑换的"硬币"，特别是英镑、美元、欧元以及日元或者是瑞士法郎。

当英国出口企业选择使用英镑或者是美国出口企业选择使用美元作为和海外客户的结算货币时，对于买方来说显然会存在下面的风险：它们需要支付以外币计价的货款，为了购买这些外币所需要的本国货币很可能会因为两种货币之间兑换比率的波动而增加。不同货币之间的兑换比率有时候会发生较大的波动是现代商业的一个现实。

考虑到国际收支对于一国货币相对于其他国家货币的价值的重要性，经济理论自然希望能够准确地解释影响两种货币的兑换比率的机制。以英国为例，如果英镑相对于其他货币来说贬值了，也就是说为了购买同样数量的其他货币需要更多的英镑，那么英国的出口商品相对于海外买方来说就变得更加便宜了——因此英国的出口将会增加，国际收支赤字下降，英镑币值走强。相反的情况是，英镑升值导致英国的出口对于其他国家的买方来说变得更加昂贵，因此出口减少，进而导致英镑走弱。如果我们再考虑到很多英国出口企业，特别是大型出口企业，都会选择以其他国家的货币计价，因此上面提到的两种情形下的结果恰好相反，那么整个理论体系就非常完整了。例如，假设出口企业收到的是美元，那么当英镑贬值时，该企业实际上是受益的。

进出口贸易实务

汇率的波动很大程度上受市场对各种货币的供给和需求影响。对某种货币的供给和需求又受到对交易货币的需求影响，比如美国出口的增加会导致对美元的需求增加；同时对某种货币的供给和需求又会受到不同国家也就是不同货币的利率差异的影响。一国的利率水平越高，对于该国货币的需求也就越大。

出口商面临的风险是，计算出的出口价格——主要是以英镑或者是美元计价——要按照计算时的汇率转化成外币价格，但是在实际收到货款的时候要重新根据最新的汇率进行折算，因而它们最终的收益可能会少于开始时预计的收益。

假设双方约定按照其他国家的货币计价给买方开具发票，那么出口商可以有很多选择来管理汇率风险。下面我们就逐一进行介绍。

23.1 不采取任何措施

这不是一个灵活机动的做法，但是也可能是一种合理的做法。简单来说就是，当实际收到以外币计价的货款时，出口商准备接受汇率水平的任何变化。收到货款时的汇率，也被称为即期汇率，将会是对出口商有利的，如果该出口商所在国家的货币相对于外币来说贬值的话。

但是，我们必须承认可能发生相反的状况，这时卖方显然就面临损失一大笔收益的风险，甚至有可能是持续损失，如果汇率朝着于它们不利的方向变化的话。当涉及的货款数额相当大，而利润率又比较低的时候，这个问题就显得格外严重了。因此，一般来说，出口商还是会选择一些办法来最小化甚至是消除汇率风险。

23.2 货币账户

为了消除汇率风险，一个最显而易见的办法就是不进行货币兑换。也就是说，卖方将收到的外币留存在外币账户中。大多数发达国家都不存在外汇管制意味着出口商可以在国内账户存入任何货币。在很多情况下，企业还可以在自己的海外账户中存入外币。

发达国家的出口企业通常来说都可以开立多币种账户，如美元、英镑以及欧元等。除了可以消除汇率风险之外，这些外币账户中的资金赚取的利息可能还会高于其他货币账户的资金所赚取的利息——具体来说取决于账户中货币的种类。企业甚至有可能以优惠利率借入外币。

但是，货币账户的主要优势在企业用外币进行买卖时会体现得更加明显。最理想的情况是，企业采购时需要支付的外币恰好等于它们销售时收到的外币，但是即便是外币的收支存在差额也依然可以让企业受益，它们只需要在有外币短缺时借入外币，而在外币有盈余时将它保留在付息账户中。此外，企业还可以利用即期汇率的变动来赚取汇差。

23.3 远期外汇合约

企业还可以找到银行，获取一个未来某个时间银行向它卖出或者是买入外币的汇率。这样做是为了在贸易商计算价格的时候向它们保证一个固定的汇率，当后者实际收到货款时不管当时的汇率水平如何，它们都可以按照这个约定汇率将外币兑换成本币。银行可以提供从未来一个月到未来五年的任何时候的远期汇率，但是通常来说标准的汇率远期是指 3 个月、6 个月以及 12 个月。

根据银行是买入还是卖出外币的不同，它们所提供的汇率也是不同的，二者之间的差额在外币走强时被称为"溢价"——从即期汇率中减去，在外币走弱时则被称为"折价"——加入即期汇率。

下面，我们来看看计算远期汇率时的一些基本原则。

23.3.1 假设你是银行

也就是说，下面所有的汇率都是从银行的角度进行报价和计算的：

（1）银行高买低卖。

（2）从银行的角度看，第（1）条中的做法是符合逻辑的。

（3）加上折价部分。

（4）经过第（3）条调整后得到的是弱势货币的币值，也就是说相对于合约货币来说在贬值的货币的价格。

（5）减去溢价。

（6）经过第（5）条调整后得到的是强势货币的币值，也就是说相对于合约货币来说在升值的货币的价格。

远期外汇合约的优势在于，出口商准确地知道当自己收到外币时，可以按照怎样的汇率进行兑换。但是，如果出口商没有能够如期收到买方支付的货款，那么远期外汇合约的履行就会出现问题。这种情况下，出口商就只能是按照即期汇率买入约定数额的外币——比如美元——以便履行远期外汇合约，然后再将自己收到的美元货款按照即期汇率进行兑换。同时，远期外汇合约也意味着即便即期汇率相对于远期汇率来说对出口商更有利，出口商也不能从中获利。

当出口商无法确定确切的收款时间时，可以选择"择期交易"（option for-ward）。这样一来，它们就可以将固定汇率维持一段时间，比如一个月到三个月，因此就给未来收到外汇的时间留出了一定的灵活性。但是，这并不意味着出口商可以选择是否按照约定的远期汇率兑换外币，远期外汇合约是一定要在约定时间范围内的某个时点履行的。同样，银行也会尽最大可能使得汇率在约定时间段内对自己是最有利的。

作为择期交易外汇合约的一个例子，我们假设企业向银行卖出 10 万欧元，同时获得英镑。企业将在 1 月初到 3 月底的某个时间收到这些欧元：

- 即期汇率：1.41～1.44；
- 1 个月的远期汇率：1.49～1.54；
- 3 个月的远期汇率：1.57～1.63.

记住，你是银行——银行总是高买低卖，而且会选择约定时间段内对自己最有利的汇率：也就是说银行会选择最低的卖价以及最高的买价。因此：

- 择期交易汇率（1～3 个月）：1.49～1.63。

企业将欧元卖给银行，银行按照 1.63 欧元兑换 1 英镑的购买价将它们兑换成英镑。因此，出口商将收到 61 349.69 英镑（减去手续费）。

需要注意的是，上面使用的数据都仅仅是为了举例，为了简单起见都做了简化。这些数据与实际的即期汇率或者是远期汇率没有关系，实际的汇率一般来说会保留到小数点之后四位，而且不会有这么大的波动。

□ 23.3.2　货币期权

货币期权给予了出口商选择权，它们可以决定是按照远期汇率进行货币兑换，还是说按照即期汇率进行货币兑换——如果即期汇率对它们更有利的话。货币期权合约仍然会约定一个汇率，即所谓的"交割汇率"，但是合约可以在某个确定的时间履行，也可以在某个时间段内履行。因为有权利决定是否按照约定汇率进行货币兑换，因此出口商需要预先支付一定的费用，具体数额则取决于交割汇率以及履约时间。

和流行的看法相反，货币期权合约中使用的远期汇率不是根据银行的主观推断得出的，而是在即期汇率的基础上，根据两种货币的利差进行调整，并且对在合约有效期内持有利率较低的货币的一方进行有效补偿之后得出的。

第 23 章

汇率风险管理

23.4 小结

在第 7 篇中,我们从出口商面临的各种风险开始,介绍了出口商在对这些风险进行管理的过程中可以采取的各种方法。简单来说,可以总结如下:

- 商品灭失/损坏:货物保险;
- 无法收回货款:信用风险保险;
- 汇率损失:货币账户或者是远期汇率合约。

但是,上面介绍的所有风险管理办法都不是强制性的。贸易商绝对有权利选择不对以上风险进行承保,而且可能有很好的理由支持它们作出这样的选择。例如,如果购买信用风险保险的费用超过了风险发生时卖方可以得到的补偿,那么不购买保险就是更加节约成本的做法。另外,出口商在货物的发运、信贷控制以及货款的托收等方面表现得越专业,那么各种保险所能够提供的安全网的重要性也就越微不足道。

第 8 篇

国际贸易融资

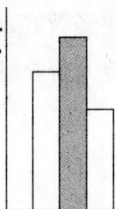

第 24 章

商业融资

24.1　法律实体

开办企业的人或者是人们可以通过以下三种基本方式中的任何一种来组织企业，这三种方式从法律和税务的角度看都是不同的：

- 个体户形式；
- 合伙制形式；
- 股份制公司形式。

□ 24.1.1　个体户

个体户形式的企业就是只有一个人经营的企业，通常这个经营者就是企业的创办人。这种形式的企业最容易设立，因为除了需要注册一个企业名称之外，没有任何其他的法律手续。这也就意味着这是发达国家最常见的企业组织形式。

个体户需要提供企业所需的资金——或者是自有资金，或者是银行贷款，或者是通过各种形式的针对小企业的政府资助来获取这些资金。

个体户这种企业形式的优势是：

- 容易设立，注册资本要求较低；
- 企业的所有利润（在扣除相关费用和利息之后）都归个体户本人所有；
- 个体户为自己工作，因此他们有很强的动力将企业经营好；
- 不需要和其他人商议后再作出决策，也不需要和他人分享利润。

个体户这种企业形式的劣势是：

- 企业的所有债务都由个体户本人承担；
- 个体户承担无限责任；
- 在税务方面处于劣势；
- 如果个体户本人生病了，那么企业就面临一定风险；
- 很难募集更多的资金以便扩张本企业。

□ 24.1.2　合伙公司

1890 年英国最初的《合伙公司法》将合伙定义为"以赚钱为目的共同运营一家公司的几个人之间的关系"。这意味着合伙公司是由共同开办企业的几个人组成的，他们的目的是赚取利润。

合伙公司的优势在于：

- 容易设立，成本比较低；
- 通常来说可供合伙人使用的资金比较多；
- 合伙人可以把他们的知识、经历以及经验聚集在一起；
- 设立合伙公司不需要法律程序，但是最好有一个协定；
- 在有人生病的情况下，企业仍然可以维持正常运转；
- 税后利润需要按照最初的合伙协定，在几个合伙人之间进行分配。

合伙公司的劣势在于：

- 无限责任，这意味着合伙人可能需要对所有可能的债务负责；
- 合伙人之间的关系有可能会解体；
- 每个合伙人的行动都要受到其他合伙人的制约；
- 当有合伙人死亡时，可能会碰到一点麻烦，因为他的家人可能会希望选择从公司撤资。在这种情况下，合伙公司可能就要解体。

除了如上面所说的一般性的合伙公司外，很多国家目前还认可所谓的有限合伙公司这个概念，这和一般意义上的合伙公司类似，但是除了有一般意义上的合伙人之外，有限合伙公司里还会有一个或者几个有限责任合伙人。这是一种只需要有一个合伙人至少是一般性合伙人的合伙公司。一般性合伙人不管从哪个角度说，都和传统企业里的合伙人具有同等的法律地位，比如他们有管理控制权，有权利使用合伙公司的资产，按照预先确定的比例分配利润，共同对公司的债务承担责任。

更新的一个发展是有限责任合伙制公司（limited liability partnership，LLP）的概念，即一些或者是所有合伙人都只需要承担有限责任的公司。因此，这种公司兼具合伙企业和公司制企业（参见下面的介绍）的特征。

在有限责任合伙制公司中，一个合伙人不需要为其他合伙人的错误行为或者是疏忽承担责任。这也是它和有限合伙公司的一个重要区别。在有限责任合伙制公司中，有些合伙人只需要像公司中的股东那样承担有限责任，但是区别在于这些合伙人可以直接参与公司的管理。另外，有限责任合伙制公司应该缴纳的税费也和公司有所区别。

在有些国家，有限责任合伙制公司和有限合伙公司是不同的，其中，前者允许合伙人承担有限责任，而后者则要求至少有一个合伙人承担无限责任。因此，在这些国家中，有限责任合伙制公司是更加适合的企业组织形式，因为所有投资者都希望能够积极参与企业的管理。

在美国，作为一种企业组织形式的有限责任合伙制和从税法角度看的合伙制之间，容易让人感到迷惑；而且有限责任合伙制在 2001 年引入英国并且逐渐被其他国家采纳。但是，与它的字面意思不同，法律明确规定英国的有限责任合伙制企业是一种公司制机构，而不是合伙制。

□ 24.1.3 股份制公司

股份制公司在有些国家也被称为公司，是指有自己独立的法人的企业组织。"独立的法人"对于公司开立账户的方式以及所使用的账户名是有影响的。因为公司是一家可以拥有资产或者负债的独立法人，因此它就可以买卖自己的权力，也可以借钱。它可以对他人发起诉讼也可以被诉讼，可以上庭，甚至如果确实应该承担责任的话还会被法院处以一定惩罚。

股份公司的财务账户归该公司所有，而不是归该公司的所有者（比如股东）所有，后者与前者是两个完全不同的实体。这也就是为什么公司的资金，包括股东投入的资金会出现在公司资产负债表的负债中，也就是说这是公司欠股东的钱。

公司的所有者就是所谓的成员或者股东，他们有权利任命公司的管理者。股东以它们持有的股份的面值为限，对公司债务承担责任。对公司的控制权则按照一股一票的原则进行分配。公司赚取的利润既可以作为留存收益保留在公司内部，也可以作为红利向股东发放。

股份制公司的优势在于：

- 公司是一个独立的法律实体：它与负责公司运营的人是不同的；

・有限责任意味着所有者不需要对公司的债务承担责任，除非存在欺诈或者是个人担保；

・公司的损失可以结转，也可以在经营绩效比较好的年份进行冲抵；

・在公众看来，股份制公司可能看上去口碑更好；

・所有权是可以转让的；

・可能可以享受某些税收优惠待遇。

股份制公司的劣势在于：

・受到更加严格的法律监管；

・会计报表与其他组织形式相比也要更加复杂；

・设立股份制公司的成本更高。

在英国，主要有三种基本类型的股份制公司：

・私人有限公司；

・公共有限公司；

・上市公司。

□ 24.1.4　私人有限公司

这些公司的名字后面会含有"有限"二字。它们不会向"大量公众"出售股份，股东之间股份的转让也是受到限制的。股份只能在私人之间出售（因此才叫私人有限公司），而且必须征得其他股东的同意。

私人有限公司只需要以高度简洁的方式公布自己的财务信息；因此它们可以享有一定的隐私权。但是如果公众有要求的话，它们就必须提供财务报告。

□ 24.1.5　公共有限公司

顾名思义，公共有限公司会向公众发行股份。私人股东可以不受任何限制地出售自己持有的股份，但是公共有限公司的最低股本不能低于 5 万英镑。公共有限公司也是私人部门最普遍的一种公司组织形式。

公司股东有权利参加公司的股东大会，并且参与投票，阐述自己的观点，此外，他们还拥有选举公司董事会成员和董事会主席的权利。

□ 24.1.6　上市公司

大部分公共公司的股份都是在股票交易所进行交易的。买入和卖出这些公司的股票的价格和这些股份的名义价值或者说面值有很大差异。股价代表的是市场对公司未来红利的预期，或者说是市场对股票市场价格未来会上涨还是下跌的预期。

虽然具体的表述存在差别，但是股份公司这个法律概念在全世界范围内都已经得到认可。在美国，大部分（但不是全部）公司都用在公司名称后面加上股份公司的形式来表示，比如德州仪器股份公司，或者是在公司名称的后面直接加上"公司"二字，比如雀巢通信公司。

在德国、奥地利以及瑞士等国，与美国对股份公司的表述类似的说法中，最常见的是 GmbH（意思是有限责任的商业联合体）以及 AG（意思是有股份的商业联合体）。

在法国、瑞士、比利时以及卢森堡等国，则使用 SARL（意思是有限责任公司）或者 SA（意思是一致合伙人）。在西班牙、葡萄牙、波兰、罗马尼亚以及拉丁美洲国家则使用 SA 或者是 Limitada（Ltda）。

24.2　融资渠道

企业融资的主要渠道包括：
- 留存收益；
- 短期融资：通常是银行贷款或者是透支贷款（overdraft facility）；
- 长期资本市场融资：在股票市场上进行股票交易或者是发行新股。

留存收益是企业资金的一个重要来源。在支付了各种税费和分配给股东的利润之后，剩下的利润就是留存收益。留存收益在公司的资产负债表中体现为准备金（reserve）。

企业还可以从外部融资，但是这样做显然需要一定的成本。除了通过银行获得透支贷款、抵押贷款或者是担保贷款之外，企业还可以从其他金融机构或者是一般公众那里筹集资金。

具体来说，又可以分为两种方式：
- 发行新股，也就是说让公众或者是金融机构成为公司的新股东；
- 发行债券或者是其他形式的债务工具，也就是说从公众或者是金融机构那里借钱。

□ 24.2.1　权益或者是股权资本

股权资本、长期贷款以及短期债务融资（比如从银行获得的透支贷款）的组合是企业最常见的融资安排。

商业融资

299

从比较理想的状态说，企业融资中应该有一个比较大的比例是由普通股股东提供的，因为这是永续投资于公司的资金，通常来说也不需要偿付。

1. 普通股

普通股股东有权利参与公司当年利润在扣除应该缴纳的税费以及支付贷款利息之后的余额的分配。在征得董事会同意之后，普通股股东可以以股利的形式拿到属于自己的利润。所谓股利就是支付给普通股股东的利润的统称。

2. 优先股

优先股股东获得固定的股利，通常是按照面值的一定百分比向他们支付股利，而且是在向普通股股东支付股利之前支付。优先股股东不享有投票权。

3. 累积优先股

在某些年份，公司可能没有赚取足够的利润来支付优先股股东应该获得的固定股利。在累积优先股的情况下，所有不足的股利都可以延迟到下一年支付。

□ 24.2.2　债务或贷款资本

1. 债券或抵押担保贷款

债券是债务的书面凭证，由借款给公司的人或者机构持有。债券可以告诉贷款人：

- 他们预期什么时候可以收回贷款；
- 他们预期可以收到多少利息。

债券持有人不能：

- 拥有企业所有权；
- 有投票权；
- 对于公司运营有发言权。

但是，他们确实享有以下权利：

- 每年或者是每半年被付息一次；
- 在市场上出售自己的债券。

应该向债务人支付的利息要优先于支付给优先股股东和普通股股东的股利。这些债券的安全性可以通过将公司资产用作流动担保这种形式来保证，这赋予了债券持有人在发生违约的时候任命一个接管人（administrative receiver）的权利。从借方的角度看，这样做的优势在于，向债券持有人支付的利率通常来说要低于透支贷款需要支付的利率。

□ 24.2.3　无担保贷款债券

无担保贷款债券（unsecured loan stock）也是一种可交易的债务融资工具，但是它更类似于优先股，尽管其流动性要优于优先股。无担保贷款债券通常用在风险投资以及由几家银行组成辛迪加集团向一家大公司提供贷款的情形。

可转换债券赋予债券持有人将所持有的部分或者全部债券在事先约定的日期，按照约定的价格转换成普通股的权利。

□ 24.2.4　运营资本

用来维持一家公司运转所需的资金可以分成两部分，即固定资本（fixed capital）和运营资本（working capital）。

固定资本是指用来购置如机器设备和厂房等固定资产的资本，这部分资本不能很容易地转换成现金。

运营资本是指公司流动资产和流动负债的差额，也就是说在偿付了所有债务之后，可以用来支付工人工资、供应商货款等，以便维持公司运营的资本。因为企业的一部分资本是在各种不同类型的流动资产之间转换的，所以运营资本也被称为流转资本（circulating capital）。

□ 24.2.5　一些定义

1. 固定资产

固定资产是指企业并非出于加工或者是再出售目的而购买的资产，比如工厂、设备、厂房、汽车等等。在大多数情况下，固定资产要进行折旧。

2. 流动资产

流动资产是指和固定资产一样归企业所有，但是不能永续存在的资产，比如存货、在产品、他人对本企业的债务、现金等。

3. 流动负债

流动负债是指企业欠其他个人或者机构的资金，比如透支贷款、贸易债权人等。

4. 存货

存货可以表现为原材料、在产品以及最终产品等多种形式。过高的存货水平是对资源的低效率利用。

5. 债务人

债务人是指欠企业钱的人。愿意等一段时间再收款，比如在付款条件中规定使用信用证付款，可能会给予企业一定的优势，具体到出口业务来说这种优势可能是使得企业打败对手的一个重要因素。

6. 贸易债权人

贸易债权人是指企业在经营过程中欠钱的人或者机构。企业付款期拖得越久，能够占用他人资金来赚取利润的时间也就越长。但是一旦企业出现现金危机，供货商可能会毫无征兆地停止供货，甚至是提起法律诉讼。

7. 短期投资

短期投资是指很容易就可以变现的投资。但是，短期投资的回报率相对于流动性稍差一些的投资来说要更低。

8. 透支贷款

利用银行的钱来开公司是一件很有诱惑力也很赚钱的事情，但是银行提供的贷款额度是有限制的，而且它们有权利收回或者是降低这一额度。银行资金的安全性通过归企业所有的资产提供的流动担保来予以保证。

24.3　出口与运营资本

出于以下两个原因，所有的出口企业都必须密切关注自己的运营资本：

·将货物送到距离遥远的顾客手中所需的时间（以及货款打到出口商银行账户所需的延迟）意味着应收账款的数额可能远远高于国内贸易的情况。

·这个原本就比较高的应收账款数额很有可能会因为坏账的增加以及去海外市场追讨债务的困难而保持居高不下。

解决这一问题的对策是所谓的"贸易融资"，更进一步，具体到出口商来说则是"出口贸易融资"。

贸易融资的具体做法包括：

·汇票议付或贴现；

·跟单信用证；

·福费廷；

·保理；

·国际储蓄互助社（international credit unions）；

·出口信用机构提供的融资便利。

24.4　财务报告

会计人员在记录企业的业务往来时，需要遵守一些公认的原则。这样一来，公司的管理层以及其他人员就可以通过查看这些财务数据监督企业的运营状况。

这些财务数据主要来自以下渠道：

·资产负债表；

·利润和亏损账户以及其他一些相关会计科目；

·管理信息（管理报告）：和前两类信息来源相比，管理信息中发布财务信息的频率要更高。

□ 24.4.1　资产负债表

资产负债表中列明了在某一时点，企业拥有哪些资产和债务。

一个简单的水平结构的资产负债表如表24—1所示。

表24—1　　　　　　　　　　　水平资产负债表示例

资金来源	固定资产
流动负债	流动资产
合计	合计

资产负债表的左右两边永远是平衡的，因为一家企业拥有的所有资产都必须是用通过某种渠道筹集来的资金——来自股东的资金、来自银行的贷款或者是通过出售流动资产比如存货等——购买的。

现在，用得更多的是如表24—2所示的垂直资产负债表。

表24—2　　　　　　　　　　　垂直资产负债表

资金来源	合计
固定资产	
加	
运营资本（流动资产减流动负债）	合计

□ 24.4.2　盈利和亏损账户

将一家企业在某个会计期间的所有支出加总在一起，从同一会计期间总的销售收入中扣除这些支出，得到的便是企业在该会计期间的利润。但是我们从中并不能解读出太多的信息，因此我们需要把利润的计算过程分解成几个步骤：

· 制造成本：指包括为了销售产品而发生的采购以及产品的加工制造在内的所有费用。

· 总利润：指企业通过交易获得的利润。

· 净利润：从总利润中扣除为了维持企业运营而发生的杂费后得到的就是净利润。

表 24—3 是关于盈利和亏损账户的一个简单示例。

表 24—3　　　　　　　　　　　　盈利和亏损账户示例

期初存货	销售收入
加	
采购	
减	
期末存货	
——	——
销售成本	总利润
减	
费用	净利润

□ 24.4.3　管理信息（报告）

1. 销售订单

也就是所谓的已经收到的订单，或者说是对每周或每月销售情况的总结报告。通常会包括与同期的数字或者是预计销售数据的比较。

2. 现金流预测

某段时间内销售收入和支出的额度和时间分布的情况。对于小公司来说，流入资金和流出资金之间的关系格外重要。

3. 授信情况

关于当前客户的付款情况，作为公司信用控制体系的一部分，该部分还会强调延期付款的情况。

4. 潜在订单

这部分信息可以帮助销售人员更好地处理客户的咨询。更加重要的是，潜在订单数量的变化可以对未来可能发生的危险状况作出警示。订单减少意味着未来几个月的现金流会下降，订单增加则可以让那些已经达到最大工作负荷的工厂意识到很可能会出现延期交货的情况。

5. 销售情况分析

按月或者是更频繁地对销售情况进行常规分析可以警示公司的管理层，让他们意识到市场环境或者是公司销售业绩的变化。这样一来，他们就可以在给企业商业前景造成实质性损害之前，做一些调研并采取正确的应对措施。

6. 存货水平

一个良好的存货管理系统可以作为已经收到的订单的辅助信息，告诉公司管理层以及其他人员库存的消耗以及周转情况。

7. 交货

截至当前的总交货数据和预计交货数据之间的差额对公司管理层具有战略指导意义。和公司以前的交货情况做一个对比马上就可以揭示出公司当前存在的问题。

8. 债务人分户账

通过债务人分户账可以看出谁借了什么、借款的频率如何，以及偿还情况。

9. 逾期应收款报告（aged debtors report）

该报告会按照客户的拖欠时间、拖欠金额对它们进行排序，同时也会列出每个客户的信用额度作为参考。

24.5 成本

成本可以分为以下两个大类：
· 直接成本和间接成本；
· 可变成本和固定成本。

24.5.1 直接成本与间接成本

直接成本是指能够直接计入某个成本计算对象的费用，比如某个加工制造单位，或者是某个生产环节，比如原材料采购费、工人工资等。

其他所有不能直接计入某个成本计算对象的费用都可以称为间接成本，比如照明费、租金、利息等等。

□ 24.5.2　可变成本和固定成本

可变成本是指所有会随着生产量增加或者减少而增减的成本。这里的要点是，可变成本只包括那些会随着生产量的变化而变化的成本。最典型的一个例子便是，企业采购的用来组装的零部件。在最简单的情况下，企业的可变成本会和生产量同比例变化。如果企业的生产量翻番，那么可变成本也会翻一番。

其他不发生变化的成本都被统称为固定成本，也就是说这部分成本不会随着生产量的变化而变化。固定成本的例子包括工资（但是时薪是个例外）、租金、广告费等。固定成本有时候也被称为沉没成本，因为不管企业的经营情况如何，都必须支付这部分成本。

遗憾的是，并不是所有的成本都可以明确地归入这些类别。

□ 24.5.3　直接固定成本

摊销到某个购买后用来生产某种专门的产品而不能生产其他产品的机器上的折旧费应该计入直接固定成本。折旧费可以直接计入该成本单位（所生产的产品），但其数额是固定的。不管生产的产品数量是多少，折旧费都是固定的。

□ 24.5.4　可变间接成本

企业的电费应该计入可变间接成本。如果工厂停产一周的话，这期间的电费就是零；如果工厂生产时间延长一倍，那么电费也会增加一倍。显然，电费是可变成本。但是，因为电费是被工厂的所有活动消耗的，即因为生产所有的产品而消耗的，因此这部分费用就是间接成本或者说间接费用。

24.6　预算

预算是一种管理手段。只有当管理层可以利用预算对企业经营活动进行管理，并且成功实现了预定目标时，才可以证明预算是成功的。

预算是组织的一系列相互影响的商业计划，其中列出了一系列量化的、可行的行动计划，并且对这些行动的结果做出预测，以及制定这些计划所依据的假设前提。

一个精心准备的预算至少可以从四个方面帮助管理层更好地管理企业：

1. 战略

预算可以帮助管理者看清楚公司的战略是否合理。借助预算的帮助，企业就可以检查战略的细节以及制定战略的假设前提（主要是关于市场情况的一些假设）。

2. 数量

通过量化各种预测，管理层可以发现，在关于商业环境的假设前提下，企业是否可能完成自己的目标。

3. 风险

通过强调潜在问题和可能的风险，企业管理层可以评估所预测的利润的合理性，当然他们需要将制定预算时所依据的基本假设存在的问题考虑进来。

4. 监管

通过给出一个业绩目标，企业管理层可以监督企业活动的进展情况，并且重点关注一下实际数据和预算数据发生偏离的那些方面。

☐ 24.6.1 预算重要么?

当实际数据和预算数据出现偏差时，企业管理层可以考虑一下这些偏差是否:

- 比较小，因此可以忽略不计;
- 是已经考虑到的其他一些变化的自然结果，说明制定预算时所依据的某些基本假设需要进行调整;
- 有无法确切了解的重要性，除非对预算数据进行调整。

当和预计数字出现显著偏差时，一个精心准备的预算报告可以就如何做出纠正提供一些很好的切实的指导性意见。在某些情况下，所需的纠正措施可能很简单，也很显而易见;但是在某些情况下，可能需要重新思考企业的战略。

☐ 24.6.2 制定预算的五个原则

预算并不是为了指导公司如何花钱，而是体现相关人员认真负责的态度的一部分。

不管是制定预算还是制定任何其他的企业计划，相关人员总是需要从预测企业的销售情况开始做起。

完成预算包括以下内容:

- 激励，这样一来所有人才会朝着同一个目标努力;
- 交流，也就是说人们应该可以就预算展开讨论;

·监督，或者说"到目前为止我们做的怎么样"。

实际数据总是和预算数据存在差别；重要的是差别到底有多大。

预算是一个连续的不断重复的过程，因此一定会有一个监督——矫正——监督……不断循环往复的过程。

24.7 吸收成本与边际成本

□ 24.7.1 吸收成本（absorption costing）

用总成本除以产量得到的就是吸收成本。如果我们想要知道某个或者是某一批产品的成本，直接成本的计算是没有问题的。我们只需要将可以直接计入该产品或者是这一批产品的成本加在一起即可。可能有问题的是间接成本。

如果间接成本可以按照某种方式分摊到各个成本单位，那么可以计入所有成本单位的总成本就应该等于企业的实际总成本。将间接成本或者间接费用分摊到所有成本单位的过程，就是吸收成本法要做的事情。

吸收成本法存在的问题

在将间接成本分摊到所有成本单位时，这个过程不可避免会涉及一些关于产量和销量的假设。预计产量越高，间接成本摊的越薄——计算出的可计入该产品的成本就越低。

如果我们关于产品产量的假设是错误的，那么成本数字就一定是不准确的，也就是说，间接成本将会被吸收得过高或者过低。

此外，将间接成本分摊到一系列不同的产品或者是生产部门也会直接影响到该部门的盈利能力。

□ 24.7.2 边际成本

边际成本是指每多生产一单位产品所增加的成本，因此是由可变成本组成的。边际成本和吸收成本没有关系。它考虑的仅仅是和某种产品相关的可变成本。

按照边际法计算成本的产品可以按照边际价格进行销售，这个价格低于吸收价格。如果某种产品预计只能收回可变（直接）成本，那么它不会对收回企业的固定（间接）成本起到任何帮助。

遗憾的是，有时候这种成本核算方法会被用来降低过剩产品在海外市场进行倾销时的价格，而这种做法不应该成为企业长期的出口战略。

□ 24.7.3 贡献度（contribution）

因为我们可以非常精确地测算每个成本单位的直接成本，同时也是因为我们在测算应该分摊到该成本单位上的间接成本时存在一些问题，因此我们经常使用贡献度这个指标，作为对每个成本单位的盈利能力的更加准确的测度。

贡献度等于收入减去直接成本，因此是一个很准确的数字。我们的假设是，在合理分摊间接成本的前提下，那些能够作出最大贡献度的成本单位也将带来最高利润。

我们之所以称为贡献度是因为它们"对间接成本作出了贡献，因此对利润作出了贡献"。换句话说，贡献度等于间接成本加利润。

第 25 章

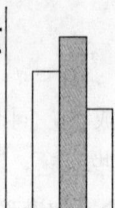

国际支付方式

鉴于绝大部分从事国际贸易的企业都是以营利为目的的，或者说至少是希望自己能够盈利的，因此显然收回货款对于企业盈利来说是非常重要的。显然，出口商有责任最大化——最理想的是能够确保——自己足额按时收回货款的可能性。

这主要取决于出口商针对特定国家和客户所选择的支付方式和支付条件。此外，正如我们在详细探讨这些支付方式时很容易就可以发现的，为了保证可以顺利收到货款，整个出口订单的处理过程都不能出现差错。特别是单证的缮制环节，单证的质量通常是买方是否付款的决定因素。

以下说明可以帮助各位更清楚地了解上面的内容：

• 支付条件是指留给买方的付款时间，也就是说给予买方的授信期的长短。通常情况下都是即期付款——也就是说不给予买方任何授信期，或者是在合同约定的某个时间——可能是买方收到单证的时间，也可能是货物装船之后的时间，或者是出具发票的时间——之后 30 天的倍数，比如 60 天、90 天、180 天等等。

• 支付方式是指通过怎样的方法支付货款。可供出口商选择的支付方式很多，而且不同支付方式的安全性也是不同的。

图 25—1 按照收款安全性从低到高的顺序（从卖方的角度看）对一些基本的支付方式做了一个排序。

最不安全

赊销

跟单托收（汇票）

跟单信用证

预付货款

最安全

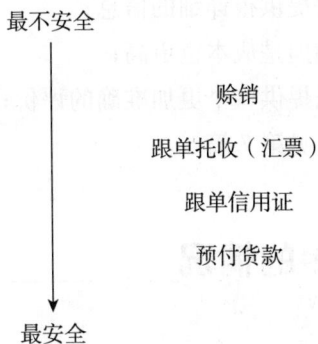

图 25—1　根据安全性对支付方式排序

显然，在交易过程一开始的时候——也就是报价的时候，贸易商就要决定最适当的支付方式和支付条件，而这一决定会受到很多因素的影响。

25.1　市场

在某些特定的市场上，某些支付方式明显比其他方式更加常见，因此，针对某个国家或者地区，在选择常用的支付方式时，出口商不可避免地存在一个优先法则。从这个角度看，在某些风险较大的市场上，比如西非国家和地区，在国际贸易的过程中预付货款的做法并不少见，而信用证则非常普遍也就没有什么好奇怪的了。另一方面，在像德国这样的发达国家，赊销的做法则占据较大比例。

包括标准普尔和穆迪在内的一些公司会对各国以及像银行这类大公司提供长期信用评级。如果出口商希望了解短期信用评级情况，则可以参考邓白氏公司以及类似的专业机构的建议。

25.2　买方

即便是不考虑某个特定国家的传统以及可以接受的支付方式，卖方对买方风险状况的看法，或者是卖方对买方风险状况缺乏了解等事实足以超越一切优先法则。

影响卖方对买方风险状况看法的信息来源包括：

·过去的经历；

·同行意见：和买方打过交道的其他公司的评价；

・银行报告：可能无法提供很详细的信息；

・信用报告：更加详细但是成本也更高；

・代理人的报告：可以提供一个更加准确的评价；

・信用风险保险商：参见第 7 篇。

25.3 竞争对手的情况

这个因素和前面提到的两个因素是相互重叠的，因为出口商在某个市场上采用的支付方式显然也是竞争对手最可能采用的支付方式。很有可能竞争对手会将支付方式和支付条件作为自己的一种营销手段。也就是说，它们准备给予买方一个更长的授信期，或者是采用安全性相对来说差一些但是通常成本也更低的支付方式，以便赢得或者维护自己的客户。

与支付条件和支付方式有关的任何决定都必须建立在通盘考虑以上所有影响因素的基础上，并且出口商必须对每一种支付方式的具体操作、其背后的风险有一个深刻的理解，清楚一个好的管理层可以通过哪些方式来最小化这些风险。

25.4 预付货款

这也是对出口商来说最为安全的支付方式，如果可以做到这一点的话。预付货款这种做法在过去 20 年中使用的频率明显增加是因为出口商认为国际贸易的信用风险在不断增加，并且在出口商看来信用证也不是一种绝对安全的支付方式。

一个越来越普遍的现实是，某些高风险国家的海外买方也越来越多地将预付作为一种常规的支付方式，当然这主要是因为这些国家存在外汇管制。正是因为如此，和很多非洲国家进行国际贸易时，才会主要选择预付货款的方式。当交易金额较大时，预先支付总金额的一定百分比的做法也并不少见，余额则采用分期付款的方式。

也可以采用抵补赊销款的方式付款，它和预付货款的唯一区别在于转账发生在货物装船（甚至是加工制造）之前，而且是依据形式发票（参见第 14 章）而不是最终发票付款。

25.5　赊销

赊销是安全性最差的支付方式，通常只有在风险较低的市场上才会经常用到这种方式。因此，这种方式在西欧国家和美国比较常见。卖方直接将货物以及全套单证提交给卖方，并且相信后者会在预定日期付款。

清楚地规定以下条件是非常重要的：

1. 何时付款

可能是收到单证或者货物的时间——不管是货物还是单证都会直接发送给买方，也可能是在某个授信期之后，比如在某个特定时间——比如开具发票的日期——之后 30 天、60 天或者 90 天付款。

2. 货款支付到哪里

出口发票上必须注明：

- 公司全称；
- 公司详细地址；
- 开户行名称；
- 开户人名称；
- 银行详细地址；
- 账号；
- 银行分类代码；
- 银行识别码（BIC，也就是 SWIFT 地址）；
- 国际银行账号（International Bank Account Number，IBAN）。

3. 采用哪种方式付款

- 现金：因为国际贸易中存在洗钱问题，也就是说用非法赚取的金钱购买产品后用于合法销售，因此我们建议除了针对个人的小额贸易外，最好不要使用现金支付货款。

- 买方开具的支票：除了可能发生跳票之外，使用支票付款的真正问题在于支票必须在买方银行进行清算，这可能需要花上一周到六周的时间。

- 银行汇票：实际上，一家银行开给另一家银行的支票要比买方开具的支票更加安全，而且也可以在卖方所在国进行清算。但是，从提示汇票到将货款支付给卖方依然会存在时间延迟。

现在，随着电子支付方式的不断发展和进步，上面提到的各种付款方式在实际工作中都用的越来越少。

25.6　国际汇款

国际汇款是最快速的一种付款方式，货款会直接计入出口商在银行的账户。具体来说，转账方式可以分为三种：

- 信汇；
- 电汇（即我们所熟知的 TT）；
- SWIFT（环球同业银行金融电讯协会）。

其中，最后一种方式是最快的，因此也是用的最多的。这是一种类似于英国的 BACS 的银行间结算系统，在各个银行的国际业务部之间提供安全、快捷的资金转移服务。在某些国家和地区，比如西欧，企业会自动选用 SWIFT 汇款。

如何将买方付款的时间和自己收到并且可以利用货款的时间之间存在的延误最小化，是卖方很关心的一件事情。这种时间上的延误又被称为"浮动时间"——银行利用这段时间赚取了不少利润。

25.7　保理

通过将海外货款的托收业务委托给一些专业的金融机构来做，出口商就有可能避免与之相关的一些问题。保理商接手出口商的发票，并且支付发票面值的一定比例的金额给出口商。

这个数额是根据贸易商的平均授信期以及坏账率计算的，而且通常是在距离发票开具日期一段约定的时间之后才进行支付。因此，出口商可以准确地预测出自己能够收到的现金流。

在买方无法按时付款的情况下，保理这种支付方式既可以是有追索权的，也可以是没有追索权的。从事国际业务的大型保理商在信贷控制和债务托收方面显然是非常擅长的。

和出口商自己成功托收债务相比，保理的成本不可避免地要更高一些，而且有些出口商或许并不愿意将这项工作委托给根本不会考虑客户关系或者是商业意义的第三方来做。否则，很容易导致"踢皮球"。

25.8 跟单托收

汇票的使用引发了出口商的一种新的业务需求——跟单托收，因为除了其他运输单证之外，出口商还要开具汇票。汇票的安全性建立在以下事实的基础上：银行被引入了托收的过程，代表卖方向买方收款。

在和买方就使用跟单托收这种支付方式达成一致意见之后，出口商就开具汇票，并且将它作为整套单证的一部分提交给自己的银行。卖方银行将单证提交给买方所在国家的银行——通常也叫买方银行，由后者负责议付。整个流程如图25—2所示。

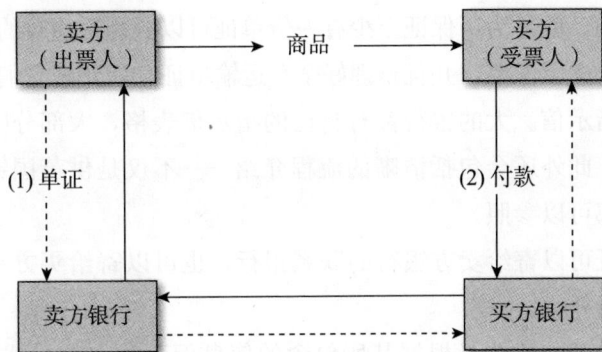

图25—2 出口贸易中汇票的处理流程

汇票的形式多种多样，图25—3给出了一个传统的空白汇票的示例。

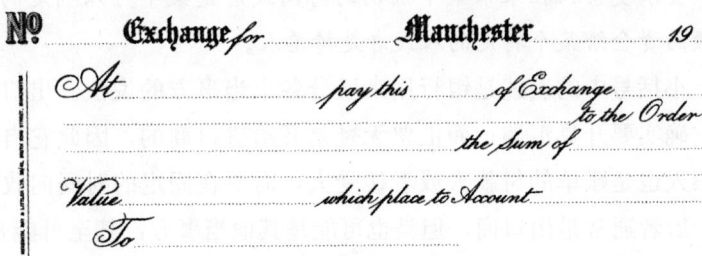

图25—3 传统的空白汇票

但是，上图所示的单证形式可能会被认为过于老式了，现在已经没有必要使用特定形式的汇票了。图25—4给出了一个简单一些的汇票示例，这也是可以接受的。

汇票上之所以要加上"汇票第一联"（first of exchange）字样，是因为同时开立两联甚至三联汇票的情况是非常普遍的。这和同时出具两份或者三份提单

图 25—4　常用的空白汇票

的逻辑是一样的，就是为了保证至少有一份单证可以顺利送达目的地。

一旦银行开立了汇票，并且整理好全套运输单证，就要把它们提交给银行，同时随附一封指示信。大的银行都有自己的指示信表格，大部分问题都只需要进行勾选即可，此外还会包括清晰的流程介绍——不仅是供英国银行参考，全球所有的银行都可以参照。

这些单证既可以寄给卖方银行的联系银行，也可以寄给买方银行，由它们负责进行货款的托收。

关键问题在于，汇票是根据其所包含的信息而不是它的格式进行定义的。下面的定义摘自 1882 年《英国汇票法》，被认为是关于汇票最好的法律定义：

一个人（出票人）向另一个人（受票人）发出的无条件的书面命令，由出票人签字，要求受票人在未来某个确切的时间或者是某个可以确定的时间，支付一定数额的资金给某个特定的人或者是持票人。

其中，小括号中的表述是银行用来区分各个当事方的说法。出口商是出票人，因为它确实要开具汇票；而汇票无疑是开给进口商的，因此它自然就是受票人。受票人也是账单的付款人或者接受人，需要在固定的时间向收款人支付一定金额，后者通常是出口商，但是也可能是其他当事方，甚至可能是持票人，就是持有票据要求付款的人。

汇票可以是即期汇票（如图 25—5 所示），也可以是远期汇票（如图 25—6 所示）。

在即期汇票的条件下，也就是说不给予买方授信期的情况下，海外银行会要求买方在收到单证后马上支付应付的金额。这种做法之所以可以给卖方提供一定的保障，是因为除非买方支付了货款，否则银行不会将单证交给它们。这也被称为付款交单（DP），此时买方在付款赎单之前——特别是在提单是全套单证的组成部分之一时，无法获得货物的所有权。

图 25—6 给出的是一个典型的 90 天授信期的汇票。

当出口商同意给予买方一定授信期比如 90 天时，汇票就被称为远期汇票。这个说法描述了以下事实：在付款之前，买方可以有一段时间货物的使用权。汇票给出的授信期可以从货物装船开始算起（运输单证可以作为货物装船时间的凭证），也可以从开具汇票的时间甚至是开具发票的时间开始算起。

在使用远期汇票结算的情况下，国外银行在交单时并不会要求买方马上付款，而是只要买方承兑了汇票就将单证交与它们。所谓承兑，只需要受票人以及买方公司在汇票上盖章。汇票的授信期就是平常所说的付款期限，当授信期用尽时，比如 90 天后，我们就说汇票到期了，需要提示付款。这个过程也被称为承兑交单（DA）。

在这里，很重要的是要认识到在承兑交单的情况下，当汇票到期时，资金并不会自动划转到卖方账户。买方仍然需要执行支付货款的操作，拒绝付款的情况依然是很有可能发生的。

No. 120

Exchange for £12,560 200--

AT SIGHT.. *of this*   FIRST BILL   *of Exchange*

(SECOND .... *of the same tenor and date being unpaid) pay to the*

order of   OURSELVES .... *the sum of*

TWELVE THOUSAND FIVE HUNDRED AND SIXTY POUNDS ONLY

                                                 FOR AND ON BEHALF OF
To   ADAM STEVENS LTD   RICK O'SHAE LTD
        NEW YORK USA

                                                 Director

图 25—5 典型的空白即期汇票

No. 156

Exchange for £18,240 200--

AT 90 DAYS .... *after ...*   DATE .... *of this*   FIRST BILL   *of Exchange*

(SECOND .... *of the same tenor and date being unpaid) pay to the*

order of   OURSELVES .... *the sum of*

EIGHTEEN THOUSAND TWO HUNDRED AND FORTY POUNDS ONLY

                                                 FOR AND ON BEHALF OF
To   FERNANDO BROS. LTD   IVOR BIGGEN LTD
        CARACAS, VENEZUAELA

                                                 Director

图 25—6 典型的空白远期汇票

国际支付方式

317

当出现拒绝对即期汇票付款、拒绝对远期汇票进行承兑，或者是当汇票到期时拒绝付款等状况时，在很多国家和地区，提出申辩是非常重要的。尽管这个程序并不是在所有国家都适用，但是在很多国家，如果卖方没有进行申辩的话，那么它将失去针对买方的所有权利和要求。

因为所有的申辩都必须在被拒付或者是被拒绝承兑的下一个工作日提出（在实际工作中，可以延缓到三个工作日），事先就对银行做出相应的指示是非常重要的。

即便是卖方没有太强的动机采取法律行动的情况下，申辩也足以敦促买方支付货款，如果它只是在采取拖延战术的话。另外，一些国家的财经媒体或者是银行会对外公布被申辩企业黑名单，而这通常是买方希望尽力避免的情况。最后，作为保单要求采取的措施的一部分，很多信用保险公司也会要求卖方进行申辩。

图 25—7 给出了一个发生在尼日利亚的真实申辩案例。但是为了保护相关单位的隐私，我们使用了虚构的名称。

以上介绍的流程就是平常所说的跟单托收，由银行负责处理所有的运输单证和汇票。也可以使用光票托收的支付方式，此时所有的单证直接寄给买方而不是银行，汇票则与跟单托收中一样也是由银行处理。光票托收只有在买卖双方非常信任彼此的情况下才会用到，汇票仅仅是一种便捷的收款汇款方式而已。

甚至，卖方还可以指示国外银行不使用汇票，但是在买方付款后才交单。这就是我们所说的付款交单，但是这种方式无法提供即期汇票所具有的那种安全性，而且往往是根据当地惯例而不是一套通用规则进行操作的。

从这个角度说，不管是光票托收还是跟单托收的优势都在于从事托收业务的银行都是根据同样的一整套规则进行操作的。这被称为《托收统一规则》，是国际商会的出版物之一（国际商会第 522 号出版物），你可以从本国商会那里找到相关材料。

25.9 保付汇票

正如我们已经看到的，经过受票人承兑之后的远期汇票并不能保证买方在汇票到期时支付货款，但是可以让买方银行对承兑之后的汇票进行保付。这必须在事先进行安排，并且银行必须在承兑汇票上加上"pour aval"的签注。这样一来，出口商就得到了银行而不是进口商的付款承诺。这种做法并不像信用证那么可靠，因为在银行保付之前首先必须要求进口商对汇票进行承兑，但是它的优势在于使得承兑汇票可以进行贴现。

By This Public Instrument

Be it known and made manifest that on the 22nd day of JUNE in the year ONE THOUSAND NINE HUNDRED & SEVENTY NINE I Frank Odunayo Akinrele, Notary Public, duly authorised, admitted and sworn, practising in Lagos, Nigeria, West Africa do hereby certify that on this the 22nd day of JUNE IN THE YEAR OF OUR LORD ONE THOUSAND NINE HUNDRED & SEVENTY NINE at the request of ARAB BANK NIGERIA LIMITED (BALOGUN SQUARE) of the Colony of Lagos, Nigeria, Bankers and holders of the original Bill of Exchange a true copy of which is on the other side written, I, Frank Odunayo Akinrele of the said Colony, Notary Public, duly authorised, admitted and sworn, did cause the said Bill of Exchange to be taken to No. 26 Kingsway STREET, LAGOS NIGERIA ...., and to be produced and exhibited to XYZ ELECTRICAL STORES LIMITED on whom it was drawn, at No. 26 Kongsway Street, LAGOS NIGERIA ....and cause to be demanded payment thereof, When J. Smith (Jr.) Brother for and on behalf of XYZ Electrical Stores Limited, Said:- "My Director is not in office but he will be informed to make necessary arrangement for payment."

....

and so, I am unable to obtain payment of the said Bill of Exchange.

Whereupon, I, the said Notary, at the request aforesaid, did cause protest to be made and by these presents do solemnly protest against the drawers of the said Bill of Exchange and all other parties thereto, and all others concerned for Exchange, re-exchange, and all costs, damages, charges and interest present and future for want of payment of the said Bill of Exchange.

Thus done and protested at Lagos in the presence of:-

T.A.O. ADEYEYE
130 Broad Street
Lagos Nigeria

Dated the 22nd day of JUNE IN THE YEAR OF OUR LORD ONE THOUSAND NINE HUNDRED AND SEVENTY NINE

Which I Attest.

Public, Nigeria.

图 25—7 针对买方拒绝付款的申辩（示例）

对承兑汇票进行贴现是指，在汇票被承兑的时候就将面值按照一定的贴现率支付相关款项，而不必等到汇票到期。汇票上的"pour aval"字样的意思便是一些机构可能会提前要求付款。特别的，有些金融机构专门从事所谓的福费廷业务，它们会在利率对自己比较有利的时候提前要求获得资金。这些从事福费廷业务的机构也有可能会参与到到期日较长的高价值汇票的长期福费廷业务中去。

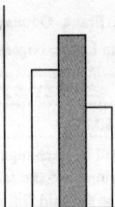

第 26 章

跟单信用证

大多数出口商都会认为来自银行的付款承诺相对于买方的承诺来说要更加可信，正如我们在上一章看到的，银行在承兑汇票上签注会使得该汇票具有显著优势。在国际贸易中用到的银行担保的最高形式就是跟单信用证，简单来说，就是银行开出的承诺支付一定数额的资金的凭证。

但是，通常的做法是使用跟单信用证，也就是说只有在出口商提供了信用证中列明的全部单证之后，银行才会承诺付款的做法。从这个角度看，跟单信用证非常类似于一种有条件付款担保。

在信用证结算的条件下，整个操作流程从买卖双方同意使用信用证付款开始，并且要求买方在下订单的时候就指示它们的银行开立信用证。从卖方的角度看，在自己接受订单之前，就应该收到信用证，对信用证进行检查以便确认是否可以接受该信用证的工作则从开始处理订单时就启动了。

买方会指示己方银行——通常也被称为开证行——开立信用证，并且和银行商定需要提供的具体单证。然后信用证就通过开证行在出口商所在国的往来银行交给出口商——也被称为信用证的受益人。

卖方所在国的银行可能只是简单地将信用证转交给出口商，此时，该银行就仅仅是通知行，出口商得到了开证行在收到所要求的单证之后付款的承诺。也有可能通知行（或者甚至是第三方银行）对信用证提供保兑，也就是说该行的付款承诺，此时该银行也被称为保兑行。正如我们后面将会看到的，出口商可能会认为有自己国家的银行对信用证进行保兑会提升外国开证行承诺的可信度。

出口商收到信用证之后，马上进行查看以便确认信用证关于自己需要提供的单证、留给自己的准备时间等的规定是可以接受的。如果需要对信用证进行修改的话，我们建议马上通过通知行或者是保兑行向开证行提出申请。

这个流程如图 26—1 所示。

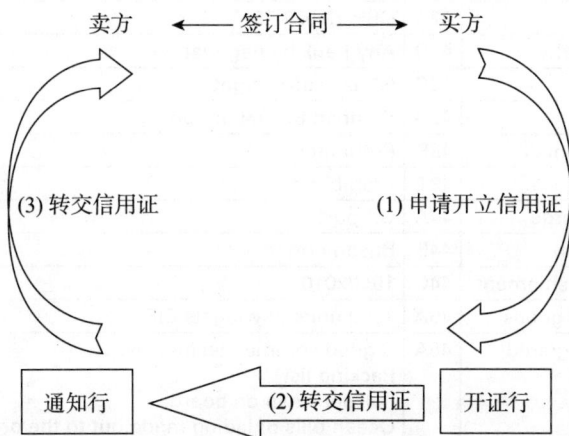

图 26—1　信用证流程图

假设信用证对于出口商来说是可以接受的，接下来出口商就要完成产品的加工制造、包装以及装运工作，以便取得符合信用证要求的全套单证。这些单证将被提交给卖方所在国的通知行或保兑行，后者要检查一下这些单证是否符合信用证的要求，如果没有发现不符点的话，它们会付款给出口商。

遗憾的是，在现实工作中，事情并不总是如此简单。事实上，有统计数据显示，提交给发达国家银行的单证中大约有 60％～80％因为存在和信用证不符的地方而被拒绝了。单证出错的概率实际上远远高于不出错的概率。为了弄清楚为什么会是这样，有必要更加详细地介绍一下信用证的处理流程。

26.1　单证要求

图 26—2 是一个典型的信用证的示例。目前通行的做法是，出口商看到的是通过 SWIFT 传递的信用证的复印件，这可能会领先于邮件通知。所有的信用证都有一个标准的格式和字段（field）。

一般来说，信用证会要求提供以下单证：

· 汇票，通常是以开证行或者保兑行为抬头的。也就是说，汇票的受票人是银行而不是买方。

Issuing bank		Shinhan Bank, Seoul
Form of doc: LC	40A	Irrevocable
Doc LC number	20	1234
Date of issue	31C	1/1/2010
Expiry	31D	31/3/2010
Applicant	50	Korea Importing Company
		Changwon City, Kyungsangnam-do, Korea
Beneficiary	59	Shady Lane Exporting Co, Manchester
Amount	32B	GBP 12,027.25
Available with/by	41D	Any bank by negotiation
Drafts at	42C	90 days after sight
Drawee	42D	Shinhan Bank, London
Partial shipments	43P	Prohibited
Transhipment	43T	Prohibited
Loading in charge	44A	UK port
For transport to	44B	Busan port
Latest date of shipment	44C	10/3/2010
Description of goods	45A	1000 units of widgets CIF
Documents required	46A	Signed commercial invoice. Packing list. Full set clean on board. Ocean bills of lading made out to the order of Shinhan Bank, Seoul, marked freight prepaid, notify applicant. Certificate of origin. Original insurance policy endorsed in blank for the invoice value of the goods plus 10%, covering institute cargo clauses (all risks or 'A') including institute war clauses and institute strikes clauses.
Additional conditions	47A	All documents must be issued in the English language; if they are not, they may be disregarded. All presentations received by us with discrepancies will attract a fee of GBP25.00 per presentation. This charge, unless otherwise stated by us, will be for the account of the beneficiary.
Details of charges	71B	Charges for beneficiary's account except opening bank's charges.
Presentation period	48	Within 21 days after date of shipment but prior to the expiry of the LC.
Confirmation	49	Without
Advise through	57D	Bank of Scotland International, Trade Services Princes House, 55 West Campbell Street, Glasgow G2 6YJ Swift: BOFSGB2S

图 26—2　一个典型的信用证示例

汇票上必须说明信用证是即期付款还是远期付款——这在图 26—2 中也可以看到，该图要求开立一个以 Shinhan 银行为受票人的 90 天远期汇票（42C 和 42D）。不管是即期付款还是远期付款，汇票都必须包含一个参考相关信用证的条款。

假设单证和信用证不存在不符点，那么银行在见到即期汇票后马上就要汇款，或者是对远期汇票进行承兑。这些汇票也被称为银行汇票，而以一家一流银行为受票人和承兑人的汇票因为很容易就可以进行贴现而成为优质汇票。比如，汇丰银行承兑的到期时间为 90 天的汇票将被看做是一个在到期时绝对有保证的付款承诺。实际上，汇丰银行自己就非常愿意对自己承兑过的汇票进行贴现。

• 出口发票，而且这些发票有具体的格式和数量要求。信用证要求提供的所有凭证以及法律证明都必须准备好，甚至还可能会要求提供原产地证明或者是其他一些身份证明。

• 保单或者保险凭证。如果合同规定要求出口商负责安排保险事宜，比如 CIF 合同或者是 CIP 合同等，那么就需要提供这类单证。保单必须承保所要求的风险以及投保价值。

• 运输单证，比如提单、空运单、铁路或公路联合运输凭证（参见第 5 篇），甚至是承运人收货凭证。

以上给出的是信用证通常来说会要求提供的单证，但是显然可能还会要求提供其他一些单证，具体取决于特定的贸易业务。这些单证包括装箱清单、领事发票、检验检疫证明、标准证书（standard certificates）、黑名单证明信（black‐list certificates）、植物检疫证书（phytosanitary certificates）、动物检疫证书（veterinary certificates）、清真食品认证（halal certificates）等等。

信用证可能还会对出口商提出其他一些要求，最常见的便是对货物的装船时间以及提示单证的时间制定严格的规定，以及允许还是不允许转运和分船运输等。显然，也会对货物的价值上限作出规定。

当出口商按照信用证的规定提示相关单证给通知行或保兑行，后者进行检查以便确认是否符合信用证的要求时，麻烦往往就来了。银行根据大家所熟知的"严格相符"原则进行操作，这意味着它们会要求单证与信用证的要求绝对一致。

为了说明银行在应用绝对相符原则时存在多大的自由度，下面给出了一些银行拒绝接受单证的例子：

• 信用证将 ABC 发动机公司写成了 AVC 发动机公司。尽管该公司毫无疑问是信用证的受益人，但是它们还是必须对信用证作出修改，不然就只能是使用错误的信头。

• 信用证上错误地写成了"20 000 瑞尔（rells）"磁带，但是出口商在发票上实际写的是"20 000 卷（rolls）"，这时银行显然会拒绝付款。它们或许会认为，可能会有一个技术贸易术语来区分瑞尔和卷。

• 信用证写的是 5 千克工业板材，但是发票上却是 5 000 千克，银行会拒绝付款，要求纠正这一错误。

以上错误——大部分都是用词不准确——都是银行在收到出口商提示的单证后经过仔细认真的检查而发现的。银行拒绝付款的理由还有很多，在下面的内容中我们还会提到。

之所以如此严格地要求单证一致，是因为如果卖方所在国家的银行在没有发现单证中存在的不符点的情况下支付了货款，开证行却有可能发现这些问题，并且可能会因此而拒绝付款给出口方的银行。

对于保兑行来说，情况可能会更加糟糕，该行付款给出口商的行为是无追索权的，而对于开证行不应该支付的款项，保兑行也无法收回任何一分钱。

银行并不是任意或者是自主决定是否拒绝提交给它们的单证的，而是遵循一整套严格的准则，这套准则由国际商会制定，被称为《跟单信用证统一规则》(UCP)。最新的版本是国际商会 2007 年 7 月出版的 600 手册（取代了之前的500），因此这套规则也被称为 UCP600。

为了避免出现被拒付的情况，对于出口商来说首要的解决方案便是在收到信用证之后认真进行检查，以便确认是否可以接受该信用证。包括银行在内的很多机构都会提供信用证检查清单，出口商可以参照该清单逐项进行检查。下面给出的是一个缩减版的检查清单：

·信用证是否可撤销？

·是否经过认可的银行保兑？

·你以及客户的名称是否完整准确？

·信用证的有效期以及要求的装船时间是否充裕？

·信用证的额度是否足以抵补货款？是否使用的是双方达成一致的货币单位？

·关于产品的数量以及对产品的描述是否准确？

·是否允许分船？

·是否允许转船？

·是可以在任何一个地方装船还是必须在指定地点装船？

·你所使用的目的地的名称是否与信用证一致？

·你能否拿到与信用证的要求严格相符的单证？

·你能否在规定的时间范围内完成单证的缮制并且提示给相关银行（如果没有给出明确的时间要求的话，那么从装船时间开始你有 21 天的准备时间）？

·关于这些单证的签发机构，有没有特殊要求？

·你能否做到关于保险方面的那些规定？是否需要提交保单或者保险证书？

在提示单证时，出口商要确认：

·是否提供了信用证要求的所有单证？

· 单证是否有足够的信息来证明它们都是关于同一单交易的？

· 所有单据和信用证的以下事项是否都是一致的：

——信用证金额；

——关于商品的描述（数量、重量、体积）；

——运输标识以及进口许可证号。

· 需要盖章的单证是否已经盖章？

· 所提供单证的正本和副本份数是否符合要求？

关于汇票，需要检查以下内容：

· 提供的汇票的份数是否符合要求？

· 金额是否准确，也就是说是否与发票金额一致（信用证另有规定除外，比如发票金额的 90％）？

· 是否有手签，以及是否有指定公司？

· 付款期限是否准确（比如即期、120 天远期等)？

· 受票人是否准确（和信用证一致）？

· 收款人是否准确？如果你是收款人，你是否在背面背书？

关于提单，需要检查以下内容：

· 是否由运输公司签发的（提单表面必须表明承运人的名字)？

· 在以下情况下，信用证是否对特殊的官方认证做了要求：

——提单不是清洁提单（标注了包装或者是商品本身有缺陷的提单）；

——提单是租船提单、由货运代理签发的提单或者是备运提单。

· 收货人的名称、地址是否准确？

· 通知人的名称、地址是否准确？

· 起运港和目的港是否准确（即是否与信用证一致）？

· 是否准确地标注了"运费已付"、"运费到付"等字样？

· 如果是凭收货人指示的，那么是否准确进行了背书？

· 警示信息或者注意事项是否恰当地经过了认证？

· 是否所有正本都有承运人或者是它们的代理人的签字？如果是货运代理签字，是否说明了代理人是代表哪一方以及它的权限如何？

· 如果有明确要求的话，是否提供的是非议付提单？

· 提供的提单正本的份数是否符合要求？（大部分信用证都要求提供全套提单。）

空运单检查事项：

· 在以下情况下，信用证是否对特殊的官方认证做了要求：

——空运单是非清洁的；

——空运单是由货运代理签发的。

· 收货人的名称、地址是否准确？

· 通知人的名称、地址是否准确？

· 起运地机场和目的地机场是否准确（即是否与信用证一致）？

· 警示信息或者注意事项是否恰当地经过了认证？

· 是否准确地标注了"运费已付"、"运费到付"等字样？

· 如果有要求的话，承运人是否加盖了公章，并且说明了运单号以及起运时间？

· 它是否为第一承运人？

多式联运单证检查清单：

· 收货人的名称、地址是否准确？

· 通知人的名称、地址是否准确？

· 警示信息或者注意事项是否恰当地经过了认证？

· 是否准确地标注了"运费已付"、"运费到付"等字样？

· 相关单位是否加盖了公章？

商业发票检查清单：

· 对商品的描述是否与信用证上的描述严格一致？

· 商品的价格是否与信用证上的严格一致？

· 地址是否准确（信用证上提到的进口方或者是其他当事方）？

· 运输条件是否准确（比如 FCA、CIP 等）？

· 信用证没有特殊说明可以包括进来的单独收费项目，比如包装费、领事费等是否包括在了发票中？

· 识别标识以及号码是否与信用证一致？

· 信用证是否规定要在发票上写明进口许可证号？

· 是否需要特殊申报或者是特殊证明？

· 如果发票需要签字的话，是否每一份上都签字了？

· 提供的发票正本和副本份数是否符合要求？

理解了银行在检查出口商根据信用证要求提交的单证时发现的常见单证不符点，对于出口商避免因为一些常见理由而被拒付来说是具有指导意义的。目前，常见的前十大不符点是：

（1）延迟装船；

（2）没有及时提交单证（在规定时间内；如果没有明确规定时间，则从货物装船起 21 天内提交单证）；

（3）单证缺失；

（4）提单或者是承运人收货凭证是有附加条件的；

（5）无法证明货物"被装上船"；

（6）发票上关于货物的描述与信用证不一致；

（7）各个单据之间存在不一致的地方；

（8）保险不是从货物装船时开始生效；

（9）汇票与信用证不相符；

（10）发票或者是 CofO 没有按照要求进行认证。

从上面的内容中可以看出，银行不仅会检查单据和信用证是否相符，而且会检查各个单据之间是否相符。这意味着即便是单据没有明显违背信用证的要求，银行仍然可能会拒付。这方面的一个例子是，发票上的运输标识和汇票上的运输标识不一样。银行将拒绝接受这些单证，即便是信用证根本没有提到运输标识究竟是什么样子的。

当银行拒绝接受相关单证时，出口商可以有一系列的对策：

• 纠正不符点，然后重新向银行提交单证（统计数据中的英国有 60%～80% 的单证被拒付说的便是第一次提交单证时被拒付，这些单证通常都可以经过修改后二次提交，并且拿到相应款项）。在实际工作中，银行对不符点给出的处理意见的另一个例子可以通过以下事实说明：假设初始的不符点得到了纠正而且重新把单证提交给银行，导致银行拒绝接受单证的那些问题可能不存在了，但是银行仍然可能会因为超过了提交单证的时间（信用证明确规定的时间，或者是 21 天）而拒绝接受。

• 在不符点无法纠正的情况下，出口商只能是接受信用证具有的付款保证作用已经不存在了这个事实。银行可能会通过开证行联系买方，告知对方单证中存在的不符点。买方有权利选择接受还是拒绝这些单证。

另外一种可能的情况是将单证直接寄给开证行来收款，这意味着重新回到了汇票托收的情况，甚至是直接将单证寄给国外银行让买方进行检查。不管是哪一种做法，买方都有权利拒绝接受单证，进而拒绝接收货物。

付款行的付款是有追索权的也是有可能的，这通常是基于出口商提出的某种形式的补偿条款，尽管这种做法可能仅仅适用于某些特定类型的不符点，比如超过规定的时间提示单证。

货物可能已经在路上了或者是到达了目的地这一点会给出口商带来更多的麻烦。让事情更糟糕的是，货物以什么样的状态运达目的地，以及在什么情况下买方会拒绝接受单证对于出口商来说是非常难以判断的。最糟糕的结果便是，如果货物没有清关（没有进入进口国），或者是再出口（返回出口国），那么货物最终就只能是进行拍卖。海外的港口或者是货仓越是繁忙，货物就要越早被拍卖。有时候可能只有几周缓和时间而不是几个月。在这种情况下，关于拍卖收入的分配，有一个严格的次序。排在最前面的是：

• 关税和各种国内税（这一点你可以想象得到）。

跟单信用证

接下来是：

- 滞期费（延期罚金）；
- 其他仓储费；
- 拍卖公司的费用；
- 其他收费项目；
- 没有付完的承运人的费用。

最后也是最少的是：

- 货主，也就是出口商的收入。

货物被拍卖是出口商不惜任何代价也要避免的一种情形，特别是要避免在拍卖会上拿到货物所有权的人恰好就是当初拒绝接受单证的买方这种情况。

因此，信用证提供的安全性本身又给出口商带来了不可回避的责任，即必须准备好与信用证严格一致、彼此也严格一致的整套单据。一旦存在不符点——银行的审查系统几乎肯定可以发现这些问题，该系统通常包括两到三次独立的检查，信用证所具有的安全性也就不存在了。跟单信用证本质上就是一个有条件的付款担保。

26.2 信用证的类型

☐ 26.2.1 不可撤销信用证

不可撤销信用证在没有得到所有相关各方同意的情况下，不能撤销或者是进行修改。买方改变主意甚至是破产了都不会对信用证产生影响。让不可撤销信用证失效的唯一可能就是开证行破产了，或者是因为政府更迭导致与某个特定国家的贸易必须终止。

☐ 26.2.2 可撤销信用证

在国际贸易中使用可撤销信用证是有可能的，但是非常少见。顾名思义，这种信用证可以由任意一方撤销或者是进行修改。对于出口商来说这种信用证存在的一个显而易见的问题便是，买方可能会单方面取消信用证。UCP600 规定，除非明确说明是可以撤销的，否则所有信用证都被认为是不可撤销的。

只有在买卖双方对彼此非常信任的情况下才能使用可撤销信用证，这种信用证只能作为一种有效的资金转账方式，而不能作为付款保证。

□ 26.2.3　保兑信用证

正如上面提到的，除了开证行的承诺之外，出口商可能更希望能够得到本国一家银行的付款承诺——通过在信用证上增加该银行的保兑来做到这一点。是否要坚持要求这一点取决于对开证行可信度的充分评估，而不能仅仅是听取众人的意见。

□ 26.2.4　可转让信用证

当生产商和最终用户之间有"中间人"时，有可能在开立信用证的时候将代理人作为受益人，但是同时又允许将信用证金额的一定百分比转让给制造商。二者的差额便是代理人的利润，制造商则必须和代理人一样，也要满足信用证规定的条件才能拿到货款。

一种类似的情况是，第一个信用证——付款给代理人——是用来开具额度略低一些的第二个信用证——付款给制造商——的，但是两个信用证对于单证的要求是一样的。这被称为背对背信用证。

□ 26.2.5　循环信用证

当要分几次发送完全相同的货物时，就可以针对这几次发货开立一个信用证而不是针对每次发货开一个信用证。这被称为循环信用证是因为支付了每批货物的款项后，应付账款额度会自动恢复，供支付下一批货款使用。

□ 26.2.6　延期付款

当双方已经就信用证的条款达成一致，但是又不希望开立汇票时，延期付款这种方式正用得越来越多。之所以会这样是因为开具汇票的时候往往会收取盖章费。在这种方式下，当提交的单证没有问题时，银行不再是承兑汇票，而是开具一个说明什么时候付款的"承诺书"。

□ 26.2.7　备用信用证

这种类型的信用证很少见，因为各方都希望永远不要用到这种信用证。在以下两种情况下，会使用备用信用证：

·赊销但是卖方希望能够有一定程度的收款保证时。备用信用证由买方按照和正常信用证类似的方式向银行提出申请，但是要求开证行只有在卖方能够提供证明，表明买方没有按照赊销协定规定支付货款，并且提交了全套单证的情况下才能付款。也就是说，只要买方按照赊销协议规定坚持如期付款，该信用证就不会被用到。

·替代招投标流程大多会要求提供买方的履约保证（参见第4篇）。和普通的履约保证相比，备用信用证的优势在于受 UCP600 规则的约束。这种做法在美国非常常见，在其他国家和地区也正变得越来越流行。

□ 26.2.8　小结

在国际贸易中，跟单信用证是一种非常重要也非常普遍的支付方式，这主要是因为它能够给出口商收款带来一定的保证。但是，我们必须牢记，信用证所提供的银行付款担保要受到信用证规定的单证条件的制约。

一个十分令人感到遗憾的事实是，在英国，和大部分发达国家的情况类似，大部分第一次提交给银行的单证都因为存在不符点而被拒绝了。出口商不仅要建立一个消除单证不符点的制度，还要透彻理解游戏规则，这是至关重要的。

银行不会解释自己拒绝接受相关单证的原因，它们只是根据规则办事，这里所说的规则便是《跟单信用证统一规则》。你可以从本国商会或者是国际商会网站下载该规则。

26.3　以货易货贸易

在过去的几十年里，全球以货易货贸易的规模出现了显著增加，东欧国家中央计划经济的解体也加速了这个进程。有人估计，全球贸易的三分之一至少在谈判过程中会涉及以货易货，即便最终付款的时候使用的是现金。

显然，很多发展中国家硬通货严重短缺这一现实导致以货易货成为某些情况下开展国际贸易的唯一方式。

"以货易货"这一说法实际上包括一系列可能的操作方式，具体如下：

1. 易货贸易

即直接用某种商品交换另一种商品。某种商品比较丰裕的国家可以用这些商品换回商定数量的进口商品，而不需要支付现金。易货贸易在非洲和拉丁美洲非常普遍，一些高度依赖石油出口的经济体也经常选择这种贸易方式。会有一些专业顾问代表出口商来处理与易货贸易商品有关的问题。

2. 互购

作为获得出口订单的一个条件，买方必须从进口自己商品的国家购买某种商品或者服务。互购贸易要签署两份合同，一个销售合同，一个采购合同，付款方式双方协商，可以使用现金也可以使用信用证。互购合同的金额可以占销售合同金额的 10%～100%不等（甚至是更高）。

3. 回购

易货贸易的一种特殊形式，资本设备比如加工制造厂的提供者同意买方以加工制造的商品支付货款的贸易形式。回购贸易的一种重要变通形式便是宜家的做法，该公司建造了一系列的工厂——主要是在东欧，生产西欧国家使用的各种设备，然后将这些工厂的产品进行回购。这种做法的一个显而易见的优势在于，那些欧洲的中小制造商直接向比如说波兰提供设备，但是却从宜家公司收取货款。

4. 冲抵

达成出口贸易的条件之一是，进口商收到的制成品必须使用原本产自进口国的一些原材料或者是零部件。高科技产品比如飞机、防卫系统等经常会采取这种做法，有时甚至会让出口商参与到海外生产设施的建设中去。

5. 管制账户

在某个市场上业务量较大的企业可能会被要求设立一个专门的回购账户，从该国进口几乎等值的产品。例如，跨国公司在当地的制造厂可能会被要求进口与出口额等值的原材料和设备。该账户则专门用来记录该公司一段时间内进出口的差额。

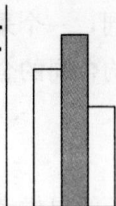

第 27 章

洗 钱

27.1 简介

　　洗钱是指通过一系列行为，掩盖非法活动赚取的金钱的真实来源的过程。洗钱会对当地经济造成损害，破坏人们对当地市场的信心。

　　洗钱这个术语从 20 世纪 70 年代开始使用。它掩盖了犯罪和腐败行为，逃脱了金融监管，涉及处理或者是协助处理明知是犯罪、恐怖主义或者是非法贩毒行为带来的财产。犯罪分子和恐怖组织手中有大量的现金需要转移到银行以及公司金融系统中。之后，这些钱就可以用来从事任何更进一步的活动，却不会引起人们的注意。

　　洗钱过程可以分为三个步骤：

　　· 安排"脏"钱；

　　· 资金分层；

　　· 将洗过的钱引导回经济中。

27.2 安排"脏"钱

　　安排"脏"钱是指将非法资金转移到金融系统中。这也是犯罪行为最有可能被察觉到的一个阶段。

犯罪分子、毒品交易商以及恐怖分子需要将大额的现金拆分成若干笔可以处理的小额资金，以便可以不被察觉地将它们注入银行系统。这种做法被称为洗黑钱（把非法收入通过拆分等手段变成合法的）。具体做法包括购买旅行支票、邮政汇票或者是其他形式的等价于现金的金融工具。

洗黑钱是一件高风险的事，因为非正常的现金存款可能会引起怀疑，进而引发不希望看到的问题。在银行的现金存款或者是购买的可议付金融工具应该价值较低，以免触及金融机构的上报要求（具体可以参见下面的介绍）。

另外，还可以通过购买价值较高的资产比如画作、艺术品、金银珠宝以及古董等来洗钱。

安排黑钱的阶段也是犯罪行为最敏感、最容易暴露的阶段。但是，这又是犯罪所得要想进入银行系统必须经历的一个阶段。

这个阶段可能还会包括从严重诈骗、行贿以及敲诈勒索等获取的收入。这些收入可能是通过电子转账的方式入账的。通过转账汇款得到的这些收入依然会被看作是非法的，因此也违反了相关法律。

技术的进步以及通过电子银行可以自助完成的金融交易越来越多也为洗钱公司提供了很多新的机会。当一种洗钱途径行不通时，它们会寻找新的洗钱方式。

金融机构以及直接或者间接与反洗钱相关的专业人士必须保持警惕，及时发现新的洗钱方式或者洗钱渠道，否则它们很容易就被牵涉到洗钱活动中去。对于非正式金融部门来说尤其是这样。这些非正式金融组织提供支票取现、签发汇票、汇款或者是转账等服务。因为是非正式的组织，所以很容易被不法分子或者是希望逃避政府关于上报的规定的人所利用。

非法收入在经过拆分变成合法收入之后，下一步就是将这些资金分层。

27.3 分层

分层是指将洗过的收入通过一系列旨在掩盖资金初始来源的交易进行转移的过程。资金所分的层次越多、越复杂，就越难以追踪和识别这些资金，也就越难以找到这些现金的初始来源。

在这个阶段，经常会用到银行汇票、旅行支票以及其他一些现金等价工具，因为它们都是不记名票证，也很容易转让给第三方或者是暂时存入银行账户。

这些交易涉及的金额通常都比较低，因此不容易引起人们的注意，结果使得银行以及其他一些货币工具发行机构很容易成为被利用的对象。但是一旦认识到某种操作模式，这些交易很容易就可以被揭露出来。

分层阶段也是非法收入被隐藏到金融系统中的阶段。在成功分层之后，这些非法所得就和合法所得一样进入了银行系统——这个过程被称为整合（integration）。

27.4 整合

被整合后的资金将以个人的合法所得或者是企业的合法利润的姿态出现。到了这个阶段，已经很难识别出哪些资金是经过洗钱处理的了，所造成的后果也非常严重。

当非法所得被整合到银行系统中时，犯罪集团的财富就会剧增。这种行为还会给很多国家的经济造成扭曲，导致对经济形势的预测、经济政策的制定非常困难，因为人们无法知道黑市经济的规模。

地下经济可能会危及一国经济的稳定，导致资本流动和汇率发生大幅波动。此外，它们还会对银行体系以及金融服务市场产生负面的影响。

犯罪集团还可能会控制某个商业部门或者是特定地区的商业活动，从而导致价格上的垄断等。

发展中国家很容易受到洗钱公司的攻击，因为这些国家的金融体系通常监管不够完善。这就给犯罪分子留下了很大的空间。

27.5 立法

很多国家都制定了反洗钱法。欧盟 1991 年发布、2007 年最新修订版的《洗钱指令》已经得到了各个成员国的认可：

• 《第一洗钱指令》（1991 年）主要是为了打击通过传统金融部门进行洗钱从而将贩毒收入合法化的行为。该指令给金融部门的企业做出了强制性规定，其中包括建立与客户调查、员工培训、记录留存以及可疑交易汇报等相关的维护系统等要求。

• 《第二洗钱指令》（2001 年》是 1991 年法令的修订版，主要有以下两个方面的变化：

——扩展了强制要求上报的可疑交易的范围，从毒品交易扩大到了所有严重违规交易；

——将指令的适用对象扩大到了非金融活动以及专业人士，比如律师、公证人员、会计人员、房地产公司、艺术品交易商、珠宝商、拍卖公司以及赌场等。

• 《第三洗钱指令》（2007 年）取代了《第一洗钱指令》（就像《第二洗钱指令》是对其修订一样）。目的是为执行金融行动特别工作组（Financial Action Task Force，FATF，参见下文的介绍）提出的修订后的《洗钱建议》（2003 年 6 月发布）奠定一个共同的欧盟基础。

关于欧盟/英国反洗钱立法的更多内容，参见 www.fsa.gov.uk。

27.6　欧盟以外国家的做法

美国与洗钱相关的联邦法律是根据 1970 年的《银行保密法案》（Bank Secrecy Act）实施的，并且作为修订后的反洗钱法一直沿用到今天。

按照《银行保密法案》的规定，金融机构在编辑可疑行动报告（suspicious activity reports，SAR），并且提交给金融犯罪执法网络（financial crimes enforcement network，FinCEN）时会将反洗钱与反恐怖主义融资分成两大类。

在加拿大，金融交易与报告分析中心（Financial Transaction and Reports Analysis Centre，FINTRAC）负责调查洗钱以及恐怖主义融资等案件，不管这些案件是发端于加拿大还是针对加拿大都归该组织调查。2001 年 12 月，加拿大对《犯罪收益法案》进行修订，通过了《犯罪收益与资助恐怖主义法案》（Proceeds of Crime and Terrorist Financing Act），并且设立了一个金融情报机构（financial intelligence unit）。

中国立法机构在 2007 年通过了反洗钱法，其中将洗钱的定义扩大到包括接受贿赂在内。在中国，洗钱的定义包括腐败、受贿、违反金融管理规定以及金融诈骗等。

此前，中国的法律仅仅将贩毒、有组织犯罪、恐怖主义行为以及走私等界定为反洗钱法打击的对象。中国官方以及分析人士认为，这个定义涵盖的内容太少了。他们呼吁要进一步努力打击洗钱行为，近年来和挪用公款、贩毒以及其他走私行为一样，洗钱犯罪也是越来越猖獗。

按照法律规定，金融以及一些非金融组织必须对自己的客户以及每一笔交易做好记录，并且及时上报大额可疑交易。中国人民银行是反洗钱运动的中心。它在各个省的分行有权调查金融机构可疑的资金转移行为。

反洗钱立法以及可疑交易报告要求在多大程度上是必需的，取决于各个国家的具体情况。例如，在美国，1 万美元及以上的存款需要货币交易报告（currency transaction report，CTR）。在欧盟，这一数字则是 1.5 万欧元，在瑞士则是 2.5 万瑞士法郎。在某些国家，则根本没有这样的规定。

在美国，只要发现疑似存在洗钱交易就需要提交 SAR，而在瑞士，只有确实证明了存在洗钱交易时，才需要提交 SAR。因此，美国每天都有上千份 SAR，而在瑞士这一数字则要小得多。

尽管法律都是为了打击违法者，但是出口商、银行家、律师、会计以及其他一些机构比如外币兑换所、货币交易机构等也会因为不够审慎而在毫无意识以及非自愿的情况下成为自己手中拥有的权力的受害者。这是因为这些以及其他一些专业人士都会直接或者间接地参与到国际金融活动中。

不管是什么样的企业，都必须设置一定的反洗钱流程。很多企业都会设置一个受过专业的反洗钱培训的工作人员负责相关工作，并且会对员工进行可疑交易报告方面的培训。

所谓可疑交易是指超过了客户正常交易范畴的交易行为，具体来说包括：

- 不正常的支付清算；
- 不正常的汇款指示；
- 秘密交易；
- 资金在很短时间内连续进入和流出某个账户；
- 大额转账；
- 复杂的账户结构。

以上提到的每一种情况都应该视为可疑的。

27.7　洗钱犯罪与惩处

主要有以下五种类型的洗钱犯罪行为：

1. 协助他人洗钱

如果有人怀疑他人在从事犯罪活动或者是获得了非法收入，并且帮助后者保留或者是控制这些收入，那么他就触犯了法律。这包括参与任何帮助可疑人员进行投资或者是获取资产的活动。

2. 购买非法所得

购买或使用已知的非法所得，或者是购买或使用利用非法所得购买的资产等行为也构成了犯罪。

3. 隐瞒非法所得

隐瞒或者转移非法所得以便逃避法律制裁，或者是帮助他人逃避法律制裁。这包括隐瞒或者隐藏资产，或者是将这些资产转移到其他地方。此外，还包括隐瞒以及转移犯罪所得以使得资产免于被征用。

4. 没有披露非法所得

该罪行通常来说适用于可疑的毒品交易与恐怖主义行为。相关人员有义务披露他们在贸易过程中、在本职业、本企业或者工作过程中发现的可疑信息，如果这些信息可以帮助他们发现或者是怀疑某人在从事将通过贩毒或者是恐怖主义行为获得的收入合法化的行动。如果没有在发现可疑行为之后第一时间进行汇报，那么同样也属于犯罪。

5. 泄密

泄密是指告知那些被怀疑从事非法行为的人他们正在被调查。

针对违法行为的经济处罚，全球各国通常来说都没有上限，对那些没有及时报告可疑行为或者是向那些被怀疑从事非法活动的人泄密者，处以 5 年的刑期是比较常见的做法。对于那些亲自从事洗钱行动的人，甚至最高可以处以 14 年的刑期。

所有国际贸易商都需要对洗钱及其存在的潜在危害保持警惕，特别是当洗钱的人利用了不同国家之间在监管规定方面的差别时。这些不法分子将犯罪所得和各种复杂的工具、资产联系在一起，将资金转移到那些监管不够完善、保密法不够严格或者是被查问的可能性比较小的国家。

第 27 章

洗

钱

第 9 篇

新进展

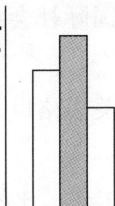

第 28 章

ICT 与出口单证

28.1 **SITPRO**

在英国，负责研发出口单证电子缮制系统的最重要的组织就是 SITPRO，也就是之前的简化国际贸易手续委员会。作为一家贸易促进机构，该组织成立于 1970 年，并且在 2001 年 4 月重组为企业，SITPRO 是英国贸易与工业部负责管理的非政府公共部门（non-departmental public body）之一。贸易与工业部会为它提供资助。

SITPRO 的主要任务是降低贸易成本，特别是降低企业的贸易成本，以及帮助英国应对全球化的挑战。它所从事的活动从最基本的代表英国企业解决各种问题，到很高端的在全球贸易便利化方面为实现政府和企业的目标而提供政策支持等。

SITPRO 的任务是通过以下方式，"使国际贸易变得更加简单"：
- 推动国际贸易手续不断简化；
- 推广最佳贸易实践；
- 制定并且推广贸易单证的国际标准；
- 推动边境管理朝着更好的方向发展，不断降低贸易壁垒；

· 扮演全球主要贸易便利机构的角色。

SITPRO 提供一系列的服务，包括提供和各种国际贸易实践相关的咨询意见、详情介绍、出版物以及检查清单等，在英国国内和国际社会维护并且推广单一窗口（single window）这个概念。

该组织还负责管理英国的出口单证系统，向销售相关表格以及出口单证软件的印刷厂以及软件供应商发放许可证。

其他国家也有和 SITPRO 类似的机构在从事类似的工作，比如：
· 德国：EFA；
· 法国：ODASCE；
· 欧洲的贸易促进机构都在 EUROPRO 的大伞保护下；
· 美国：NCITD；
· 加拿大：COSTPRO；
· 日本：JASTPRO。

请注意，受 2010 年下半年英国削减财政预算的决定影响，SITPRO 最终将会被关闭，它所从事的工作将由商业、创新与技术部（BIS）接管。

28.2 背景

28.2.1 电子数据交换（EDI）

简单来说，电子数据交换是指"通过电子手段，按照达成一致的信息标准将结构数据从一个计算机系统转移到另一个计算机系统"。

从本质上说，EDI 就是一种无纸化贸易方式，是从将纸质单证作为载体到将计算机以及电信系统作为数据的自动载体和处理器的自然演进的结果。在传统商业流程中，比如下订单、开发票、缮制纸质单证等通过各种小模块包含着一些结构信息。在 EDI 模式下，这些信息被转化成了结构化的电子信息。在实际操作中，EDI 可以实现这些信息在不同贸易伙伴之间的交换以便提升交易的速度和安全性，改进供应链管理。

有了 EDI 系统后，企业之间原本要通过纸质材料传递的很多信息现在就可以通过电子方式来传递了。自 20 世纪 70 年代该系统被引入以来，它越来越多地替代了纸质系统。这个过程要求为不同企业之间传递的信息定义一个标准格式，从而使得整个交易都可以自动进行处理。这样一来，在每个终端（比如会计软件）上的实际应用就不需要是完全一样的。

EDI 系统和其他电子商务系统的区别在于后者可以是任何格式的电子信息交换，而 EDI 却有一个标准的格式。这使得该系统在处理大量重复性单证，比如采购单、订单确认单等时格外好用，而且在处理国际贸易中用到的标准单证比如发票、原产地证、运输单证、报关清单等时也变得越来越高效。

28.3 联合国的 EDIFACT

联合国的 EDIFACT（行政管理、商务与运输用电子数据交换）是一个国际化的 EDI 标准。对该标准的维护和完善工作由联合国欧洲经济委员会下属的贸易便利与电子商务中心（UN/CEFACT）负责。

EDIFACT 已经得到国际标准化组织的认可，被认定为 ISO9735。该标准提供了：

- 一套适用于结构数据的规则；
- 一个互换协定；
- 允许跨国以及跨行业交换的标准信息。

此外，美国国家标准协会（ANSI）也提出了一套基本类似的 EDI 标准，即所谓的 X12。这些标准可以常规化用于某些行业。国家标准协会官方认可标准委员会（ANSI ASC）的 X12 目前已经在北美广泛使用。

28.4 趋势与进展

之所以要使用 EDI 系统是因为它提供了一个标准化的数据交换格式。但是，这同样也是该系统的劣势所在，因为它相对来说缺乏灵活性。该系统无法处理那些临时性的关系，因为所有关系和数据格式都必须在交易发生之前正式达成一致。

传统的 EDI 系统已经被基于可扩展标记语言（XML）的新技术所取代。XML 也是电子商务交易的全球标准化平台。

XML 的主要优势在于：

- 不管是人还是计算机都可以读取信息；
- 便利了数据的结构优化；
- 可以扩展到适合未来的需要；
- 是免费的或者是只需很少的成本就可以获得；
- 应用范围广泛；

- 简单易学；
- 得到了几乎所有软件提供商的支持。

基于可扩展标记语言（XML）的 EDI 使得公司之间在进行数据交换时无须事先将这些数据变成统一的格式，这样一来，企业就可以毫无阻碍地和新贸易伙伴开展电子商务活动。可扩展标记语言（XML）的技术很适合在互联网上应用，因为和传统的 EDI 相比，它的成本要低得多。

在国际贸易领域最突出的进步当属 UneDocs 的研发，这是一个国际认可的缮制纸质、EDI 以及 XML 格式的国际贸易单证以及传递符合 UN/CEFACT 框架的信息的标准。

其他一些重要的进展包括：

1. bolero. net

过去，受金融、物流以及时间利用效率不高等因素制约，国际贸易的发展受到很大阻碍，每年给全球商业领域带来数千亿美元的损失。由全球物流业与银行业一些企业创办的 bolero. net 希望能够摆脱这些低效问题，通过实现贸易链上各方之间单证与数据的在线传递，将国际贸易推广到互联网领域。

具体可以参见 bolero. net。

2. 出口制单软件

SITPRO 向授权经销商发放许可证，允许它们缮制和提供英国联盟系列出口单证（UK Aligned Series of Export Documents），这些单证基于一个全球模板，世界上很多国家都会感到非常熟悉。需要这些单证的企业可以购买纸质表格并且手工填写，但是规范的做法是使用 SITPRO 的授权企业以及其他一些企业提供的软件，直接填写表格。关于 SITPRO 的授权企业详单，参见 http：//www. sitpro. org. uk/documents/licensees. html? type＝ALL。

此外，还有很多商业企业也可以提供能够缮制国际贸易企业可能需要的所有单证以及其他一些单证的软件包。比如，如果你用谷歌搜索"出口单证软件"，可以得到 187 000 个结果。

在英国，主要软件提供商包括（在这里我们借用这些企业自己的话，对它们的产品做一个简单介绍）：

1. AEB 有限公司

该公司网址是 www. aebinternational. co. uk；E-mail 地址是 info＠aeb-international. co. uk。

在过去的 30 多年里，AEB 一致都在致力于提供创新并且实用的供应链管理方案，以及安全、成本节约型的国际贸易管理方案。我们的内置模块式软件系统旨在为企业供应链可视化（supply-chain visibility）和供应链实施（supply-chain execution）等业务流程提供便利，提高它们的效率。借助我们的软件包，

344

那些从事国际化经营的企业可以实现流程的优化，让它们的整个业务往来更加安全高效。AEB 公司的软件包通过一系列模块，比如仓库管理、交通运输管理、海关管理、监督与预警、风险管理等，实现了多种功能的整合。我们很骄傲地说，我们在全球有 5 000 多个客户，我们在英国、德国、新加坡、美国等地的分公司负责为这些客户服务。

2. ManSys 有限公司

该公司网址是 www.mansys.net；E-mail 地址是 sales@mansys.net。ManSys 是一个国际贸易、出口管理与单证缮制软件。ManSys 是一个彻底的企业支持系统，适用于那些处理实物商品比如化学制品、电子产品、发动机零件、食物、军用物资、药品或各种工具等的企业。在某些企业中该软件被用作为采购人员或者是出口业务部提供支持的一个部门系统。在其他企业中，借助 ManSys 可以对企业方方面面的业务——从订单处理到装船再到单证缮制——进行管理、追踪和报告。可以实现外包、报价、销售订单、采购订单、发票开具、库存控制、装船、产品历史与客户历史的记录与报告等。

3. Precision 软件

该公司网址是 info@precisionsoftware.com。Precision 公司成立于 1984年，是总部设在圣塔芭芭拉的公开上市公司 QAD 的一个分公司。Precision 公司为全球企业提供行业领先的运输与国际贸易管理软件。Precision 公司的产品具有开放的结构，可以和主要的 ERP 软件、仓储管理系统等整合，以便降低交通运输成本，避免在跨境运输中的延误，消除与贸易环境变化相关的风险。Precision 公司的客户分散在各个领域（包括生命科学、袋装消费品、电子产品、零售、工业制成品、食品与饮料以及第三方物流提供商等），Precision 公司帮助它们实现了在多式联运过程中的点对点的可视化、中央控制、遵守国际贸易管制等要求，使得它们大大受益。

4. Exportmaster Systems 有限公司

该公司的网址是 www.exportmaster.co.uk；E-mail 地址是 info@exportmarster.co.uk 。自 1985 年以来，Exportmaster Systems 有限公司一直都是一家卓越的出口软件提供商。我们不仅提供出口制单软件，而且提供一系列的模块并且依据这些模块提供更加复杂的出口销售、装船以及管理系统。我们正逐渐实现这些软件与企业加工系统的整合，但是如果有需要的话这些软件也完全可以单独安装使用。我们软件的一些特殊功能包括计算出口利润、报价、运费、分销费用，追踪货物运输过程、产品追踪检查，以及可以为用户设计自己的单证和各种报告提供便利等。对于贸易商来说，我们的软件还提供产品外包、采购与收货记录等功能。Exportmaster 是一个可以在计算机与网络平台上使用的32 位软件。

除了上面介绍的企业之外，大多数贸易国都有类似的软件提供商，实际上，如果你搜索"美国出口制单软件"的话，可以得到 1 400 万个结果。

28.5 小结

毫无疑问，自从 20 世纪 70 年代以来，无纸化出口办公室这个一直以来都是人们讨论的热点的概念从技术角度说已经取得了很大的进步，在全球范围内出现了很多无纸化贸易的例子。

但是，如果你走进随便一家货运代理的办公室或者是任何一家银行负责处理跟单信用证业务的部门，或者是任何一个国家的商会中负责单证认证工作的部门，你都会看到堆积如山的单证。事实上，绝大多数国际贸易流程依然离不开纸质单证。全球实施各种各样贸易管制的国家所需提交的单证的类型和份数千差万别、各不相同的法律规定、对贸易制单制定一个绝对的全球标准的需求、不同的语言以及不同的技术发展水平，这些因素加总在一起，导致无纸化出口办公室这个概念依然是一个有待实现的梦而已。

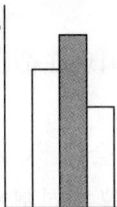

第 29 章

欧盟的治理

欧盟制度的有效性是靠各种条约及其主要附属机构的主要原则来保障的。这些原则背后的基础是，如果单纯依靠欧盟的各个成员国无法充分实现某个目标，那么就应该由欧盟统一采取行动。欧盟的立法可以各种形式来获得通过，但主要还是通过直接投入应用这种方式，而且各国议会必须以一种更加简洁的方式表示对该法律的认可。

欧洲的立法主要有三种形式：规章，指导意见以及决定。规章只要开始实施，就在所有成员国都变成了法律，无须其他过程而且高于成员国国内与之冲突的一些法律。指导意见则要求成员国实现特定的结果，但是各个成员国如何实现这些结果则允许存在差异。

1992 年《马斯特里赫特条约》宣布将此前欧洲的三个共同体进行整合，组建欧盟，这三个共同体分别是：欧洲原子能共同体、欧洲煤钢共同体、欧洲经济共同体。通过设想要朝着欧洲宪法这个方向努力，《马斯特里赫特条约》提升了欧盟的政治维度，为 2009 年《里斯本条约》取得的进步奠定了基础。

为了实现上述目标，法国前总统德斯坦（Valery Giscard d'Estaing）作为主要贡献人起草的宪法草案提交给了欧盟议会，并且提到要由成员国举行全民公投来通过该宪法。当法国和荷兰的选民拒绝通过该草案之后，事情就流产了。后来该草案中的很多提议被重新起草为一系列的条约，这样的话只要各个成员国的议会表示同意即可。

2009 年 11 月随着捷克总统克劳斯（Vaclav Klaus）在《里斯本条约》上签字，一个漫长而又曲折的阶段终于结束了。在这个过程中，该条约在爱尔兰和捷克差点就折戟沉沙，在英国也受到很多质疑。

但是，随着最后的障碍也被消除了，所有欧盟成员国现在都已经认可了这一条约，并且从 2009 年 12 月 1 日正式开始实施。

《里斯本条约》带来的一些比较显著的变化包括部长会议（Council of Ministers）实行更加专业化的多数投票方法、通过和部长会议共同制定决策允许欧洲议会更多地参与到立法过程中，以及每两年半选举一次欧洲委员会主席，选举一名欧盟外交与安全政策（Foreign Affairs and Security Policy）高级代表负责对外陈述欧盟统一的政策立场。《里斯本条约》规定，还将制定欧盟人权宪章——《基本人权宪章》（Charter of Fundamental Rights），该宪章具有法律约束力。

《里斯本条约》带来的一些立竿见影的结果包括为欧洲议会选举一个永久的主席席位，取代此前各个成员国每六个月轮值一次的做法。此外，还设置了一个欧盟外交政策最高代表（High Representative in Foreign Policy）职位，由欧盟委员会各个成员国轮流出任。

29.1 2009—2010 年衰退的后果

目前，关于衰退对经济的影响以及欧盟成员国何时才能从当前的衰退中摆脱出来的任何预测都为时过早，尽管世界贸易组织在 2010 年 3 月曾经给出一些预测性报告，认为国际贸易已经好转；对此我们在第 30 章还会详细介绍。

与此同时，我们的相关评论也基本集中在对欧盟整体经济形势的影响，同时有个别分析谈及了一些成员国的经济状况。

29.2 GDP

在 2009 年下滑接近 4% 后，欧盟的名义 GDP 是 11.8 万亿欧元（折合 16.5 万亿美元）。如果按照购买力平价进行折算，这一数字大约为 14.8 万亿美元。

29.3 购买力平价

有了该指标，我们就可以在考虑汇率影响的前提下，对不同国家的生活水平进行对比。购买力平价这个概念建立在以下事实的基础上：将 1 美元兑换成欧元后在意大利可以买到比同样 1 美元在美国可以买到的更多的服务；购买力平价将这种较低的生活成本考虑在内并且进行了调整，使得好像每一分钱的收入都是在当地花掉的一样。换句话说，购买力平价就是给定国家用本国货币能够买到的基本的一揽子商品的数量。

29.4 巨无霸指数

巨无霸指数是简化版的购买力平价指数，这是由英国的《经济学家》杂志社创造的一个指数，主要考察不同国家麦当劳餐厅的巨无霸汉堡的价格。如果在美国买一个巨无霸要 4 美元而在英国需要 3 英镑，那么购买力平价汇率等于 3 英镑兑换 4 美元。巨无霸指数很有用，因为它使用的是一种很常见的食物，这种食物的价格——在很多国家都可以轻而易举地查到——包括当地经济中一系列部门投入的成本，比如农产品成本（牛肉、面包、奶酪）、劳动力成本（蓝领和白领）、广告费、租金与房地产成本、交通运输成本等。

2010 年初欧盟各国经济的复苏状况参差不齐，此前曾经有人预测欧元区 GDP 将恢复到 1.4％的增速，但前提是没有二次衰退，而且这个预测发生在希腊债务危机爆发之前。对英国和丹麦的 GDP 增速的预测与之类似，据预测瑞典将实现 2.1％的增长。对于 2004 年被批准入盟的最大的三个成员国来说，预计波兰将实现 2％的增长，捷克的 GDP 增速将不到 1％，而匈牙利则将继续陷入衰退中。

29.5 人均 GDP

欧盟成员国人均 GDP（按照购买力平价计算）水平差别很大。人均 GDP 是比较各国相对贫富程度的最有用的指标。将整个欧盟的平均水平作为 100，表 29—1 按照降序对各个成员国做了一个排序。

表 29—1　按照人均 GDP 排序（2008 年）及各国对欧盟 GDP 的贡献度（2009 年）

	人均 GDP （按购买力平价计算,%）	对欧盟 GDP 的贡献度 （%）
欧盟平均	100	
卢森堡	276	0.3
爱尔兰	135	1.6
荷兰	134	4.7
奥地利	123	2.3
丹麦	120	1.9
瑞典	120	2.7
芬兰	117	1.5
英国	116	15.3
德国	116	19.8
比利时	115	2.7
法国	108	15.4
西班牙	103	8.8
意大利	102	12.6
塞浦路斯	96	0.1
希腊	94	2.0
斯洛文尼亚	91	0.3
捷克	80	1.1
葡萄牙	76	1.3
马耳他	76	0.1
斯洛伐克	72	0.4
爱沙尼亚	67	0.1
匈牙利	64	0.8
立陶宛	62	0.3
拉脱维亚	57	0.2
波兰	56	2.4
罗马尼亚	42	1.0
保加利亚	41	0.3
欧盟成员国候选国		
克罗地亚	63	
土耳其	46	
马其顿	31	
欧盟以外的国家		
挪威	191	
瑞士	141	
冰岛	121	

资料来源：Wikipedia 6 May 2010。

29.6　成员国对欧盟 GDP 的贡献度

表 29—1 的第二列给出了 2009 年各个成员国的 GDP 占欧盟总 GDP 的百分比。从这些数据中我们可以得出以下结论：

- 2004 年之前加入欧盟的 15 个成员国，除葡萄牙和希腊之外，人均 GDP 均高于欧盟的平均水平。
- 这 15 个成员国 2009 年贡献了欧盟 GDP 的 92.8％。
- 在这 15 个成员国中，德国、法国、英国以及意大利贡献了欧盟 GDP 的 63.1％。
- 2004 年之后加入欧盟的 12 个成员国的人均 GDP 均低于欧盟平均水平。
- 这 12 个成员国 2009 年仅仅贡献了欧盟 GDP 的 7.2％。
- 在这 12 个成员国中，波兰和捷克贡献了欧盟 GDP 的 3.5％。

29.7　欧盟的进一步扩张

欧盟有三个官方认可的候选成员国，即克罗地亚、马其顿和土耳其。其中克罗地亚和马其顿已经基本符合欧盟成员国的标准，但是土耳其在入盟过程中所取得的进展却很有限。

阿尔巴尼亚、波黑、冰岛、黑山、塞尔维亚也获得了潜在候选人地位。科索沃也有可能成为候选国，但它目前并不在欧盟委员会的名单上，因为一些现有成员国并不承认它是一个已经从塞尔维亚独立出来的国家。

冰岛一直拒绝加入欧盟，主要是因为该国不愿意承担将传统捕鱼业向来自其他欧盟成员国的渔船开放的风险。

但是，最近的经济危机似乎改变了冰岛的想法，该国银行业遭受的冲击远大于其他国家，欧盟为应对衰退向成员国提供的保护似乎看起来越来越有吸引力。2009 年 7 月 1 日，冰岛议会投票同意递交欧盟成员国申请书。

冰岛加入欧洲经济区（EEA）已经有 15 年的历史，该组织允许冰岛、列支敦士登以及挪威享受商品、劳动力以及资本自由流动带来的好处，条件是它们必须申请加入欧盟的单一市场立法。此外，冰岛还在 1972 年和当时的欧洲经济联盟签订了一个双边自由贸易协定。

2010 年 1 月，塞尔维亚正式递交了入盟申请，而且据说获得了广泛支持。和此前的申请国一样，入盟过程要花费若干年的时间。塞尔维亚需要和欧盟委员会合作，遵守欧盟的法律，而且还要证明自己遵守欧盟有关公平和人权的基本原则，以便让欧盟委员会感觉到自己已经为成为欧盟正式成员国做好准备。与此同时，塞尔维亚因为可能会陷入衰退并且能够证明自己是一个市场经济国家、有能力在国内市场开展市场化交易而从欧盟得到了大笔的援助。

第 30 章

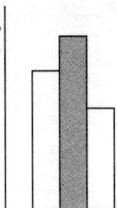

国际贸易的发展趋势

在第 3 章的第一部分中，我们介绍了 1870 年以来到 20 世纪末国际贸易的发展历史，其中特别强调了 1945 年第二次世界大战结束到新千年这段时间国际贸易的发展。在该章的第二部分中我们回顾了国际贸易在 21 世纪的前 9 年里不平稳的发展，以及随着西方国家开始竭力摆脱 2008 年的债务危机及随之而来的衰退，全球进入一个新的不确定的阶段。

在当前的商业环境中，有四股不容忽视的力量：

· 2007 年以来的全球衰退；

· 世界贸易组织的工作缺乏新进展；

· 政治风险不断加剧；

· 中国作为一个经济大国的崛起。

本章我们将集中探讨以上因素可能造成的影响，以及国际贸易在未来平稳增长的前景究竟如何。

30.1 2008 年以来的全球经济衰退

□ 30.1.1 2008—2009 年衰退的后果

2008 年，世界商品和服务出口总额高达 19.8 万亿美元，但是到了 2009 年就下跌到不足 15.5 万亿美元。2010 年关于美国和大部分欧盟经济体将实现经济复苏的一些报告也都不同程度地认为国际贸易规模将恢复增长势头。

下面我们更加细致地看一下主要贸易国以及欧元区国家的情况，表 30—1 对一些国家在过去两年的经常账户余额做了一个简单的总结。

表 30—1　　　　　　　　一些经济体的经常账户余额　　　　　　单位：十亿美元

	2008 年经常账户余额	2009 年经常账户余额
美国	−728	−575
中国	+384	+167
日本	−12	+6
印度	−97	−77
俄罗斯	156	+94
巴西	−1	+1
德国	+217	−40
英国	−98	−89
法国	−79	−60
荷兰	+50	+48
意大利	−27	−18
西班牙	−95	−37
欧元区（合计）	−215	+54

注：正号表示盈余，负号表示赤字。

资料来源：WTO。

一个颇为矛盾的结论是，美国与欧洲一些国家（英国、法国、意大利以及西班牙）的经常账户失衡状况反而因为国际贸易的萎缩而有所改善，因此这些国家 2009 年的贸易赤字下降了。同样的情况也发生在了印度——该国 2009 年上半年的商品贸易出现萎缩，以及日本——该国商品贸易从赤字转变为盈余。

相反，贸易盈余下降到 680 亿美元以及商业服务贸易赤字的增加导致德国的经常账户在 2009 年出现了 400 亿美元的赤字，与 2008 年 2 170 亿美元的盈余形成了鲜明对比。荷兰则基本保持平稳。

同样，中国和美国的对比也很惊人。中国的出口在 2009 年前五个月下降了接近 40%，但是在接下来的几个月里则表现强劲，因此尽管中国的商品贸易盈余从 2008 年的 3 960 亿美元下降到 2009 年的 1 860 亿美元，服务贸易赤字增加到 170 亿美元，但是中国总体来说仍然实现了 1 670 亿美元的贸易盈余。

30.2 2010 年和 2011 年展望

国际贸易恢复到 2008 年时的水平——这意味着要实现将近 28% 的增长，在 2010 年显然是一个无法完成的任务。2010 年 5 月世界贸易组织的预测为当年实现 9.5% 的增长，至于 2011 年会怎样则没有提及。这显然比世界银行 2010年 1 月的预测要更加乐观——世界银行对 2010 年和 2011 年贸易增速的预测分别为 4.1% 和 6.2%。两年 10.6% 的复合增长率显然远远低于贸易恢复到危机前所需要的水平。

此外，GDP 的增长也是商品贸易扭转颓势的一个必要前提，对于 2010 年和 2011 年的 GDP 走势，有各种各样的预测。表 30—2 中列出了世界银行 2010年 1 月对未来两年 GDP 增速的看法以及 2009 年各经济体的实际表现，同时也给出了 Coface 对 2010 年的预测。

表 30—2 对一些国家 GDP 增速的预测额（%）

	2009 年增速	2010 年预测		2011 年预测
		世界银行	Coface	世界银行
美国	−2.5	2.5	2.7	3.2
中国	8.4	9.0	8.7	9.0
日本	−5.4	1.3	1.8	1.8
印度	6.0	7.5	8.5	8.0
俄罗斯	−8.7	3.2	3.5	3.0
巴西	−0.1	3.6	5.5	3.9
德国	−2.2	1.0	1.8	1.7
英国	−4.5	1.0	1.2	1.8
法国	−2.3	1.6	1.3	1.9
欧元区	−3.9	1.0	n. a.	1.7
世界平均	−2.2	2.7	n. a.	3.2

资料来源：World Bank and Coface。

具体到英国来说，HM TREASURE 和英国商会都在 2010 年 4 月对未来两年的经济形势做出了预测。根据前者的预测，2010 年英国 GDP 增速在 0.8%～1% 之间，2011 年则为 1%～3.2%；英国商会对 2011 年英国 GDP 增速的预测则为 2.1%～2.3%。其他一些预测也表明，国际贸易要想恢复到 2008 年的水平还需要很长一段时间。

30.3 其他风险因素

欧洲的前景因为希腊主权债务危机——这迫使欧盟制定了一个总额多达 1 100 亿欧元、为期三年的救助计划——而变得更不明朗。但是，其他债务较重的欧元区经济体也受到了冲击，比如葡萄牙、西班牙以及意大利，另外爱尔兰甚至是英国也有可能因为国际市场丧失信心以及不愿意购买这些国家的国债而受到牵连。德国向希腊提供 220 亿欧元贷款的决定马上就引发了人们的不满，导致该国的减税以及医疗改革方案不得不因此而推迟，总理默克尔甚至失去了上议院的多数席位。

希腊的困境将欧洲货币联盟存在的一个根本性缺陷暴露在人们面前，这一缺陷也导致希腊要想扭转经济局势会更加困难。作为欧元区国家，希腊无法通过让本国货币贬值来提升自身的竞争力，除非它退出欧元区，重新选择德拉克马作为本国货币。如果所有其他成员国也采取类似的做法，那么势必给欧盟成员国之间的贸易造成负面影响。公共债务占 GDP 的比重也处在难以维持的边缘的英国同样也很危险，因为英国和美国银行共持有 1 万多亿美元的欧洲债务。

因为以上各种危险因素，欧盟财政部长 2010 年 5 月 9 日同意向"稳定机制"增加 600 亿欧元资金（该机构已有 500 亿欧元资金），以帮助欧盟成员国解决支付危机。与此同时，欧元区成员国同意建立一个更大的、针对欧元区 16 个成员国的总额达 4 400 亿欧元的安全网——由欧元区各国政府承保。此外，此前被批评在引入量化宽松政策方面反应不够及时的欧洲央行也同意购买成员国政府债券，以便出现新的流动性危机。目前，在这些举措的作用下，市场信心基本恢复，防止了危机的蔓延。

30.4 世界贸易组织（WTO）的新进展

乌拉圭回合谈判在 1993 年底结束，1994 年 4 月所有成员在马拉喀什部长级会议上签署承诺书，对这一轮多边谈判的结果进行总结。乌拉圭回合谈判取得了显著的成就，有 120 个国家和地区就涵盖一系列新旧贸易部门和问题的规则、纪律问题达成了一致。该轮谈判还促成了 1995 年 1 月 1 日世界贸易组织的成立。WTO 的架构要比其前身 GATT 更加清晰，争端解决机制也更加高效，并且设置了一个使用时间为期九年的上诉机构。

□ 30.4.1　多哈回合

之后，世界贸易组织的成员又在新加坡（1996 年）、日内瓦（1998 年）以及西雅图（1999 年）召开了多次部长级会议。前两次会议成绩平平，虽然在新加坡会议上格外强调解决发展中国家在执行乌拉圭回合谈判的成果方面面临的问题。在日内瓦会议上，民主社会团体以及非政府组织精心策划了反全球化大游行，要求世界贸易组织制裁违反环境与劳工法的行为。

到了美国举办的西雅图部长级会议上，反全球化浪潮达到巅峰，抗议人士要求在新千年发起新一轮谈判。因为爆发了暴力冲突，且被全球电视台转播，这次会议不管从政治上还是外交上都是失败的。会议原本计划讨论的主题也严重受挫。但是，发展中国家坚决反对将童工问题、违反劳工权利与环境立法等问题纳入进来，因为它们认为否则的话自己将遇到苛刻的贸易壁垒，会丧失比较优势。美国则拒绝了欧盟、日本以及韩国等希望讨论贸易与投资问题的需求，贸易与竞争力问题被推迟到下一回合的谈判中。

两年后，也就是 2001 年 11 月，新一轮部长级会议在卡塔尔召开，多哈回合谈判正式启动。多哈会议因为在针对纽约世界贸易中心的"9·11"恐怖袭击过去仅仅两个月之后召开而格外值得关注。这次会议还批准中国大陆和中国台湾成为世界贸易组织的第 143 和 144 个成员，这对于国际贸易的蓬勃发展具有里程碑式的意义。多哈会议探讨了世纪贸易组织 1993 年在墨西哥召开的第五次部长级会议的议程，以及《与贸易有关的知识产权协定》在医药产品方面的执行问题以便改进公众健康状况。各国部长还同意发起针对非农产品的关税削减谈判，"特别是针对发展中国家出口的产品"的关税减免问题。与此同时，还为开始于 2000 年的新一轮服务贸易谈判设定了一个截止时间，即 2005 年 1 月 1 日；成立工作组探讨在新加坡会议上首次提出的贸易与竞争力、贸易与投资关系问题；政府采购中的贸易便利化与透明度问题也被提了出来。

□ 30.4.2　坎昆会议

2003 年 9 月在墨西哥的坎昆召开的部长级会议最终也没有取得任何成果，没有就关键问题达成一致。这很令人失望，特别是这个结果就发生在当年 8 月各个成员当局在《与贸易有关的知识产权协定》和公共卫生问题上似乎要打破僵局，取得明显突破之后。

这次会议的失败是一系列因素导致的，但是在农产品问题上无法达成一致是根本性的原因。而后者又是各种力量交织的结果，首先是欧盟不同意对《共同农业政策》（common agricultural policy，CAP）进行改革以便降低农业补贴，美国在多哈回合谈判之后开始实施《农场法案》（Farm Bill），大幅提高联邦政府对农业的补贴则使得问题更加复杂。日本拒绝降低针对大米以及其他一些农产品的超高关税则是导致这次会议失败的第三股力量。就在坎昆会议之前，欧盟和美国成功就农业问题达成了一个政策框架，有限度地削减针对贸易扭曲最严重的产品的补贴，并小幅下调影响发展中国家农业出口的高额关税。但是，发展中国家拒绝了这个提议，而是要求发达国家降低对某些农产品的国内支持，完全取消对农产品的出口补贴。

令人失望的坎昆会议的后果之一是原定 2005 年 5 月之前完成的多哈回合议程不得不后延。在这之后，各国在日内瓦（2004 年）和巴黎（2005 年）又举行了新的会谈，并且在 2005 年 12 月在香港召开了第六次部长级会议，但是香港会议也没有取得任何进展，只能是导致后来又在日内瓦（2006 年 7 月）、波茨坦（2007 年 6 月）以及再次在日内瓦（2008 年）一次次召开会议，可惜这些会议全部以失败告终。

在未来的谈判中，农业问题不管对发展中国家还是对发达国家来说都依然是关键的议题。另外两个突出的议题与给予发达国家的特殊与差别待遇、发展中国家在履行当前贸易谈判中碰到的问题有关。

一直以来，世界贸易组织扮演的角色都是各国（地区）之间的仲裁人以及争端解决机构——特别是美国、欧盟与中国对各自成员身份的认定问题。

30.5 上升的政治风险

对国际政治风险进行评估不在本书的探讨范围之内。从 21 世纪开始，基地组织、塔利班以及其他一些类似组织的恐怖主义威胁助推了第二次伊拉克战争的爆发，导致阿富汗战火不断，以及巴以冲突的升级。伊朗和朝鲜的核武器问题给国际贸易的发展特别是中东地区贸易的发展蒙上了阴影。

从中期来看，国际贸易将主要在亚太、北美、欧洲地区以及北美地区那些受益于对原材料的旺盛需求的国家。北美以及次非洲地区的新兴经济体——中国在这些国家和地区进行了大量的基础设施投资，以便换回石油供给合约以及其他优惠——从长期来看同样也前景比较光明。

30.6 与中国共处

中国目前无疑是世界经济增长的发动机。中国的 GDP 增长率尽管在 2009 年上半年出现了下滑，引起人们对该增速跌破 6％的担忧，因为一旦低于该水平中国的就业可能就会出现问题。但是，出口导向行业在接下来的半年里很快就实现了逆转，全年实现了 8.4％的经济增长率。至于 2010 年和 2011 年，预计中国的经济增速也将是所有主要经济体中最快的，印度则以一个更低的基数紧随其后。

从其他大多数方面看，中国经济表现都很强劲。据预测，2010 年公共部门债务将不到 GDP 的 3.3％，经常账户盈余和外债则分别占 GDP 的 5％和 7.7％。

我们必须把中国的这种强劲表现看做是对国际贸易的一种利好，而不是对美国和欧盟出口的威胁。中国目前面临的威胁在于鼓励国内消费取代出口成为经济增长的新动力，而且中国政府似乎正在朝着这个方向努力。当然，持续强劲的出口对于支持中国庞大的石油、天然气以及其他原材料的进口规模来说也是非常必要的。

在和中国共处时最关键的一个问题就是它和美国以及程度没有那么严重的它和欧盟之间的外债问题。解决这一失衡需要时间，而且要求中国重新对人民币估值，而不仅仅是取消其盯住美元的汇率政策问题。

随着中国企业在价值链上所处的位置不断提升，西方制造业企业将不得不通过保持领先的技术水平来扩大对中国的出口，但是这是一个相当严峻的挑战。

中国作为一个主要经济体崛起的同时，其他三个金砖国家即巴西、俄罗斯和印度也在快速发展，而南非从中期来看也很有可能会加入这一队伍。这四个经济体将成为国际贸易在中期内恢复并且超越 2008 年的水平的新动力。

＊ 周琰、张倩、要倩雅、田野、王梓任、李琳、罗宇、刘蕊、高晗、张伟、刘明、宋川、袁盈、王笑、张洪胜、付欢、曾景、李君、顾晓波、张艳、侯佳、王晓、高倩、张素锦、高淑兰、吴文清、姜昕、刘刚、王丽、刘楠、王丽君、倪晓宁、徐志浩、颜艳、范阳、王依军、蔡平做了部分文字整理工作。

图书在版编目（CIP）数据

进出口贸易实务/（英）鲁维德著；王琼等译 . —北京：中国人民大学出版社，2015.11
国际贸易经典译丛
ISBN 978-7-300-22022-2

Ⅰ.①进… Ⅱ.①鲁…②王… Ⅲ.①进出口贸易-贸易实务-高等学校-教材 Ⅳ.①F740.4

中国版本图书馆 CIP 数据核字（2015）第 244415 号

国际贸易经典译丛
进出口贸易实务
乔纳森·鲁维德
吉 姆·夏洛克 著
王 琼 杨 修 等译
Jinchukou Maoyi Shiwu

出版发行	中国人民大学出版社				
社 址	北京中关村大街 31 号		**邮政编码**	100080	
电 话	010－62511242（总编室）		010－62511770（质管部）		
	010－82501766（邮购部）		010－62514148（门市部）		
	010－62515195（发行公司）		010－62515275（盗版举报）		
网 址	http://www.crup.com.cn				
	http://www.ttrnet.com（人大教研网）				
经 销	新华书店				
印 刷	三河市汇鑫印务有限公司				
规 格	185 mm×260 mm 16 开本		**版 次**	2015 年 11 月第 1 版	
印 张	23.25 插页 1		**印 次**	2015 年 11 月第 1 次印刷	
字 数	413 000		**定 价**	49.00 元	